高等院校经济金融类核心课程教材

金融工程
原理及设计

杨海军

北京航空航天大学　●编著

Principles of Financial Engineering
and the Application in Cases

本书分9章，系统介绍了金融工程的重要原理，涵盖了金融工程导论、金融工程定价的基本分析方法、指数模型和套利定价理论、无风险套利下的MM定理、远期和期货、互换定价、期权介绍与应用、期权定价模型和套期保值。本书内容丰富，突出理论与实际的结合，配套的案例和习题能够帮助学生深入理解所学知识，并应用于实践。

本书不仅适合作为高等院校金融工程和金融学相关专业高年级本科生和研究生的教材，还适合作为在金融实践中参与研究和决策的工作人员的参考读物。

图书在版编目（CIP）数据

金融工程原理及设计 / 杨海军编著． -- 北京：机械工业出版社，2025. 1. --（高等院校经济金融类核心课程教材）． -- ISBN 978-7-111-77353-5

Ⅰ．F830.49

中国国家版本馆 CIP 数据核字第 20259TD966 号

机械工业出版社（北京市百万庄大街22号　邮政编码100037）
策划编辑：王洪波　　　　　　　　责任编辑：王洪波　高天宇
责任校对：高凯月　张雨霏　景　飞　责任印制：任维东
天津嘉恒印务有限公司印刷
2025年3月第1版第1次印刷
185mm×260mm・13.75 印张・354 千字
标准书号：ISBN 978-7-111-77353-5
定价：50.00元

电话服务　　　　　　　　　网络服务
客服电话：010-88361066　　机 工 官 网：www.cmpbook.com
　　　　　010-88379833　　机 工 官 博：weibo.com/cmp1952
　　　　　010-68326294　　金 书 网：www.golden-book.com
封底无防伪标均为盗版　　　机工教育服务网：www.cmpedu.com

  金融工程原理是金融学和金融工程专业的核心课程，作为一门交叉属性明显的基础性课程，本课程突出使用均衡定价和无套利定价的思想，以构建金融产品定价基础。本书着重培养学生的金融工程思维，为创造性地解决金融问题打下了理论基础。2022 年 10 月，党的二十大报告强调，要强化金融稳定保障体系，守住不发生系统性风险的底线。为积极落实党的二十大精神进教材工作，本书在写作过程中强调了定价与风险的关系。本书的三个特点如下所示。

  第一，本书突出了金融产品定价原理的阐述。从金融市场的基础产品定价出发，通过组合定价思想的引入，推导了资本资产定价模型，扩展了投资学基础知识的深度。本书详细介绍了无套利定价思想，对比了均衡定价和无套利定价的差异，突出了无套利定价在金融工程原理中的地位，彰显了金融学作为独立学科的特定定价方法。本书还强调了无套利定价的等价性条件，从风险中性和等价鞅测度进一步刻画了无套利定价的思想和方法应用，为进一步学习金融工程奠定了理论基础。

  第二，本书强调基本定价思想与具体定价理论的结合。在套利定价理论和 MM 理论的讲解中，强调了具体研究方法和理论结果的逻辑关系，以培养学生的逻辑思维。本书在具体金融衍生产品的定价中，如期权、期货和互换的定价中，进一步强调了无套利定价方法的应用。在期权定价中，本书使用了多种定价技术，将风险中性、等价鞅测度和无套利技术进行了融合，有利于学生对衍生产品定价的全面理解，为创新性金融产品定价奠定了基础。

  第三，本书重视具体金融定价理论与实际案例的结合，针对具体金融定价理论，在相应章节精选了相关案例，突出了金融资产定价中风险与收益的对应关系，进一步强化了学生对中国金融市场的理解和认知。

  本书是在编者多年讲授金融工程原理课程的基础上完成的。在编写过程中参考了大量的相关文献，对相关学者的工作深表感谢。感谢机械工业出版社和北京航空航天大学对本书出版的支持。同时感谢研究生吴尚泽、王新元、俞蔚、葛晓斌、杨谦心、郭雨蒙所做的工作。

  由于水平所限，不当和错漏之处在所难免，敬请读者指正。

编者
2024 年 5 月

前言

第1章 金融工程导论 … 1
1.1 金融工程的发展历程 … 1
1.2 金融工程的核心问题 … 8
1.3 金融工程的基本概念、核心分析原理与技术 … 9
习题 … 14
参考文献 … 14

第2章 金融工程定价的基本分析方法 … 16
2.1 组合定价技术和资本资产定价模型 … 16
2.2 无套利定价原理 … 22
2.3 等价鞅与风险中性定价 … 30
2.4 或有要求权定价 … 33
2.5 模块化分析法 … 35
习题 … 45
参考文献 … 46

第3章 指数模型和套利定价理论 … 48
3.1 单因素模型 … 48
3.2 多因素模型和法玛-弗伦奇因素模型 … 51
3.3 套利定价理论 … 54
习题 … 57
参考文献 … 57

第4章 无风险套利下的MM定理 … 60
4.1 企业价值的度量 … 60
4.2 MM定理 … 61
4.3 加权平均资本成本 … 65
4.4 MM定理的应用 … 66
4.5 税收条件下的MM定理 … 68
案例4-1 瑞幸咖啡的融资 … 69
案例4-2 雷曼兄弟公司破产 … 70
习题 … 72
参考文献 … 73

第5章 远期和期货 … 75
5.1 现金流与时间价值 … 75
5.2 远期利率 … 80
5.3 股票的远期合约 … 84
5.4 期货合约 … 85
5.5 远期利率合约 … 103

案例 5-1　从无套利定价理论看我国国债期货市场的过去与未来："327"国债期货事件的深层次原因分析 … 106
案例 5-2　1993 年德国金属公司石油期货交易巨额亏损案 …………… 109
习题 …………………………………… 112
参考文献 ……………………………… 112

第 6 章　互换定价 …………………… 114
6.1　利率互换定价 …………………… 115
6.2　货币互换定价 …………………… 118
6.3　商品互换定价 …………………… 120
6.4　其他互换产品 …………………… 121
案例 6-1　宝洁公司利率互换损失事件 … 122
案例 6-2　云南省勐腊县天然橡胶"保险+期货"试点项目 …………… 125
习题 …………………………………… 129
参考文献 ……………………………… 129

第 7 章　期权介绍与应用 …………… 131
7.1　期权定义 ………………………… 131
7.2　期权分类 ………………………… 132
7.3　股票期权交易规则 ……………… 135
7.4　期权交易相关实体与概念 ……… 136
7.5　期权头寸 ………………………… 138
7.6　期权相关术语 …………………… 140
7.7　期权交易策略 …………………… 140
习题 …………………………………… 148

参考文献 ……………………………… 148

第 8 章　期权定价模型 ……………… 151
8.1　期权价格 ………………………… 151
8.2　期权平价关系 …………………… 155
8.3　股息的影响 ……………………… 157
8.4　二叉树 …………………………… 159
8.5　随机过程基础 …………………… 163
8.6　描述股票价格过程 ……………… 166
8.7　伊藤引理 ………………………… 166
8.8　布莱克-斯科尔斯定价 …………… 167
8.9　奇异期权 ………………………… 173
案例 8-1　巴菲特巧用期权降成本 …… 178
案例 8-2　震惊中外的"中航油期权巨额亏损事件" ………………… 181
习题 …………………………………… 184
附录 8A　由二叉树推导布莱克-斯科尔斯期权定价公式 …………… 185
附录 8B　伊藤引理的非严格推导 …… 187
参考文献 ……………………………… 189

第 9 章　套期保值 …………………… 191
9.1　套期保值理论 …………………… 191
9.2　套期保值的模块化应用 ………… 197
案例 9-1　原油宝事件 ………………… 206
习题 …………………………………… 211
参考文献 ……………………………… 211

金融工程导论

1.1 金融工程的发展历程

金融工程（Financial Engineering）产生并发展的直接原因是 20 世纪 70 年代开始的全球金融市场汇率及利率的频繁波动。20 世纪 70 年代，世界金融业发生了巨大变化，金融管制普遍放松，金融自由化席卷全球。经济全球化和金融全球化不仅给市场参与者带来了获取潜在收益的机会，同时也带来了较高的风险。为了回避与防范市场风险乃至信用风险，金融家创造并应用了诸多金融工具，如远期合约、金融期货、金融期权、互换等，正是在金融自由化和金融创新的浪潮中，金融工程作为一门新兴学科应运而生，并在随后不到三十年的时间里得到迅速发展和完善。金融工程将工程思维引入金融科学研究，融合现代金融学、信息技术与工程方法于一体，迅速发展成为一门独立的交叉性学科，目前已成为国内外许多高等院校工商管理及金融专业核心课程之一。

1.1.1 金融经济学基础

现代金融理论的发展是金融工程产生的思想基础，金融工程活动反过来又为金融理论的进一步创新提供了实践的舞台。全球经济环境的变化为金融工程的产生提供了外部环境，信息技术的进步为金融工程的发展提供了技术上的支持、物质条件、研究手段和新的发展空间，金融创新使金融业焕发勃勃生机，市场参与者在追求市场效率的过程中推动了金融工程的产生，促使金融工程快速发展。古希腊时期人们已有期权的思想萌芽。期权是指一种赋予持有人在某一特定日期或该日期之前的任何时间以固定价格购进或售出一种资产的权利的合约。亚里士多德《政治学》一书载有古希腊一名智者（泰利斯）以预定橄榄榨油机租金价格而获利的例子。在冬季，泰利斯通过对星象进行研究，预测橄榄在第二年春天的收成。因此，经与农户协商，他得到第二年春天以固定价格使用榨油机的权利。橄榄丰收使榨油机供不应求时，泰利斯通过转让榨油机使用权利而获利，这便是购买和转让看涨期权最早的实践活动。从欧洲 16 世

"郁金香球茎热"投机开始，期权思想已正式应用于农产品和工业品的保值。然而，直到19世纪的后期，工业革命的完成和市场经济中企业制度的建立以及现代金融理论的发展开始加速，才为现代金融工程的出现奠定了思想基础。

金融经济学是现代金融学的核心。1874年1月，法国经济学家瓦尔拉斯（L. Walras）发表了他的著作《纯粹经济学要义》，首次公开了他的一般经济均衡理论的主要观点。一般经济均衡理论认为在一个经济体中有许多经济活动者，其中一部分是消费者，一部分是生产者。消费者追求消费的最大效用，生产者追求生产的最大利润，他们的经济活动分别形成市场上对商品的需求和供给。市场的价格体系会对需求和供给进行调节，最终使市场达到一个理想的一般均衡价格体系。在这个体系下，需求与供给达到均衡，而每个消费者和每个生产者也都达到了他们的最大化要求。假定市场上一共有k种商品，每一种商品的供给和需求都是这k种商品的价格的函数。这k种商品的供需均衡就得到k个方程。但是价格需要有一个计量单位，这k种商品的价格之间只有$k-1$种商品的价格是独立的。为此，瓦尔拉斯又加入了一个财务均衡的关系，即所有商品供给的总价值应该等于所有商品需求的总价值。这一关系目前就称为"瓦尔拉斯法则"，它被用来消去一个方程。最后瓦尔拉斯认为，他得到了求$k-1$种商品价格的$k-1$个方程所组成的方程组。这个方程组有解，其解就是一般均衡价格体系。但是上述"数学论证"在数学上是站不住脚的。这是因为如果方程组不是线性的，那么方程组中的方程个数与方程是否有解就没有直接关系。这样，从数学的角度来看，瓦尔拉斯的一般经济均衡理论始终没有坚实的基础。后来，这个问题经过数学家和经济学家们80多年的努力，才得以解决。例如冯·诺依曼、华西里·列昂惕夫、阿罗以及吉拉德·德布鲁分别得出经济增长模型、投入产出方法、《社会选择与个人价值》以及《价值理论》等重要研究。从瓦尔拉斯—阿罗—德布鲁的一般经济均衡理论的观点来看，现代金融学的第一篇文献是阿罗于1953年发表的论文《证券在风险承担的最优配置中的作用》。在这篇论文中，阿罗把证券理解为在不确定的不同状态下有不同价值的商品。这一思想后来又被德布鲁发展，他把原来的一般经济均衡模型通过增加商品空间维数的方法用来研究金融市场，其中证券是不同时间、不同情况下有不同价值的商品。但是后来大家发现，用这种方法把金融市场混同于普通商品市场是不合适的。原因在于它掩盖了金融市场的不确定性本质，尤其是其中隐含着对每一种可能发生的状态都有相应的证券相对应，如同每一种可能有的金融风险都有保险那样，与现实相差太远。被严格数学公理化的一般经济均衡理论，奠定了现代数理经济学的理论基础，也使得金融学可用数学公理化方法进行构建，进而形成了现代金融学。

1896年，美国经济学家欧文·费雪提出了关于资产的当前价值等于其未来现金流贴现值之和的思想，这一思想对后来的资产定价理论的发展起到了基石的作用。1934年，美国投资理论家本杰明·格林厄姆（Benjamin Graham）的《证券分析》一书将经典投资理念与当时的市场环境充分结合，开创了证券分析史的新纪元，其著作被当时的证券业奉为"证券业的圣经"。1938年，弗雷德里克·麦考利（Frederick Macaulay）提出"久期"的概念和"利率免疫"的思想。久期是指资产持有人得到全部货币收益的平均时间，它事实上是个加权平均数，其权数是证券有效期内各笔收入的现值相对于证券价格的比。久期的概念对债券投资具有十分重要的意义，久期概念在麦考利提出几十年后，才被广泛接受和应用。

随后，证券组合选择理论、资本资产定价模型、期权定价理论在两次"华尔街革命"中诞生。第一次"华尔街革命"发生于1952年，哈里·马科维茨发表了著名的论文"投资组合选择"，为衡量证券的收益和风险提供了基本思路。马科维茨研究的问题是：一个投资者同时在许多种证券上投资，那么应该如何选择各种证券的投资比例，使得投资收益最大，风险最小。对此，马科维茨的最大贡献在于他把收益与风险这两个原本有点含糊的概念明确为具体的数学概念。马科维茨利用概率论和数理统计的有关理论，把证券的收益率看作一个随机变量，把收益定义为这个随机变量的均值（数学期望），把风险定义为这个随机变量的标准差。如果把各证券的投资比例看作变量，问题就变成怎样使证券组合的收益最大、风险最小的数学规划问题。从一般的心理分析出发，马科维茨假定经济理性的个人都具有厌恶风险的倾向，即收益一定时采用风险最小的投资行为。在他的模型中，投资者在收益一定时追求最小方差的投资组合。虽然模型排除了对风险爱好者的分析，但是，毫无疑问现实中绝大多数投资者属于风险厌恶型投资者，因而他的分析具有一般性。对每一固定收益都求出其最小风险，那么在风险-收益平面上，就可以画出一条曲线，它称为组合前沿。马科维茨理论的基本结论是：在证券允许卖空的条件下，组合前沿是一条双曲线；在证券不允许卖空的条件下，组合前沿是若干段双曲线的拼接。组合前沿的上半部分称为有效前沿。对于有效前沿上的证券组合来说，不存在收益和风险两方面都优于它的证券组合。即在证券市场上存在着"有效的投资组合"，"有效的投资组合"是收益固定时标准差（风险）最小的证券组合，或是标准差（风险）固定的情况下收益最大的证券组合。这一理论为相关金融实务工作提供了理论依据，其分析框架成为构建现代金融工程各理论分析的基础。

20世纪60年代末，生产和资本流动的国际化趋势日趋明显。跨国公司和银行的迅速扩张、离岸金融市场的蓬勃发展使生产、经营、融资活动走向国际化，企业和银行经营活动日益复杂化，风险进一步加大。为了在新的市场环境下增强竞争能力，实现稳健经营，改善管理，有效控制成本，发展潜在利润，各企业和银行都在谋求创新的金融工具和金融风险管理手段。这时马科维茨的思想被人们广泛接受，其他学者进一步发展了他的理论，金融界的从业人员也开始在资产组合选择和套期保值决策上应用这些经过发展的理论，并用定量的工程思想指导业务活动。马科维茨的学生威廉·夏普（William Sharp）和另一些经济学家进一步在一般经济均衡理论的框架下，假定所有投资者都以马科维茨的准则来决策，从而推导出全市场的证券组合的收益率是有效的以及所谓资本资产定价模型（capital asset pricing model，CAPM）。资本资产定价模型假设所有投资者都按马科维茨的资产选择理论进行投资，对预期收益、方差和协方差等的估计完全相同，投资人可以自由借贷。基于这样的假设，资本资产定价模型研究的重点在于探求风险资产收益与风险的数量关系，即为了补偿某一特定程度的风险，投资者应该获得多少的收益率。资本资产定价模型中每一证券的预期收益率应等于无风险利率加上该证券由 β 系数测定的风险溢价，即每种证券的收益率都只与市场收益率有关。该模型主要应用于资产估值、资金成本预算以及资源配置等方面。

1958年，莫迪利安尼（F. Modigliani）和米勒（M. H. Miller）在《美国经济评论》上发表论文"资本成本、公司财务与投资理论"，探讨"公司的财务政策（分红、债务股本比等）是否会影响公司的价值"这一主题，提出现代公司金融资本结构理论的基石——MM定理（Modigliani-Miller theorem），这一理论是现代金融理论的重要支柱之一。MM理论的基本假设为：①企业的经营风险是可衡量的，有相同经营风险的企业即处于同一风险等级；②现在和将来的投资者对企业未来的EBIT（息税前利润）估计完全相同，即投资者对企业未来收益和取得这些收益所面临风险的预期是一致的；③证券市场是完善的，没有交易成本；④投资者可同企业一样以同等利率获得借款；⑤无论借债多少，企业及个人的负债均无风险，故负债利率为无风险利率；⑥投资者预期的EBIT不变，即假设企业的增长率为零，从而所有现金流量都是年金；⑦企业的分红政策与企业价值无关，企业发行新债不影响已有债务的市场价值。MM 理论认为，在不考虑企业所得税，且企业经营风险相同而只有资本结构不同时：①企业的市场价值与企业的资本结构无关，或者说当企业的债务比率由零增加到 100% 时，企业的资本总成本及总价值不会发生任何变动，即企业价值与企业是否负债无关，不存在最佳资本结构问题；②同一风险等级下的两家企业，举债经营企业的权益资本成本等于零举债经营企业的权益资本成本加上风险收益率。风险收益率的多少取决于企业举债经营的程度。根据这一结论，随着负债的增加，企业的权益资本成本也同样会增加。MM 定理不仅为公司理财这门新学科奠定了基础，并且首次在文献中明确提出无套利假设。所谓无套利假设是指在一个完善的金融市场中，不存在套利机会（即确定的低买高卖之类的机会）。因此，如果两个企业将来的（不确定的）价值是一样的，那么它们今天的价值也应该一样，而与它们财务政策无关；否则人们就可以通过买卖两个企业的股票来套利。达到一般经济均衡的金融市场显然一定满足无套利假设。这样，MM 定理与一般经济均衡理论框架是相容的。但是直接从无套利假设出发来对金融产品定价，则使论证大大简化。这就给人以启发，我们不必一定要背上沉重的一般经济均衡的"十字架"，从无套利假设出发就已经可以为金融产品的定价得到许多结果。从此，金融经济学就开始以无套利假设作为出发点。

1965 年，尤金·法玛在《商业杂志》(*The Journal of Business*) 上发表文章"股票市场价格的行为"。在这篇文章中第一次提到了有效市场的概念；1970 年，法玛提出了有效市场假说，其对有效市场的定义是：如果在一个证券市场中，价格完全反映了所有可以获得的信息，那么就称这样的市场为有效市场。当金融商品定价已经建立在无套利假设的基础上时，对市场是否有效的实证检验就和金融理论是否与市场现实相符几乎成了一回事。如果金融市场的价格变化能通过市场有效性假设的检验，那么市场就会满足无套利假设。这时，对投资者来说，因为没有套利机会，就只能采取保守的投资策略。而如果金融市场的价格变化无法通过有效性假设检验，那么它将反映市场中有套利机会，投资者就应该采取积极的投资策略。法玛在市场有效性的理论表述和实证研究上都有重大贡献。

1.1.2 现代金融工程发端

进入 20 世纪 70 年代，西方各国受新自由主义经济学的影响，于 1973 年正式实行浮动汇率制。此后以自由竞争和金融自由化为基调的金融创新浪潮席卷西方世界，发达国家放松或取消了对利率的管制，放松对金融机构及其业务的限制，使汇率、利率、股票价格等多种金融价格进入难以预料的波动之中。金融市场的种种变动，使金融机构、企业和个人时时刻刻生活在价格变动的风险中，20 世纪 70 年代两次石油危机的冲击，使国际市场上大宗商品价格的变动也开始捉摸不定，更使人们生活在一个不确定性日益增强的环境中。此外，20 世纪 70 年代以来，生产的国际化和资本流动的国际化趋势日益明显，跨国公司和跨国银行的迅速膨胀、离岸金融市场的蓬勃发展，使生产、经营、融资活动完全打破了疆域限制，企业和银行经营活动日益复杂化，面临的不确定性因素日益增多，世界金融市场的风险大大增加，产生了规避市场风险的迫切需求。传统的金融商品如股票、债券等已不能有效应对这些新增加的风险，为了在新的市场环境下增强竞争能力、实现稳健经营、改善管理状况、有效控制成本、发掘潜在利润，各企业和银行都在谋求采用创新性的金融工具和风险管理手段，因而众多的金融创新手段和金融衍生工具应运而生。通信技术和电子计算机信息处理的飞速发展使得市场的交易成本大幅下降，全球各主要金融市场紧密连接起来，市场运作更具效率，推动了金融工程的飞速发展。美国经济学家罗伯特·默顿（Robert Merton）在金融学的研究中总结和发展了一系列理论，为金融学和财务学的工程化发展奠定了坚实的数学基础，取得了一系列突破性的成果。诺贝尔经济学奖获得者米尔顿·弗里德曼的一篇题为"货币需要期货市场"（1972）的论文，宣布"布雷顿森林体系已经死亡"，并为货币期货的诞生发挥了决定性的作用。1973 年，费雪·布莱克（Fischer Black）和迈伦·斯科尔斯（Myron Scholes）在美国《政治经济学杂志》上发表了著名论文"期权与公司债务定价"，第二次"华尔街革命"开始了。布莱克和斯科尔斯以无套利假设作为出发点成功推导出期权定价的一般模型，所谓（股票买入）期权是指以某一固定的执行价格在一定的期限内买入某种股票的权利。期权在它被执行时的价格很清楚，即：如果股票的市场价格高于期权规定的执行价格，那么期权的价格就是市场价格与执行价格之差；如果股票的市场价格低于期权规定的执行价格，那么期权是无用的，其价格为零。期权在被执行前应该怎样用股票价格来定价？为解决这一问题，布莱克和斯科尔斯先把模型连续动态化。他们假定模型中有两种证券，一种是债券，它是无风险证券，其收益率是常数；另一种是股票，它是风险证券，沿用马科维茨的传统，它也可以用证券收益率的期望和方差来刻画，但是动态化以后，其价格的变化满足一个随机微分方程，其含义是随时间变化的随机收益率，其期望值和方差都与时间间隔成正比。这种随机微分方程称为几何布朗运动。然后，在每一时刻通过股票和期权的适当组合对冲风险，使得该组合变成无风险证券，从而就可得到期权价格与股票价格之间的一个偏微分方程，其中的参数是时间、期权的执行价格、债券的利率和股票价格的"波动率"。出人意料的是这一方程居然还有显式解。于是布莱克-斯科尔斯期权定价公式就这样问世了。布莱克-斯科尔斯公式的最终发表困难重重地花了好几年。与市场中投资人行为无关的金融资产的定价公式，对于习惯用一般经济均衡理论对商品定价的经济学家来说很难接受。这样，布莱克和斯科尔斯不得不直接到市场中去验证他们的公式。结果令人非常满意。有关期权定价实证研究结果先在 1972 年发表，理论分析于 1973 年正式发表。芝加哥期权交易所也在 1973 年正式推出 16 种股票期权的挂牌交易（在此之前期权只有场外交易），使得衍生证券市场从此蓬勃地发展起来。布莱克-斯科尔斯公式也因此有数不清的机会得到充分验证，这使它成为人类有史以来应用最频繁的一个数学公式。布莱克-斯科尔斯公式的成功与默顿的研究是分不开的，后者甚至在把他们的理论深化和系统化上做出了更大贡献。默顿的研究后来被总结在 1990 年出版的《连续时间金融学》一书中。对金融问题建立连续时间模型也在近 30 年中成为金融学的中心。这如同连续变量的微分学在瓦尔拉斯时代进入经济学那样，微分学能强有力地处理经济学中的最大效用问题，而拥有连续变量的金融模型同样使强有力的随机分析更深刻地揭示金融问题的随机性。这使得原本空泛的期权定价在理论上有了支撑，为期权在金融工程领域内的广泛应用铺平道路，成为在金融工程研究领域最具有革命性的里程碑式的成果。这两位学者的模型被继续发展并应用到其他衍生工具的开发运用上，使金融工程的应用领域不断扩大。20 世纪 50 年代，萨缪尔森发现，一位几乎被人遗忘的法国数学家巴舍利耶（L. Bachelier）早在 1900 年已经在他的博士论文"投机理论"中用布朗运动来刻画股票的价格变化，并且这是历史上第一次给出的布朗运动的数学定义，比人们熟知的爱因斯坦在 1905 年做的有关布朗运动的研究还要早。尤其是巴舍利耶实质上已经开始研究期权定价理论，而布莱克-斯科尔斯-默顿的工作其实都是在萨缪尔森的影响下，延续了巴舍利耶的工作。布莱克-斯科尔斯公式的成功也是用无套利假设来为金融资产定价的成功。这一成功促使 1976 年罗斯（S. A. Ross）的套利定价理论（APT）的出现。CAPM 的验证涉及对市场组合是否有效的验证，但是这在实证上是不可行的。于是针对CAPM的单因素模型，罗斯提出目前被统称为APT的多因素模型来取代它。对此，罗斯构造了一个一般均衡模型，证明了各投资者持有的证券价值在市场组合中的份额越来越小时，每种证券的收益都可用若干基本经济因素来一致近似地线性表示。后来有人发现，如果仅仅需要对各种金融资产定价的多因素模型做出解释，并不需要一般均衡模型，而只需要线性模型假设和"近似无套利假设"：如果证券组合的风险越来越小，那么它的收益率就会越来越接近无风险利率。这样，罗斯的APT就变得更加名副其实。从理论上来说，罗斯在其APT的经典论文中更重要的贡献是提出了套利定价的一般原理，其结果后来被称为"资产定价基本定理"。这条定理可表述为：无套利假设等价于存在对未来不确定状态的某种等价概率测度，使得每一种金融资产对该等价概率测度的预期收益率都等于无风险证券的收益率。1979年罗斯还与考克斯（J. C. Cox）和鲁宾斯坦（M. Rubinstein）一起，利用这样的资产定价基本定理对布莱克-斯科尔斯公式给出了一种简化证明，其中股票价格被设想为在未来若干时间间隔中越来越不确定地分叉变化，而每两个时间间隔之间都有"未来收益的期望值等于无风险利率"成立。由此得到期权定价的离散模型。而布莱克-斯科尔斯公式是这一离散模型当时间间隔趋向于零时的极限。由此，金融经济学就在很大程度上离开了一般均衡模型，而只需要从等价于无套利假设的资产定价基本定理出发。由此可以得到许多为金融资产定价的具体模型和公式，并且形成了商学院学生学习"投资学"课程的主要内容。CAPM与同时期的APT标志着现代金融理论走向成熟。在此之前，对于金融产品价格，特别是瞬息万变的有价证券的价格，人们一直感到一种神秘的色彩，认为金融产品价格是难以捉摸的，CAPM和APT给出了包括股票在内的基本金融工具的理论定价公式，它们既有理论依据又便于计算，从而得到了人们的广泛认同。根据这两个模型计算出来的理论价格也成了金融实务中的重要参考。

20世纪70年代末80年代初，货币互换和利率互换的出现，意味着金融互换产品得以诞生和发展，外汇调剂和利率调剂市场也得到了飞速发展。20世纪80年代，越来越多的证券工具在上述创新的基础上进一步衍生而成，种类越来越多，如货币期货期权、股票指数期权、欧洲美元期权、互换期权、市政债券指数期货、奇异期权等。20世纪80年代后期出现了结构性衍生产品，即对基础性证券与衍生产品根据不同的市场需求进行组合，呈现特定的风险收益特征。在这个时期，达雷尔·达菲（Darrell Duffie）等人在不完全资本市场一般均衡理论方面的经济学研究为金融工程的发展提供了重要的理论支持，将现代金融工程的意义从微观的角度推到宏观的高度。他们的工作从理论上证明了现代金融工程的合理性及其对提高社会资本资源配置效率的重大意义。他们证明了金融工程不是只有价值转移的功能，金融工程的应用可以通过增加市场的完全性和提高市场效率而创造实际的价值。金融工程所代表的金融活动的工程化趋势不仅为金融业本身带来益处，而且为整个社会创造了效益。这些新型金融工具的功能与传统金融工具有很大不同。运用建立在金融市场上的数学模型和通过计算机执行选择的工程方法来解决日益复杂的金融问题，就成了金融市场不断发展的必然结果。这一阶段开始的全球金融市场汇率及利率的频繁波动，有力地推动了金融创新及金融工程的产生及发展。随之而来的经济全球化和金融全球化不仅给市场参与者带来了获取潜在收益的机会，同时也带来了较高的风险管理的要求。金融工程技术有助于市场风险乃至信用风险的回避与防范。跨国公司、金融机构及政府机构利用适当的金融工程工具可以降低国际金融市场融资成本，选择多样化投资渠道，并有效地进行风险管理和控制。

20世纪90年代，信用衍生产品出现并快速发展，金融工程正式确立。法玛和弗兰奇在

1992年研究决定美国股票市场不同股票收益率差异的因素时发现，市场风险不能完全解释个股的超额收益，而上市公司的市值、账面市值比、市盈率可以解释股票收益率的差异。法玛和弗兰奇认为，上述超额收益是对CAPM中β未能反映的风险因素的补偿。1993年，两人提出了三因素模型（Fama-French three-factor model）。他们认为，一个投资组合（包括单个股票）的超额收益率可由它对三个因子的风险敞口来解释，这三个因子是：市场资产组合（R_m-R_f）、市值因子（SMB）、账面市值比因子（HML）。法玛-弗兰奇三因素模型是金融学中一个重要的实证模型，在实务中获得了广泛的支持和应用。事实上，相比于有效市场假说，三因素模型是更受华尔街欢迎的法宝。

1991年"国际金融工程师学会"的成立被认为是金融工程确立的重要标志，该学会的宗旨就是要"界定和培育金融工程这一新兴专业"。1992年，国际金融工程师学会常务理事、美国圣·约翰大学教授约翰·马歇尔与助手维普尔·班赛尔的《金融工程》一书的出版，则说明金融工程已正式成为一门新兴的金融学科。1995年至2007年6月，发行在外的信用衍生产品名义本金额增长了5 000多倍。与此同时，以VaR（在险价值）为核心的市场风险度量技术和以度量违约概率为核心的信用风险度量技术开始发展起来。也就是在这个时期，统一的金融工程逐渐形成和出现，并从北美地区迅速拓展到全球，从而使得金融工程成为金融学中最具吸引力的分支之一。

金融理论的发展一直遵循着这样一种趋势：快速将工程技术领域和基础自然科学领域的最新进展应用于金融领域。这推动了金融工程的发展。这种推动作用建立在对效益和风险分析的基础上。西方主流经济学研究的基本方法是供给与需求的分析，金融理论创新性地提出了无套利均衡原理，将金融市场上的某个头寸与其他金融市场的头寸结合起来，构建一个在市场均衡时不能产生不承受风险的利润的组合头寸，由此测算出该头寸在市场均衡时的价值即均衡价格。无套利均衡原理正是金融工程发展的基石，该原理认为，如果一项金融资产预期的现金流处于无风险状态，那么投资者购买这项金融资产支付的价格应该等于在资产持有期内预期获得的所有现金流的现值，这个价格就是该项金融资产的真实价格或均衡价格。这时，交易该项金融资产的市场就处于"无套利均衡"状态。换言之，当一项金融资产处于无套利均衡时，它的价格等于其价值。无套利均衡原理的出现使得给金融资产定价成为可能。无套利均衡原理也成为当今金融工程面向产品设计、开发和实施的基本分析技术。现代金融理论的研究取得的一系列突破性成果，如资本资产定价模型、套利定价理论和期权定价公式等，都是灵活地运用无套利均衡原理得出的。在无套利均衡原理的理论分析基础上，大量金融工程产品被创造并投入实际应用。

回顾金融工程的发展历史，我们可以看到金融工程技术与衍生证券市场发展的基本轨迹。在前20年，主要是那些基础性的衍生产品和风险管理技术得到发展。前者如一些单一的远期合约、期货、期权和互换产品等，后者则主要包括敏感性分析等。进入20世纪90年代后，风险度量和管理技术有了长足的进步，除了市场风险领域，最复杂和最具挑战的信用风险管理领域也出现了前所未有的发展。以此为基础，信用衍生产品飞速发展，其他种类的衍生产品也在原来的基础上进一步深化和复杂化，满足了对市场需求的更深层次、更细化的需求，也体现了金融工程技术的发展和应用已经达到了更成熟的阶段，衍生产品创新的能力进一步加强。从另一个角度来看，20世纪90年代以后出现的众多衍生产品多为OTC（over the counter）产品。OTC产品往往不像交易所的标准化产品那样引人注目，但却表明了衍生产品创新在整个金融界的普及和渗透，衍生产品创新已经不再是令人吃惊的事情，而是成为金融业的基本生存规则。

可以说，在经历 20 世纪 60 年代至 20 世纪 80 年代的爆炸性发展之后，金融工程技术和衍生产品进入了一个深入、广泛发展和渗透的历史阶段。从目前来看，尽管经历了 20 世纪 90 年代的巴林银行倒闭、LTCM 事件和 2007—2008 年的全球金融危机，这个趋势并未改变，而且仍将持续发展下去。时至今日，越来越多的人认识到金融工程是一柄双刃剑，结果究竟是好是坏，全然取决于如何运用。2007 年发端的全球金融危机与不少金融机构滥用金融衍生产品有关。同时，20 世纪 70 年代以来金融业所经历的前所未有的革命性创新和加速发展，与同时期发展起来的金融衍生产品及金融工程技术密不可分。

虽然金融学在 20 世纪 50 年代得以奠基，并在 20 世纪 60 年代至 20 世纪 70 年代成形，但直到改革开放以后，现代金融学才逐渐被引入国内。随着我国加入世界贸易组织以及金融市场的逐步建立与完善，国内越来越多的企业及金融机构将更多的精力涉足国际融资、投资业务，如何规避汇率风险成为企业考虑的重点。从长期趋势上看，我国将稳步推进利率市场化和资本项目下的人民币自由兑换，由此产生的利率以及汇率变动风险对几乎所有企业及个人投资者都将产生较深远的影响，同时也要求市场提供适当的风险管理工具，如远期合约、期货、期权以及互换类工具，金融工程必将在中国获得相应的发展空间。但目前国内诸多因素仍然在一定程度上制约着金融工程的发展。

利率市场化未完全形成。中国的上海银行间同业拆放利率（SHIBOR）没有像英国的伦敦同业拆借利率（LIBOR）、美国的联邦资金利率那样具有权威指导作用。利率尚未完全市场化。SHIBOR 因参与对象较少、交易量不大在当前基本上无法体现资金市场的供求情况，更无法成为资金市场的基准利率。

市场基础约束不足。金融工程的发展和运用，尤其是衍生工具的创新要求以发达、高效的金融市场和丰富的现货作为基础。我国金融市场信息成本相对较高，股票、债券等基本金融工具规模相对较小，金融资产价格市场化进程相对较慢。目前形成我国金融资产价格的市场机制有进一步完善的空间。

因此，我们应该立足于我国经济金融制度和金融市场的现实，积极探讨金融工程在我国建立、发展的基本条件、应用规律及其相应的政策措施。我们还应该及时加强对国际金融工程发展态势的动态跟踪研究，逐步建立具有中国特色的金融工程，发挥后发性优势。

1.2 金融工程的核心问题

不确定性条件下的金融资产定价问题始终是金融工程的核心问题。在具有确定性的市场里，资产定价问题很简单，通俗地讲，用无风险的利率去贴现资产的未来收益可以直接得出此种资产的当前价格。但是，实际上金融市场中充满相当多的不确定性，从而形成了风险，风险是指资产价格的未来变动趋势与人们预期的差异。在不确定性条件下，资产定价必须考虑投资者对风险的态度，还要考虑投资者在收益与风险之间的权衡，或者为了补偿投资者承受的风险而对其给予额外的收益，这正是风险溢价问题。为了对资产估值，必须说明资产支付的延迟和风险，在确定资产价值中对风险的修正是极为重要的。例如，在最近 50 年里，美国股票获得了大约 9% 的真实年化收益率。其中，仅有大约 1% 的收益率归功于利率，而剩余的 8% 是持有风险所获得的溢价。风险始终是金融市场中最受关注的问题之一，风险源于市场价格的波动，对于普通商品来说，价格受到供求关系的影响而波动，波动幅度较小，定价的原则是供求均衡，而一般金融产品由于其供给与需求瞬间变化、风险与收益难以均衡，导致价格波动较大，由此难以对金融产品进行合理定价。对于金融衍生产品来说，其价格受标的资产价格的影响，价格波动性更大，风险更大。金融工程以金融产品和解决方案的设计、金融产品的定价与风险管理为主要内容，运用现代金融学数理和工程方法以及信息技术的理论与技术，对标的资产与金融衍生产品进行组合和分解以达到创造性地解决金融问题以及进行风险规避和风险管理的根本目的。金融工程技术的发展为风险管理提供了创造性的解决方案。

金融工程对风险管理的影响体现在两个方面：第一，金融工程推动了现代风险度量技术的发展，包括久期、凸性和希腊字母等风险敏感性分析指标，还包括 VaR 情景分析、压力测试等整体风险测度指标和现代信用风险模型等风险技术。与传统的风险度量技术相比，这些现代风险度量技术的最大特点是具有更高的精确度，能够为进一步的风险管理起到准确的数量化指示作用。第二，衍生产品是风险分散与对冲的最佳工具。衍生产品与其标的产品的风险源是相同的，因此希望对冲标的产品风险的交易者，往往可以通过衍生产品的相反头寸进行风险管理。金融产品的定价方法主要包括基于现金流贴现的定价方法、基于风险/收益的定价方法以及基于无套利的期权定价方法。其中基于现金流贴现的定价方法是由资产当前的价值按照其未来现金流的贴现值所决定的，基于风险/收益的定价方法的核心思想是资产的收益与风险成正比、资产的系统风险需要补偿，非系统性风险可以分散化。这种定价方法包括 CAPM 模型、三因子模型和五因子模型。基于无套利的期权定价方法是指通过构建无风险资产和证券的资产组合来复制期权；根据无套利原理进行定价的方法，最为经典的是 APT 模型和布莱克-斯科尔斯期权定价模型。

在金融工程中，既需要了解风险-收益关系、无风险套利等金融思维和技术方法，又需要"积木思想"（即把各种基本工具组合形成新产品）和系统性思维等工程思维，还需要能够综合采用各种数理和工程技术方法如数学建模、数值计算、网络图解和仿真模拟等处理各种金融问题。最后，由于数据处理和计算方式高度复杂，金融工程还必须借助计算机编程和信息技术的支持。除了需要计算机网络及时获取和发送信息外，金融工程还需要先进的计算机硬件和软件的相关技术的支持，以满足大量复杂的模拟与计算的需要。因此，金融工程被公认为是一门将工程思维引入金融领域，融合现代金融学、数理和工程方法与信息技术于一体的交叉型学科。

1.3 金融工程的基本概念、核心分析原理与技术

1.3.1 金融工程的基本概念

金融工程的概念有狭义和广义两种。狭义的金融工程主要是指利用先进的数学及通信工具，在各种现有基本金融产品的基础上，进行不同形式的组合分解，以设计出符合客户需要并具有特定风险与收益的新的金融产品。而广义的金融工程是指一切利用工程化手段来解决金融问题的技术开发。它不仅包括金融产品设计，还包括金融产品定价、交易策略设计、金融风险管理等各个方面。

关于金融工程的定义，约翰·芬纳蒂提出的观点普遍为大家所接受，他认为"金融工程包含创新性金融工具及金融手段的设计、开发和实施，以及对金融问题的创造性解决方案。"芬纳蒂由此将金融工程的研究范围分成三个方面：一是新型金融工具的设计与开发，这部分内容

相当广泛，也是目前金融工程研究的主要领域，互换、期权、远期利率协议，到指数期货、零息债券、可转换债券等都属于这个方面。二是为降低交易成本的新型金融手段的开发，这部分内容包括金融机构内部运作的优化、金融市场套利机会的发掘和利用、交易清算系统的创新等，目的是充分挖掘获利潜力，降低"管制成本"。三是创造性地为解决某些金融问题提供系统完备的解决办法，包括融资结构的创造、企业兼并收购方案的设计、资产证券化的实施等。

美国罗彻斯特大学西蒙管理学院教授克里弗德·史密斯和摩根大通银行经理查尔斯·史密森1993年合著的《金融工程手册》提出的概念颇具代表性。他们指出，金融工程创造的是导致非标准现金流的金融合约，它主要是指用基础的资本市场工具组合成新工具的过程。这个定义的优点在于指出了金融工程着眼于创造"非标准"的新金融工具。这从金融工程的一般运作过程中可以很清晰地看出。标准的金融工程一般包括以下几个运作步骤。①诊断：识别客户特定的要求和所遇到的特殊困难，分析并探求其本质和来源。②研究和设计：根据现有的金融理论、金融技术、市场状况、本公司和客户的资源状况，依照金融监管的要求，为客户寻找解决问题的最佳方案。这种最佳方案一般是一种全新的金融工具，有时是一种新的金融操作方式，有时甚至要设立一个专门的金融中介机构来达到客户的目标。在研究中，必须充分考虑这种金融方案可能产生的对客户和本公司的各种风险，并设计分散或转移风险的方案。同时，还要估算该金融产品的价格，编写研究报告，以获得客户同意。③开发：按照上述最佳方案开发新的金融产品，并根据金融资产的定价理论和本公司的开发成本计算产品的价格。④管理：考察金融产品的运作情况，监督本公司和客户的头寸暴露情况，并根据市场状况和本公司整体头寸状况进行动态交易调整。由此可见，金融工程实际上是为特定的客户量体裁衣，设计特定的、非标准的金融工具的过程。金融工具的标准与非标准，是指该金融工具是否被市场普遍接受并交易。实际上，每一种标准的金融工具，都经历过一个由非标准的金融工具到被市场接纳、改进、批量生产、集中交易的过程。

英国金融学家洛伦兹·格利茨1994年在其著作《金融工程：管理金融风险的工具和技巧》一书中，提出了一个"统一的定义"：金融工程是应用金融工具，将现有的金融结构进行重组以获得人们所希望的结果。可见，格利茨认为金融工程的目标是重组金融结构以获得所希望的结果。比如说，对于投资者来说，金融工程能够使其在风险一定的情况下获得更高的投资收益；对于公司财务人员来说，金融工程可能帮助他们消除目前尚处在投标阶段的项目风险；对于筹资者来说，金融工程可以帮助他们获得更低利率的资金。虽然一方所希望看到的结果，对另一方而言也许是不希望看到的，但正常情况下，双方对这笔交易的完成会感到满意。

本书认为金融工程是将工程思维引入金融领域，综合采用各种工程技术方法（数学建模、数值计算、仿真模拟等）设计、开发和应用的新型金融产品，将现在的金融结构进行重组、创造性地解决金融问题以获得人们所希望的结果的一门学科。

1.3.2 金融工程的核心分析原理与技术

1. 金融工程的核心分析原理

金融工程吸收了经济学、金融学和投资学的基本原理，又引进了运筹学、物理学、遗传学、工程学等多门学科的精华，但真正作为金融工程理论基础的还是经济学和金融学的基本原理和各种理论学说。由于金融工程是通过识辨和利用金融机会来创造价值的，因此有关价值的来源、价格的确定以及金融市场特性的理论就构成了金融工程的核心基础理论。这主要包括估值理论、资产组合理论、资产定价理论、套期保值理论、期权定价理论、代理理论、有效市场理论等。伴随金融市场国际化和交易与监管的全球化进程，汇率决定理论、利率理论、利息平价理论等也构成了金融工程的基础理论。按照诺贝尔经济学奖得主，美国经济学家罗伯特·默顿的观点，现代金融理论有三大支柱，分别是资金的时间价值、资产定价和风险管理。实际上，金融工程的全部活动都要依靠这三大支柱支撑，同时金融工程本身就是这三大支柱的综合运用。

金融工程的核心分析原理是无套利均衡原理。一般认为，套利是指同时参与两个或多个市场以期利用不同市场体系中价格的差异获利。与投机不同的是，它并不是通过价格水平的变化来获取利润，而是通过价格关系的差异来获取利润。无套利定价是指任何零投入的投资只能得到零收益，任何非零投入的投资，只能得到与该项投资的风险所对应的平均收益，而不能获得超额收益（超过与风险相当的收益的收益）。鉴于金融产品和交易的特点，人们往往难以准确描述资产的供求曲线和均衡时的变化特征，但如果可以将资产头寸与市场上其他资产的头寸相结合，构造一个市场均衡时不能产生无风险收益的组合头寸，那么在市场有效性的前提下，均衡问题便迎刃而解。无套利意义上的价格均衡规定了市场的一种稳定状态，一旦资产价格发生偏离，套利者的力量就会迅速引起市场的纠偏反应，使得价格重新调整至无套利状态，因此，可以利用无套利均衡原理确定资产在市场均衡状态下的价格。从一定意义上来说，无套利均衡原理抓住了金融市场均衡的本质，我们可以得到无套利均衡原理的等价性推论。

第一，如果两种证券具有相同的收益，则这两种证券具有相同的价格，我们称为同收益同价格。假设两个零息债券（购买价格低于其面值，到期时按照面值偿付）A 和 B，两者都是在 1 年后的同一天到期，其面值为 100 元（到期时都获得 100 元现金流，即到期时具有相同的收益）。如果债券 A 的当前价格为 98 元，并假设不考虑交易成本和违约情况，那么按照无套利均衡原理，债券 B 与债券 A 具有一样的收益（现金流），所以债券 B 的合理价格也应该为 98 元，当债券 B 的价格为 97.5 元时，说明债券 B 的价值被市场低估了，那么债券 B 与债券 A 之间存在套利机会。实现套利的方法很简单，买进价值低估的资产——债券 B，卖出价值高估的资产——债券 A。所以，套利的策略就是卖空债券 A，获得 98 元，用其中的 97.5 元买进债券 B，这样套利可以获利 0.5 元，在 1 年后的到期日，债券 B 的面值刚好用于支付卖空债券 A 的面值。

第二，静态组合复制定价。如果一个资产组合的收益等同于一个证券，那么这个资产组合的价格等于证券的价格。这个资产组合是证券的"复制组合"，这种方法称为静态组合复制定价。假设证券 A 当前的市场价格为 100 元，1 年后的市场有两种状态：在状态 1 时证券 A 的价格上升至 105 元，在状态 2 时证券 A 的价格下跌至 95 元。同样，也有一证券 B，它在 1 年后的收益为：状态 1 时上升至 120 元，状态 2 时下跌至 110 元。另外，假设借入资金的年利率为 10%，不考虑交易成本，那么为了计算证券 B 的价格，我们可以考虑利用证券 A 和无风险债券来构建一个与证券 B 收益相同的组合，如图 1-1 所示。

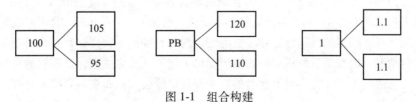

图 1-1　组合构建

构建一个组合：x 份证券 A 和 y 份的无风险证券（y 大于零为借出钱，y 小于零为借入钱）。要使得组合的收益与证券 B 的收益完全相同，则 $x\begin{pmatrix}105\\95\end{pmatrix}+y\begin{pmatrix}1.1\\1.1\end{pmatrix}=\begin{pmatrix}120\\110\end{pmatrix}$，解得 x 为 1，y 为 14.29，因此买入 1 份证券 A 再买入 14.29 份无风险证券的组合的收益与买入 1 份证券 B 的收益完全相同，故证券 B 的价格等于组合的价格，即为 114.29 元。

第三，如果一个自融资交易策略最后具有和一个证券相同的收益，那么这个证券的价格等于自融资交易策略的成本，这被称为动态套期保值策略。所谓自融资交易策略简单地说，就是交易策略所产生的资产组合的价值变化完全是由于交易的盈亏引起的，而不是另外增加现金投入或现金支出。一个最简单的例子就是购买并持有策略，这被称为动态组合复制定价。

系统、精妙地将无套利均衡原理应用于金融领域，应归功于金融工程的发展。无论是资产头寸的构建和金融结构的重组，还是新型工具的定价，金融工程的诸多环节都与无套利均衡原理密不可分，无套利均衡原理规避市场风险和发现套利机会的功能促使大量金融工程产品被创造出来并得以广泛应用。例如，远期外汇和外汇期货等的产生是为了规避外汇汇率波动的风险，而远期利率、利率期货等利率衍生品的起因也在于转嫁利率波动的风险，利率互换和货币互换则是寻找市场漏洞进行套利的产物，互换双方通过各自的比较优势达到双赢的效果，期权的发展与应用则跟解决市场中的信息不对称问题和规避风险有很大的关系……这些金融工具的定价都可以通过灵活运用无套利均衡原理获得结果。另外，套利定价理论和布莱克-斯科尔斯期权定价理论等也采用了无套利均衡原理。期权是购买方支付一定的期权费后所获得的在将来允许的时间买或卖一定数量的标的资产的选择权。布莱克和斯科尔斯采用无套利分析方法，构造出一种包含衍生产品头寸和标的股票头寸的无风险证券组合，在无套利机会的条件下，该证券组合的收益必定为无风险利率，得到了期权价格必须满足的微分方程。可以建立无风险证券组合的原因是股票价格和衍生品价格都受同一种基本的不确定性的影响；即标的资产（这里是指股票）价格的变动。在任意一个短时期内，看涨期权的价格与标的股票价格正相关，看跌期权价格与标的股票价格负相关。如果按适当比例建立一个股票和衍生品的证券组合，股票头寸的盈利（亏损）总能与衍生品的亏损（盈利）相抵，因而在短期就可以决定组合的价值。值得强调的是，在非常短的时期无风险证券组合的收益率必定是无风险利率。由此，布莱克和斯科尔斯推出了他们的期权（不支付利息的欧式股票期权）定价模型——布莱克-斯科尔斯模型（简称 BS 模型），即欧式看涨期权价格的计算公式。

$$C=SN(d_1)-Xe^{-rt}N(d_2)$$

其中，C 是看涨期权的当前价值；X 是期权的执行价格；S 是标的股票的当前价格；t 是期权到期日前的时间（年）；r 是连续复利的年度无风险利率；$N(d)$ 是标准正态分布中离差小于 d 的概率；e 是自然对数的底数，约等于 2.718 3。

BS 模型的推出是现代金融理论的重大突破。后来，默顿克服了公式中无风险利率和资产价格波动率为恒定的假设，将该模型扩展到无风险利率满足随机的情况。布莱克、斯科尔斯和默顿的工作，为期权等衍生品交易提供了客观的定价依据，促进了金融衍生工具的极大发展。斯科尔斯和默顿因此获得了 1997 年诺贝尔经济学奖。布莱克-斯科尔斯-默顿期权定价模型问世以后，金融学者对模型的适用条款做了更为完善的补充和修正，比如针对该模型考虑的是价格连续变化的情况，考克斯、罗斯和鲁宾斯坦提出了用二项式方法来计算期权的价格；罗尔运用连续时间定价法给出了证券支付股息时的看涨期权定价公式；布雷纳和格莱研究了期权提前执行时的平价关系等。

目前对于股票、固定收益债券等一般金融产品，其定价主要是通过收益与风险的均衡进行的，如 CAPM。而对远期、期货、期权、互换等金融衍生产品的定价主要是通过无套利均衡原理进行的。如果投资者发现，通过几种金融产品的买卖组合，在不承担任何风险的情况下就能获得收益，那么就说明市场上存在无风险套利机会。当实现了这个套利机会，就影响了相对应的金融产品的供求关系，最终将使得市场定价趋于合理。不存在套利机会是金融产品定价合理的根本依据，金融衍生产品就是根据这个无套利均衡原理进行定价的。

2. 金融工程的核心分析技术的应用

按格利茨（1994）的分类，金融工程的核心分析技术的应用可以概括为以下四个主要方面：套期保值、投机、套利以及构造组合。

（1）套期保值。

在面对风险时，套期保值可以用确定性来代替风险，同时也消除有利结果出现的可能性，主要表现为运用远期、期货、互换等产品。所有这些工具都能确保使用者获得既定的金融结果。套期保值是指一个已存在风险暴露的实体力图通过持有一种或多种与原有风险头寸相反的套期保值工具来消除该风险，可以通过远期外汇合约来消除汇率波动的风险或通过建立与现货交易相反的期货头寸来消除现货商品市场价格变动的风险等。例如，一家美国公司将在 3 个月后支付一笔日元，它若进行远期交易，以固定的价格在当前购买一笔未来 3 个月交割的日元，便将潜在的货币风险避免了。不论在 3 个月内汇率如何变化，该公司已经以已知的固定价格购买了日元，从而不会受到 3 个月后的市场汇率的影响。"完全的（最佳的）套期保值"则可以使套期保值工具在各方面均与最初的风险暴露完全吻合。这样，在理论上就可以完全抵消风险。

（2）投机。

应对风险的另一种方法是消除不利风险，同时保留了有利的获利机会，主要表现为运用期权及其相关产品。这里所谓的"消除不利风险"也不是从根源上绝对消除了风险，而是将风险转移给交易的另一方，这属于风险转移的范畴。投机是指一些人希望利用对市场某些特定走势的预期来对市场未来的变化进行赌博，并因此制造出一个原先并不存在的风险敞口。投机往往采用较为直接的方式：要么先买再卖，要么先卖再买。虽然投机不一定使用衍生工具，但使用衍生工具进行投机显然有优势，这体现在：①有杠杆效应优势。衍生工具一般都允许以最小的资本支出来获得较大的头寸。比如，缴纳 5% 的保证金就可以持有 100% 名义本金额的期货头寸。这样，就获得了 20 倍的杠杆效应。由于这种风险和收益同时放大的功能，使衍生交易可以带来相当大的资金节约，但往往也意味着比平常交易高出几十倍的收益和风险。②组合复杂的交易策略。利用相关金融工程技术，投机者可以将多种金融工具当作"建筑材料"进行组合，人为构造出适合投机者需求的负债结构、资产结构或风险结构。通过其他方法，则无法达到这种效果。③一些投机机会不使用金融工程技术就无从把握。例如，当投机者预期市场价格的波动性将缩小到一定范围时，不使用定顶、定底的期权就无法进行投机。

（3）套利。

在一般情况下，一些相关金融产品的价格遵循某种变动规律，但是，即使是同一种商品，在不同的市场上进行出售，也会有暂时的价格偏离，这就为套利留下了空间。比如，香港的期货市场和伦敦的期货市场总会出现价格变动不一致的情况，这时，套利者可以迅速介入，在价格便宜的市场上买入期货并在价格较贵的市场上卖出期货，赚取价格差。在 20 世纪 80 年代，路透社外汇交易终端曾开发出自动套汇的程序化交易系统，使得套利活动可以自动进行。但是程序化交易也在1987年华尔街"黑色星期一"事件中扮演了不光彩的角色，因为它加剧了风险。

（4）构造组合。

金融工程技术可以用来对一项特定交易或风险敞口的特性进行重新构造。"组合与分解技术"是金融工程应对风险的核心分析技术之一，是指利用基础性的金融工程工具来组装具有特定流动性及收益、风险特征的金融产品，或者是将原有相关金融产品的收益和风险进行剥离，并加以重新配置，以获得新的金融结构，使之具备特定的风险管理功能，以有效满足交易者的偏好和需要。例如，如果公司收入的现金流主要是英镑而支出的现金流主要是美元，则这家公司完全可以通过货币互换使收入与支出的现金流币种匹配，从而规避汇率风险。如果一个债券发行者发行的是浮动利率债券，但是想支出固定利息，那么可以通过利率互换把浮动利率债券的利息支出转换为固定利率债券的利息支出。组合和分解技术并不是一种随意的"积木"游戏，而是无套利均衡原理的具体应用。不管在多大范围、以何种方式进行组合和分解，必须紧紧围绕"无套利均衡"这个中心。用一种（或一组）金融工具来"复制"另一种（或另一组）金融工具的静态组合复制定价正是组合与分解技术的核心方法，其要点是使复制组合的现金流与被复制组合的现金流特征完全一致，复制组合与被复制组合可以完全实现对冲。例如，利用股票和无风险证券构成的组合可以复制欧式看涨期权的现金流。这种复制是一种动态复制技术，在期权有效期内需要视市场动态对组合头寸不断调整以维持无套利均衡关系。又如，欧式看涨期权加上相应数量的无风险证券所形成的组合可用看跌期权和一定数量的标的资产构成的组合来复制，从而建立期权定价中的看跌-看涨平价关系式。很明显，在复制过程中，无套利均衡原理能够以最直观的形式表现出来。

习题

1. 举例说明无套利均衡原理的含义和具体实现方法。
2. 试解释套期保值的含义，并给出常用的几种套期保值的方法。
3. 试给出金融工程的定义，其主要目的是什么？

参考文献

［1］ BARTON D, NEWELL R, WILSON G. Dangerous markets: managing in financial crises［M］. New York: Wiley, 2003.

［2］ EMMA H. Continuous-time incentives in hierarchies［J］. Finance and stochastics, 2023, 27（3）: 605-661.

［3］ 王长江. 投资银行学［M］. 3版. 南京: 南京大学出版社, 2022.

［4］ 周颖刚, 纪洋, 倪骁然, 等. 金融学的发展趋势和挑战与中国金融学的机遇［J］. 计量经济学报, 2022, 2（3）: 465-489.

［5］ 高培勇, 樊丽明, 洪银兴, 等. 深入学习贯彻习近平总书记重要讲话精神 加快构建中国特色经济学体系［J］. 管理世界, 2022, 38（6）: 1-56.

［6］ 何青. 新发展格局下的金融结构优化［M］. 北京: 中国人民大学出版社, 2022.

［7］ 刘志彪, 孔令池. 从分割走向整合: 推进国内统一大市场建设的阻力与对策［J］. 中国工业经济,

2021，（8）：20-36.

[8] 范从来，王宇伟，周耿. 货币银行学［M］. 5 版. 南京：南京大学出版社，2021.
[9] 谢伏瞻，刘伟，王国刚，等. 奋进新时代开启新征程——学习贯彻党的十九届五中全会精神笔谈（上）［J］. 经济研究，2020，55（12）：4-45.
[10] 林德宏. 科学思想史［M］. 2 版. 南京：南京大学出版社，2020.
[11] 陈嘉琪. 新时代下的流动性、价格泡沫与国家治理［M］. 厦门：厦门大学出版社，2020.
[12] 谢一青. 金融工程及其在中国的应用研究［M］. 上海：上海社会科学院出版社，2020.
[13] 顾卫民. 荷兰海洋帝国史［M］. 上海：上海社会科学院出版社，2020.
[14] 高波. 发展经济学［M］. 2 版. 南京：南京大学出版社，2017.
[15] 小哈斯莱特. 风险管理［M］. 郑磊，王盛，吴天颖，等译. 北京：机械工业出版社，2017.
[16] 宋华. 供应链金融［M］. 4 版. 北京：中国人民大学出版社，2024.
[17] 田广杰. 金融风险度量原则及度量方法研究综述［J］. 金融理论与教学，2014，(5)：25-29.
[18] 邹辉文. 金融经济学与数理分析方法［J］. 金融教学与研究，2014，(4)：11-14.
[19] 王德河. 论风险中性定价的经济学基础［J］. 审计与经济研究，2013，28（3）：99-105.
[20] 魏涛，刘义，杨荣，等. 激辩：中国"影子银行"与金融改革［J］. 金融发展评论，2013，(2)：1-51.
[21] 吴晓求. 中国证券公司：现状与未来［M］. 北京：中国人民大学出版社，2012.
[22] 吴晓求，赵锡军，瞿强，等. 现代金融［M］. 北京：中国人民大学出版社，2010.
[23] 陈雨露，马勇. 现代金融体系下的中国金融业混业经营［M］. 北京：中国人民大学出版社，2009.
[24] 王湘穗. 币缘秩序的解体与重构——当前国际政治的新焦点［J］. 现代国际关系，2009，(3)：5-12.
[25] 刘维奇. 金融工程的发展与应用［J］. 山西大学学报（哲学社会科学版），2006，(1)：54-59.
[26] 周革平. 现代资产组合理论的产生与发展综述［J］. 金融与经济，2004，(8)：10-12.
[27] 郁洪良. 无套利均衡原理的理论意义及应用价值［J］. 审计与经济研究，2002，(5)：54-56.
[28] 刘学贵. 金融工程与中国金融发展［J］. 安徽大学学报，2001，(4)：30-35.
[29] 史树中. 从数理经济学到数理金融学的百年回顾［J］. 科学，2000，52（6）：29-33.
[30] 王忠玉. 现代金融学的数量化进程探析［J］. 经济评论，2000，(4)：116-120.
[31] 张学东，徐成贤. 金融工程学的发展趋势探析［J］. 工程数学学报，1999，(4)：97-102.
[32] 谢弗，李少鑫. 罗伯特·默顿、迈伦·斯科尔斯及衍生品定价的发展［J］. 经济资料译丛，1999，(2)：7-16.
[33] 李茂生，李剑铭. 国外投资银行的起源和发展研究［J］. 中国社会科学院研究生院学报，1999，(3)：7-16.
[34] 吴冲锋，冯芸. 全球金融动荡与传染的系统思考［J］. 管理科学学报，1999，(1)：10-18.
[35] 周立. 概念、工具及发展：金融工程概说［J］. 华南金融研究，1999，(1)：11-19.
[36] 周立. 西方金融工程学的发展［J］. 世界经济，1997，(9)：32-35.
[37] 施东晖. 上海股票市场风险性实证研究［J］. 经济研究，1996，(10)：44-48.

第 2 章

金融工程定价的基本分析方法

2.1 组合定价技术和资本资产定价模型

2.1.1 投资组合理论

马科维茨的投资组合理论通常被认为是现代金融学的发端,这一理论使金融学开始摆脱纯粹描述性的研究和单凭经验操作的状态,数量化方法进入了金融领域。马科维茨工作中所介绍的数量化分析技术与 MM 理论中的无套利均衡思想相结合,引发了后续一系列金融学理论的重大突破。投资组合理论包含两个重要内容:均值-方差分析方法和投资组合有效边界模型。投资组合选择的目的是如何构造各种有价证券的多头和空头,来最好地符合投资者的收益和风险的权衡。由于不同的投资者具有不同的利益结构、投资周期、对风险的厌恶程度,因此并不存在一种对所有投资者来说都是最佳的投资组合或投资组合的选择策略,马科维茨的投资组合理论给出了选择投资组合的指导性思路。

接下来我们讨论在构建投资组合时如何进行收益与风险的权衡,收益与风险权衡的优化目标是按照投资者的风险偏好使得预期收益达到最大。投资组合理论的基本思想是通过分散化的投资来对冲掉一部分风险,即不要把鸡蛋放在一个篮子里,我们首先考虑只有两项资产时,分析其组合的收益和风险的情况。

假定资产 1 在组合里的比重是 w,资产 2 的比重则为 $1-w$,资产 1 的预期收益率和收益率的方差分别为 $E(r_1)$ 和 σ_1^2,资产 2 的预期收益率和收益率的方差分别为 $E(r_2)$ 和 σ_2^2,那么投资组合的预期收益率 $E(r)$ 和收益率的方差 σ^2 为

$$E(r) = wE(r_1) + (1-w)E(r_2) \tag{2-1}$$

$$\sigma^2 = w^2\sigma_1^2 + (1-w)^2\sigma_2^2 + 2w(1-w)\rho\sigma_1\sigma_2 \tag{2-2}$$

其中 ρ 是相关系数,一定有 $-1 \leq \rho \leq 1$。

上述资产可以是风险资产也可以是无风险资产,下面我们分情况讨论。

（1）一项风险资产和一项无风险资产的组合。

假设资产 1 为风险资产，资产 2 为无风险资产，那么 $E(r_2)=r_f$，$\sigma_2=0$，则投资组合的预期收益率和标准差为

$$E(r)=r_f+w[E(r_1)-r_f] \tag{2-3}$$

$$\sigma=w\sigma_1 \tag{2-4}$$

由预期收益率的表示式可以看到，组合的预期收益率是以无风险收益率为基础再加上风险补偿，风险补偿的大小取决于风险资产本身的收益率和其在资产组合中的比重，从上面的两个式子中可以得出

$$w=\frac{E(r)-r_f}{E(r_1)-r_f} \tag{2-5}$$

$$E(r)=r_f+\frac{[E(r_1)-r_f]}{\sigma_1}\sigma \tag{2-6}$$

在指定的风险水平下，如果投资组合可以获得最大的预期收益率，则这一投资组合被称为有效组合，如果我们的投资组合中只有上述一项风险资产，那么它并不是有效组合，我们可以在这个投资组合里再加进风险资产进行风险的分散化。

（2）两项风险资产的组合。

风险的分散化是指将多项风险资产组合到一起，可以对冲掉部分公司层面的风险而不降低平均的预期收益率，但是当普遍性的风险影响所有公司时，即使分散化也无法消除风险，这个无法消除的风险是市场风险或系统性风险，相反，可以分散的风险是非系统性风险或公司特有风险。

组合的预期收益率及方差已在前面给出，因为 $-1\leq\rho\leq1$，所以有

$$[w\sigma_1-(1-w)\sigma_2]^2\leq\sigma^2\leq[w\sigma_1+(1-w)\sigma_2]^2 \tag{2-7}$$

对于一般的金融工具来说，由于系统性风险的存在，所以我们不讨论 $\rho=-1$ 的情况，而当 $\rho=1$ 时，意味着两项风险资产完全正相关，那么也无法通过分散化降低风险，因此我们也暂时不考虑这种情况。

从上面的不等式可以看出，组合的标准差小于等于标准差的组合，事实上只要 $\rho<1$，就有 $\sigma<|w\sigma_1+(1-w)\sigma_2|$，这说明加入风险资产确实能起到降低组合风险的作用，这就是投资分散化的原理。

我们利用微积分中求极小值的方法，由资产组合方差的表达式可以求出最小方差组合中投资资产 1 的比例

$$w_{\min}=\frac{\sigma_2^2-\rho\sigma_1\sigma_2}{\sigma_1^2+\sigma_2^2-2\rho\sigma_1\sigma_2} \tag{2-8}$$

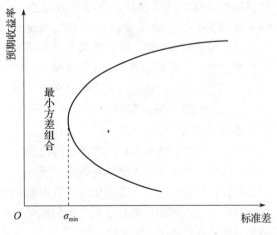

图 2-1 两项风险资产不同权重的组合

图 2-1 描绘了两项风险资产不同权重的组合的预期收益率和标准差之间的关系。

（3）多项风险资产的组合。

假定现在有 n 项风险资产，它们的预期收益率记为 $E(r_i)$，每两项资产之间的协方差记为 σ_{ij}，每项资产在组合中所占的比重为 w_i，于是投资组合的预期收益率和

方差应为

$$E(r) = \sum_{i=1}^{n} w_i E(r_i) \qquad (2\text{-}9)$$

$$\sigma^2 = \sum_{i=1}^{n} \sum_{j=1}^{n} w_i w_j \sigma_{ij} \qquad (2\text{-}10)$$

优化投资组合就是在要求投资组合有一定的预期收益率的前提下，使组合的方差越小越好，即求解以下的二次规划

$$\min \sigma^2 = \sum_{i=1}^{n} \sum_{j=1}^{n} w_i w_j \sigma_{ij}$$

$$\text{s.t.} \sum_{i=1}^{n} w_i E(r_i) = E(r)$$

$$\sum_{i=1}^{n} w_i = 1$$

对于每一给定的 $E(r)$ 可以解出相应的标准差 σ，每一对 $(E(r), \sigma)$ 构成图 2-2 中的一个坐标点，这些点最终可以连成图 2-2 中的曲线，这就是最小方差曲线，最小方差曲线内部的每一个点都表示这 n 种风险资产的一个组合，其中任意两个点所代表的两个组合再组合起来得到的新的点一定落在原来两个点的连线的左侧，这是因为新的组合能进一步起到分散风险的作用，这也是曲线向左凸的原因。所有最小方差边界上方的资产组合提供最优的风险和收益，因此可以作为最优组合，这一部分称为风险资产有效边界，对于最小方差点下方的组合，其正上方就存在具有相同标准差但预期收益更高的组合，因此最小方差点下面的点是非有效的。

进一步，投资者如何在有效组合边界上寻找最适合自己的投资组合，我们来看任意一位投资者的收益-风险效用函数，在图 2-3 上我们画出等效用曲线，因为承受高的风险要求高的风险补偿，所以等效用曲线是递增的，在已经承受较高风险的情况下，要进一步增加风险，就会要求更高的风险补偿，相反，在预期收益已经比较低时，要进一步降低收益，也会要求降低更多的风险，这就是经济学里边际效用递减的原理，所以等效用曲线是向右下方凸的，越往左上方移动，等效用曲线所表示的效用函数值就越大。因此，如果投资者要从有效组合边界中选择投资组合的话，一定是他的等效用曲线和有效组合边界相切的 P 点所代表的组合将是最佳选择，如图 2-3 所示。

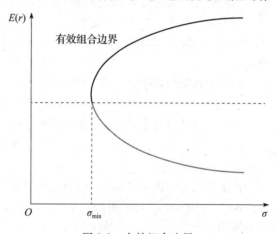

图 2-2 有效组合边界

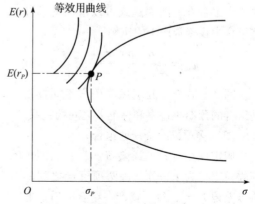

图 2-3 投资者的最佳投资组合

为了简化分析过程，我们假定这 n 种风险资产在投资组合中所占的比重是一样的，即 $w_i = \dfrac{1}{n}$，于是组合的方差可写为

$$\sigma^2 = \sum_{i=1}^{n} \sum_{j=1}^{n} \frac{1}{n}\frac{1}{n}\sigma_{ij} = \frac{1}{n^2}\sum_{i=1}^{n}\sigma_{ii} + \frac{1}{n^2}\sum_{i=1}^{n}\sum_{\substack{j=1\\j\neq i}}^{n}\sigma_{ij} \qquad (2\text{-}11)$$

式（2-11）右端第一项是 n 项风险资产的方差的和，当 n 趋于无穷大时，这一项会趋于 0，但第二项不会趋于 0，而是趋于协方差的平均值，记

$$\overline{\sigma}_{ij} = \frac{1}{n^2 - n}\sum_{i=1}^{n}\sum_{\substack{j=1\\j\neq i}}^{n}\sigma_{ij} \qquad (2\text{-}12)$$

于是就有

$$\frac{1}{n^2}\sum_{i=1}^{n}\sum_{\substack{j=1\\j\neq i}}^{n}\sigma_{ij} = \frac{n^2 - n}{n^2}\overline{\sigma}_{ij} \qquad (2\text{-}13)$$

当 n 趋于无穷大时，第二项就趋于协方差的平均值。

由此可以得出结论，当投资组合中含有许多种风险资产时，个别资产的方差将不起作用，各项资产之间的协方差有正有负，它们会起到互相对冲抵消的作用，但不会完全对冲抵消，因而投资组合的方差近似等于平均的协方差，这种不能通过分散化消除的风险是系统性风险或市场风险，可以被对冲抵消的风险即为非系统性风险或企业风险。

下面我们介绍两基金分离定理：在所有风险资产组合的有效边界上，任意两个分离的点都代表两个分离的有效投资组合，而有效组合边界上任意其他的点所代表的有效投资组合，都可以由这两个分离的点所代表的有效投资组合的线性组合生成。过任意两个分离的各自代表风险资产的点可以生成一条双曲线。有效组合边界上的两个分离的点可以看作两项风险资产，它们也就可以生成一条双曲线。有效组合边界本身是一条双曲线。任意两条不同的双曲线不可能在同一侧有两个分离的切点。而如果这两条双曲线在这两个点是相交的话，则由两个点生成的双曲线一定会有一部分落在有效组合边界所围区域的外面。由有效组合边界的定义可知这是不可能的，所以这两条双曲线一定重合，亦即两基金分离定理成立。

2.1.2 资本市场线

现在我们在投资组合中引入无风险资产，如图 2-4 所示，新的组合的点一定落在连接 r_f 点和所有潜在风险资产组合的双曲线所围区域及其边界的某一点的半直线上。这样的半直线有无数条，当半直线围绕 r_f 点逆时针向左旋转时，不管投资者的风险偏好如何，越在左边的半直线上的点，其效用值越大，于是，效用值最大的半直线一定是与有效组合边界相切的那一条，即连接 r_f 点和 M 点的半直线。

这条半直线构成了无风险资产和风险资产组合的有效组合边界，被称为资本市

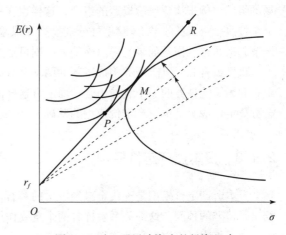

图 2-4 引入无风险资产的投资组合

场线（capital market line，CML）。

在这个包括无风险证券和风险资产组合的有效组合边界（即资本市场线）上，两基金分离定理实际上依然成立。不过在这里，其中一项基金是无风险证券，而另一项则是切点 M 所代表的风险资产组合。资本市场线上任意一点（如 P 点）所代表的投资组合，都可以由一定比例的无风险证券和由 M 点所代表的风险资产组合生成。对于从事投资服务的金融机构来说，不管投资者的风险偏好如何，只需要找到切点 M 所代表的风险投资组合，再加上无风险证券，就能为所有的投资者提供最佳的投资方案。投资者的风险偏好，只须反映在组合中无风险证券所占的比重。资本市场线在 M 点右上方的部分所包含的投资组合（如 R 点），是卖空了无风险证券（即以无风险利率贷款）后，将所得的资金投资 M 点所代表的风险资产组合。

假定 M 点所代表的风险资产组合的预期收益率和标准差分别是 $E(r_m)$ 和 σ_m，投资这一风险资产组合的资金比例是 w_m，投资无风险证券的资金比例是 $1-w_m$，则加上无风险证券后的组合的预期收益率和标准差为

$$E(r_p) = r_f + \frac{[E(r_m) - r_f]}{\sigma_m} \sigma_p \tag{2-14}$$

$$\sigma_p = w_m \sigma_m \tag{2-15}$$

接下来我们介绍 M 点所代表的风险资产组合。

市场组合包含市场上存在的资产种类，各种资产所占的比例和每种资产的总市值占市场所有资产的总市值的比例相同。风险资产的市场组合就是指从市场组合中拿掉无风险证券后的组合，因此，资本市场线与风险资产的有效组合边界的切点 M 点所代表的资产组合就是风险资产的市场组合。首先，任何市场上存在的资产必须被包含在 M 点所代表的资产组合里。不然的话，因为理性的投资者都会选择资本市场线上的点作为自己的投资组合，不被 M 点所包含的资产就会变得无人问津，其价格就会下跌，从而收益率会上升，直到进入 M 点所代表的资产组合。其次，当市场均衡时，投资者对任何一种资产都不会有过度的需求和过度的供给。因为所有的理性投资者所选择的有风险资产的比例都应与 M 点所代表的资产组合里的投资比例相同，所以，在市场处于均衡时，各种风险资产的市场价值在全部风险资产的市场总价值里的比重应当和在 M 点所代表的资产组合里的比重相同。由此说明 M 点所代表的资产组合就是风险资产的市场组合。

这样就引出了被动的，但很有效的指数化投资策略。这种策略分为两步：第一步是按照市场的组成比例来构建风险资产的组合，这样也在一定程度上实现了风险的分散化；第二步是将资金按照投资者的收益/风险偏好分别投到无风险证券和所构建的风险市场组合中。这种策略调节起来非常方便。如果觉得风险偏大，则可适当增加投资无风险证券的比例，否则反之。

市场组合和无风险证券构成了新的两基金分离定理，所有的合乎理性的投资组合都是市场组合和无风险证券的一个线性组合，而所有这样的线性组合构成了资本市场线，这一新的两基金分离定理成为资本资产定价模型的基础。

2.1.3 资本资产定价模型

资本资产定价模型是现代金融经济学的基石，该模型对资产风险与其预期收益之间的关系给出了精准的预测，这一关系发挥着两个重要作用。首先，它为评估各项投资提供了一个基准收益率。其次，该模型帮助我们对还没有上市交易的资产的预期收益做出了合理的估计。资本

资产定价模型是基于风险资产预期收益均衡的预测模型,哈里·马科维茨于 1952 年建立了现代投资组合选择理论,12 年后,威廉·夏普、约翰·林特纳与简·莫森将其发展为资本资产定价模型,资本资产定价模型有许多前提性的假设条件,主要包括市场的完善性和环境的无摩擦性,现在我们对主要的假设条件做一个简单的介绍。

- 市场中存在许多投资者,投资者是价格的接受者,不具备"做市"的力量,市场处于完全竞争状态。
- 所有投资者在持有投资资产时都只计划持有一个相同的周期,只关心投资计划期内的情况,不考虑计划期以后的事情。
- 投资者只能交易公开交易的金融工具如股票、债券等,即不把人力资本、私人企业、政府融资项目等考虑在内。投资者可以不受限制地以固定的无风险利率进行借贷。
- 市场环境是无摩擦的,即无税和无交易成本。
- 所有投资者的行为都是理性的,都选择市场组合和无风险证券的线性组合构建自己的投资组合。
- 所有投资者都以相同的观点和分析方法来对待各种投资工具,他们对所交易的金融工具未来的收益现金流的概率分布、预期值和方差等都有相同的估计。这是一致预期假设。

资本资产定价模型进一步要讨论的是单项风险资产在资本市场上的定价问题,描述任何风险资产组合风险的标准差可表示为

$$\sigma_p = \left(\sum_{i=1}^n \sum_{j=1}^n w_i w_j \sigma_{ij} \right)^{\frac{1}{2}} \tag{2-16}$$

如果市场上一共就有 n 项风险资产,而组合 p 就是风险资产的市场组合 M 的话,有

$$\sigma_{iM} = \sum_{j=1}^n w_{jM} \sigma_{ij} \tag{2-17}$$

从而

$$\sigma_M = \left(\sum_{i=1}^n w_{iM} \sigma_{iM} \right)^{\frac{1}{2}} \tag{2-18}$$

其中 w_{iM} 是第 i 种资产在风险资产市场组合中的比重。

由此我们得出,风险资产市场组合的总风险只与各项资产与市场组合的风险相关性有关,而与各项资产本身的风险无关,这样在投资者的心目中,如果 σ_{iM} 越大,则第 i 项资产对市场组合的风险影响就越大,在市场均衡时,该项资产得到的风险补偿也就越大。于是得出以下证券市场线(SML)

$$E(r_i) = r_f + \frac{[E(r_M) - r_f]}{\sigma_M^2} \sigma_{iM} \tag{2-19}$$

和

$$E(r_i) = r_f + \beta_i [E(r_M) - r_f] \tag{2-20}$$

其中 $\beta_i = \dfrac{\sigma_{iM}}{\sigma_M^2}$ 被称为第 i 项资产的 β 系数,图 2-5 画出了 β 系数和预期收益率之间的关系,这就是证券市场线。

β 系数的一个重要性质就是具有线性可加性,若在一个包含 n 项资产的投资组合里,各项

资产的比重是 w_i,则组合的 β 系数为

$$\beta_p = \sum_{i=1}^{n} w_i \beta_i \quad (2\text{-}21)$$

组合的收益率就是

$$E(r_p) = r_f + \beta_p [E(r_M) - r_f] \quad (2\text{-}22)$$

证券市场线的含义是,一项资产的风险补偿应当是它的 β 系数乘以风险资产的市场组合的风险补偿。如果一项资产的 β 系数大于 1,则该项资产的风险补偿就大于市场组合的风险补偿,意味着这项资产在市场上的价格波动会大于市场的平均价格波动;如果一项资产的 β 系数小于 1,意味着该项资产在市场上的价格波动会小于市场的平均价格波动;如果 β 系数为负,则意味着该项资产的收益与整个市场的收益存在负相关的关系。证券市场线如图 2-5 所示。

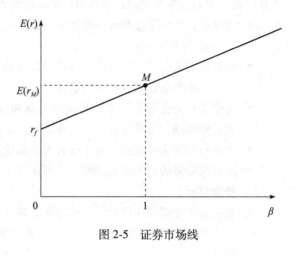

图 2-5 证券市场线

2.2 无套利定价原理

2.2.1 金融市场中的套利行为

当投资者不需要进行净投资就可以赚取无风险收益时,就存在套利机会。一个典型的例子就是当同一只股票在两个不同的交易中以不同的价格交易。例如,假设 IBM 公司股票在纽约证券交易所卖 195 美元,而在纳斯达克证券交易所仅仅卖 193 美元,你就可以从纳斯达克证券交易所买入 IBM 公司股票,然后在纽约证券交易所卖出,在不动用任何资本的情况下每股股票可以赚取 2 美元的无风险收益。一价定律指出如果两项资产在所有的经济性方面均相同,那它们应该具有相同的市场价格。一价定律被套利者所利用:一旦发现有资产违背了这个定律,他们将进行套利活动——在价格低的地方买进资产同时在价格高的地方卖出资产。在这一过程中,他们将促使低价市场价格上扬,高价市场价格压低,直到套利机会消失。

由于交易中佣金、税费、信息成本、空间成本和时间成本等交易成本的存在,或者说套利障碍的存在,商业贸易中的套利行为实施起来比较麻烦。反过来说,这也是同一种商品在不同的地方价格会不一样,有时价格还会相差很大的原因。但是金融市场中交易的金融产品就不同了,金融市场的独特性使得影响套利的这些条件(交易佣金、交易税费、信息成本、空间成本、时间成本)大大地减弱了。

(1) 专业化、电子化交易市场的存在降低了买卖双方寻求信息的成本,买卖双方只需向市场组织者支付较低的交易费用。金融产品的标准化也大大简化了买卖双方对产品规格的定义,这是商品贸易所无法比拟的。

(2) 由于金融产品的无形化,商品贸易中需要的空间成本在金融产品交易中就没有了(或者很小)。我们知道,大部分的金融产品只是一个合约,一纸凭证,甚至只是一个账户的电子符号,而不像商品贸易中的实物,需要较大的存放空间和较高的运输成本。

(3) 金融市场存在的卖空机制大大增加了套利机会。在商品贸易中，一般只存在单向的套利机会，即初始价格过低时，存在先买进商品，而后再以高价卖出商品实现套利的机会。但是，如果初始价格过高，投资者在商品贸易中就不能先行卖出，即使存在套利机会，也无法实施套利。然而，金融市场就不同了。在允许卖空的金融市场中，卖空机制允许在没有产品的情况下，可以先把它卖掉，而在未来的某个时间再买进对冲，即相当于可以先借别人的产品卖，而后再买进还给他。这种卖空机制使得金融市场的套利机会是双向的，即不管价格是偏高还是偏低，只要存在定价的偏差，就可以套利。

(4) 更重要的是，金融产品在时间和空间上的多样性也使得套利更具多样性。例如在时间上，就存在即期现货市场和远期市场（期货市场），那么就可能通过现货和期货的定价偏差进行套利；又例如基于同种基础资产的期权和期货可能衍生出套利机会，交易所交易基金和它的成分股票也可能产生套利机会。

金融市场的上述独特性使得套利成为金融市场的一种重要行为，它也成为金融理论的一个重要概念。现在我们给金融市场的无风险套利下个简单定义。在金融理论中，套利是指一个能产生无风险收益的交易策略。这种套利是指纯粹的无风险套利。但在实际市场中，套利一般是指一个预期只需承受很低风险的获利策略，即可能会承担一定的低风险，因此，许多情况都是指一种风险套利，只不过预期风险比预期收益小而已，纯粹的无风险套利机会很难发现，即使有这种套利机会，它们也都是转瞬即逝，并且套利幅度也很小。

2.2.2 无套利定价原理的含义及存在条件

不同于商品贸易，金融市场上实施套利行为非常方便和快速。这种套利的便捷性也使得金融市场套利机会的存在总是暂时的，因为一旦有套利机会，投资者就会很快实施套利而使得市场又回到无套利机会的均衡中。因此，无套利均衡被用于对金融产品进行定价。金融产品在市场的合理价格就是使得市场不存在无风险套利机会的价格，这就是无风险套利定价原理，简称为无套利定价原理。无套利定价原理主要有以下特征：

第一，无套利定价原理首先要求套利活动在无风险的状态下进行。当然，在实际的交易活动中，纯粹零风险的套利活动比较罕见。因此实际的交易者在套利时往往不要求零风险，所以实际的套利活动有很大一部分是风险套利活动。

第二，无套利定价的关键技术是所谓"复制"技术，即用一组证券来复制另外一组证券。复制技术的要点是使复制组合的现金流特征与被复制组合的现金流特征完全一致，复制组合的多头（空头）与被复制组合的空头（多头）互相之间应该完全实现头寸对冲。由此得出的推论是，如果有两个金融工具的现金流相同，但其贴现率不一样，它们的市场价格必定不同。这时通过做空价格高者、做多价格低者，就能够实现套利的目标。套利活动推动市场走向均衡，并使两者的收益率相等。因此，在金融市场上，获取相同资产的资金成本一定相等。产生完全相同现金流的两项资产被认为完全相同，因而它们之间可以互相复制。而可以互相复制的资产在市场上交易时必定有相同的价格，否则就会发生套利活动。

第三，无风险的套利活动从当前现金流看是零投资组合，即套利者初始不需要投入任何资金，在投资期间也没有任何的维持成本。在没有卖空限制的情况下，套利者的零投资组合不管在未来发生什么情况，该组合的净现金流都大于零。我们把这样的组合称为"无风险套利组合"。从理论上说，当金融市场出现无风险套利机会时，每一个交易者都可以构建无穷大的无风险套利组合来赚取无穷大的利润。这种巨大的套利头寸成为推动市场价格变化的力量,能够迅速消除套利机会。所以,理论上只需要少数套利者(甚至一位套利者),就可以使金融市场上失衡的资产价格迅速回归均衡状态。

那么什么情况下市场不存在套利机会呢,我们首先看一下无风险套利机会存在的等价条件。第一,存在两个不同的资产组合,它们的未来收益相同,但它们的成本却不同;在这里,可以简单把收益理解成是现金流。如果现金流是确定的,则相同的收益是指相同的现金流。如果现金流是不确定的,即未来存在多种可能性(或者说存在多种状态),则相同的收益是指在相同状态下现金流是一样的。第二,存在两个相同成本的资产组合,但是第一个组合在所有的可能状态下的收益都不低于第二个组合,而且至少存在一种状态,在此状态下第一个组合的收益要大于第二个组合的收益。第三,一个组合的构建成本为零,但在所有可能状态下,这个组合的收益都不小于零,而且至少存在一种状态,在此状态下这个组合的收益要大于零。

无套利定价原理的基本思想就是指有效的市场是不存在无风险套利机会的。即使市场存在套利机会,那也是非常暂时的,因为套利机会马上就会被投资者发现并实施,市场将重新回到无套利均衡状态。

一个资产未来收益的现金流可能是确定的,也可能是不确定的。一般来说,固定收益类证券的未来收益是确定的,比如债券。而股权类证券的未来收益是不确定的,比如股票,投资者根本不知道它的未来价格及其分红情况。但是,不管是确定状态的收益,还是不确定状态的收益,都可以应用无套利定价原理进行定价。

2.2.3 确定状态下无套利定价原理的应用

1. 同收益同价格

如果两种证券具有相同的收益,则这两种证券具有相同的价格,我们称为同收益同价格。

假设两个零息票债券 A 和 B,两者都是在 1 年后的同一天到期,其面值为 100 元(到期时都获得 100 元现金流,即到期时具有相同的收益)。如果债券 A 的当前价格为 98 元,并假设不考虑交易成本和违约情况,那么按照无套利定价原理,债券 B 与债券 A 具有一样的收益(现金流),所以债券 B 的合理价格也应该为 98 元,当债券 B 的价格为 97.5 元时,说明债券 B 的价值被市场低估了,那么债券 B 与债券 A 之间存在套利机会。实现套利的方法很简单,买进价值低估的资产——债券 B,卖出价值高估的资产——债券 A。所以,套利的策略就是卖空债券 A,获得 98 元,用其中的 97.5 元买进债券 B,这样套利的盈利为 0.5 元,在 1 年后的到期日,债券 B 的面值刚好用于支付卖空债券 A 的面值。

2. 静态组合复制定价

如果一个资产组合的收益等同于一个证券,那么这个资产组合的价格等于这个证券的价格。这个资产组合成为证券的"复制组合",称之为静态组合复制定价。

假设 3 种零息票的债券面值都为 100 元,它们当前的市场价格分别为:1 年后到期的零息票债券的当前价格为 98 元;2 年后到期的零息票债券的当前价格为 96 元;3 年后到期的零息票债券的当前价格为 93 元,并假设不考虑交易成本和违约情况,问:如果有一个债券的票面利率为 10%,1 年支付 1 次利息,期限为三年,那么这个债券的当前价格应该为多少?如果这个债券的当前价格为 120 元，是否存在套利机会，如果有，如何套利？

对于债券的当前价格，我们只要构造一个复制组合就可以了。先看票面利率为 10%，1 年支付 1 次利息，三年后到期的债券收益情况。面值为 100 元，票面利率为 10%，所以在第 1 年末、第 2 年末和第 3 年末的利息均为 10 元，在第 3 年末另外还支付本金面值 100 元。那么构造同收益的复制组合为：购买 0.1 张的 1 年后到期的零息票债券，其收益刚好为 100×0.1 = 10 元；购买 0.1 张的 2 年后到期的零息票债券，其收益刚好为 100×0.1 = 10 元；购买 1.1 张的 3 年后到期的零息票债券，其收益刚好为 100×1.1 = 110 元。所以该复制组合的收益就与票面利率为 10%，1 年支付 1 次利息的三年后到期债券的收益一样，因此根据无套利定价原理的第二个推论，具有相同收益情况下证券的价格就是复制组合的价格，所以票面利率为 10%，1 年支付 1 次利息，三年后到期的债券的当前价格应该为：0.1×98+0.1×96+1.1×93 = 121.7 元。

对于套利，这个债券的当前价格为 120 元，小于当前市场价格 121.7 元，因此根据无套利定价原理，存在套利机会，由于市场低估了这个债券的价值，则应该买进这个债券，然后卖空无套利定价原理中的复制组合，即：买进 1 张票面利率为 10%，1 年支付 1 次利息，三年后到期的债券；卖空 0.1 张的 1 年后到期的零息票债券；卖空 0.1 张的 2 年后到期的零息票债券；卖空 1.1 张的 3 年后到期的零息票债券。这样可以套利 121.7−120 = 1.7 元。

3. 动态组合复制定价

如果一个自融资交易策略最后具有和一个证券相同的收益，那么这个证券的价格等于自融资交易策略的成本，这是动态套期保值策略。自融资交易策略所产生的资产组合的价值变化完全是由于交易的盈亏引起的，而不是另外增加现金投入或现金取出。一个最简单的例子就是购买并持有策略，这被称为动态组合复制定价。

假设从现在开始 1 年后到期的零息票债券 A 的价格为 98 元，从 1 年后开始，在 2 年后到期的零息票债券 B 的价格恰好也为 98 元，并且假设不考虑交易成本和违约情况，那么问：从现在开始 2 年后到期的零息票债券 C 的价格为多少？如果从现在开始 2 年后到期的零息票债券的价格为 97 元，是否存在套利机会，如果有，如何套利？

与前面不同的是，在这个例子中我们不能简单地在当前时刻就构造好一个复制组合，而必须进行动态的交易来构造复制组合。从现在开始 2 年后到期的零息票债券 C 的收益为在 2 年后获得本金 100 元，这等同于从 1 年后开始，在 2 年后到期的零息票债券 B 的收益情况，而获得债券 B 的成本是第 1 年末的 98 元，那么如何获得第 1 年末的 98 元呢？购买 0.98 份的现在开始 1 年后到期的零息票债券 A，所以自融资交易策略的收益等同于一个证券的收益时，这个证券的价格就等于自融资交易策略的成本，这个自融资交易策略就是：先在当前购买 0.98 份债券 A，在第 1 年末 0.98 份债券 A 到期时，获得 0.98×100 = 98 元，在第 1 年末再用获得的 98 元去购买 1 份债券 C。

上述自融资交易策略的收益就是在第 2 年末获得本金 100 元，这等同于一个现在开始 2 年后到期的零息票债券的收益，所以这个自融资交易策略的初始成本为：98×0.98 = 96.04 元。这就是债券 C 的价格。

对于套利，如果现在开始 2 年后到期的零息票债券 C 的价格为 97 元，则存在套利机会，市场高估了债券 C 的价值，所以我们考虑卖空它，并利用自融资交易策略进行套利，构造的套利策略如下：卖空 1 份债券 C，获得 97 元，所承担的义务是在 2 年后支付 100 元；在获得的 97 元中取出 96.04 元，购买 0.98 份债券 A；购买的债券 A 到期，在第 1 年末获得 98 元，再在第 1

年末用获得的 98 元购买 1 份第 2 年末到期的 1 年期零息票债券 B；在第 2 年末，债券 B 到期获得 100 元，用于支付卖空 1 份债券 C 的 100 元。该套利策略盈利为 97−96.04=0.96 元。

4. 存在交易成本时的无套利定价原理

在前面几个例子中，我们都忽略了交易成本。比如，进行交易时需要向交易所支付一定的费用，还要向经纪公司支付一定的佣金以及需要交一定的税费，而且在卖空时，可能还需要支付另外的卖空费用等。当存在交易成本时，那么所构造的套利策略不一定能获利。因为，通过套利策略获得的收益可能还不够支付交易成本。所以，无套利定价原理不一定能给出金融产品的确切价格，但可以给出一个产品的价格区间，或者说价格的上限和下限。实际市场情况比较复杂，有时准确的上限和下限都很难具体给出。下面我们来看一个简单的例子。

假设有两个零息票债券 A 和 B，两者都是在 1 年后的同一天到期，其面值为 100 元，到期时都获得 100 元现金流，假设购买债券不需要交易费用且不考虑违约情况，但是卖空 1 份债券需要支付 1 元的交易费用，并且出售债券也需要支付 1 元的交易费用，如果债券 A 的当前价格为 98 元，那么债券 B 的当前价格应该为多少呢，如果债券 B 的当前价格为 97.5 元，是否存在套利机会，如果有，如何套利呢？

按照无套利定价原理，在没有交易成本时，债券 B 的合理价格为 98 元，不管大于或小于 98 元，都存在套利机会。如果卖空和出售债券需要支付交易费用，那么是否当债券 B 的价格不等于 98 元时，就存在套利机会呢？比如债券 B 的当前价格为 97.5 元，按照前面的套利思路，卖空债券 A 获得 98−1=97 元（卖空 A 需要支付 1 元的交易费用），但是 97 元不够用于买进债券 B，这样就无法进行无风险套利。所以，当卖空和出售债券需要支付交易费用的情况下，上述套利策略就变得不能套利，这种情况下无套利定价原理是无法给出确切价格的，只能给出一个定价区间。

价格下限的确定。首先假设无交易成本时利用无套利定价原理计算得到债券 B 的理论价格，然后用理论价格减去卖空债券 A 的交易费用，即可得到债券 B 的价格下限为 98−1=97 元，当债券 B 的市场价格小于 97 元时，应该采用的策略为：卖空债券 A，买进债券 B。此时买进债券 B 的成本小于卖空债券 A 的净收益，套利策略能够获利。

价格上限的确定。首先假设无交易成本时利用无套利定价原理计算得到债券 B 的理论价格，然后用理论价格加上卖空债券 B 的交易费用，即可得债券 B 的价格上限为 98+1=99 元，当债券 B 的市场价格大于 99 元时应该采用的套利策略为：卖空债券 B，买进债券 A。此时卖空债券 B 的净收益大于买进债券 A 的成本，套利策略能够获利。

因此在卖空和出售债券需要支付 1 元交易费用的情况下，债券 B 的合理价格区间为 [97, 99]，当债券 B 的价格低于下限 97 元时，可以通过卖空债券 A，买进债券 B 获利；当债券 B 的价格高于上限 99 元时，可以通过卖空债券 B，买进债券 A 获利。因为债券 B 的当前价格是 97.5 元，落在此区间内，将无法使用套利策略获得收益。

虽然债券 B 的价格落在区间 [97, 99] 内将无法获得套利机会，但是实际上当债券 B 的价格小于债券 A 的价格时，投资者会倾向于购买债券 B，反之则购买债券 A，因此债券 B 的价格会接近债券 A 的价格。

下面我们不仅考虑卖空成本和出售债券成本，而且还要考虑买进成本。假设两个零息票债券 A 和 B，两者都是在 1 年后的同一天到期，其面值为 100 元，到期时都获得 100 元现金流，假设不考虑违约情况，卖空 1 份债券需要支付 1 元的费用，出售 1 份债券也需要支付 1 元的费用，买入 1 份债券需要支付 0.5 元的费用，如果债券 A 的当前价格为 98 元。问：债券 B 的当前价格应该为多少，如果债券 B 的当前价格为 97.5 元，是否存在套利机会，如果有，如何套利？

价格下限的确定。无交易成本时债券 B 的理论价格减去卖空 A 和买进 B 的交易费用。当债券 B 的市场价格低于价格下限时的套利策略为卖空 A 买进 B，此策略要获得正收益的条件是卖空 A 的净收益大于买进 B 的总成本，卖空 A 的净收益为 98−1=97 元，买进 B 的总成本等于 B 的市场价格加 0.5 元，因此 B 的市场价格应小于 97−0.5=96.5 元，此时具有套利空间。

价格上限的确定。无交易成本时债券 B 的理论价格加上卖空 B 和买进 A 的交易费用。当债券 B 的市场价格高于价格上限时的套利策略为卖空 B 买进 A，此策略要获得正收益的条件为卖空 B 的净收益要大于买进 A 的总成本，买进 A 的总成本为 98+0.5=98.5 元，卖空 B 的净收益为 B 的市场价格减 1 元，因此 B 的市场价格应大于 98.5+1=99.5 元，此时具有套利空间。因此债券 B 的无套利价格区间为 [96.5, 99.5] 元，不存在套利机会。

存在交易成本时，我们可以先不考虑交易成本，根据无套利定价原理计算出理论价格，然后再根据此价格减去最小交易成本确定为下限价格，理论价格加上最小交易成本为上限价格。

2.2.4 不确定状态下无套利定价原理的应用

第 2.2.3 节中，未来的收益都是在当前就确定的，但在实际市场中，很多产品的未来收益是不确定的，要根据未来的事件来确定。比如一只股票的价格随时间变化，因此它的未来收益现在还不能确定，下面来讨论这种未来收益不确定情况下的无套利定价原理。

1. 同收益同价格

假设有一个风险证券 A，当前的市场价格为 100 元，1 年后的市场价格会出现两种可能的状态：在状态 1 时证券 A 价格上升至 105 元，在状态 2 时证券 A 价格下跌至 95 元。同样，也有一个证券 B，它在 1 年后的损益为，在状态 1 时上升至 105 元，在状态 2 时下跌至 95 元，假设不考虑交易成本。问：证券 B 的合理价格为多少？如果证券 B 的价格为 99 元，是否存在套利机会，如果有，如何套利？

这个例子与前面几个例子的不同之处在于，前面例子中的资产为债券，其未来的收益是确定的，但本例中的资产为风险证券，其未来的收益有上涨和下跌两种可能，即未来的状态不确定。但根据无套利定价原理，只要两种证券的收益完全一样，那么它们的价格也应该是一样的，因此证券 B 的合理价格也应该为 100 元。对于第二个问题，当证券 B 的价格为 99 元时，存在套利机会，只要卖空证券 A 买进证券 B，即可套利 1 元。

2. 静态组合复制定价

假设有一风险证券 A，当前的市场价格为 100 元，1 年后的市场有两种状态，在状态 1 时证券 A 价格上升至 105 元，在状态 2 时证券 A 价格下跌至 95 元。同样有一证券 B，它在 1 年后的市场也有两种状态，在状态 1 时上升至 120 元，在状态 2 时下跌至 110 元，假设借贷资金的年利率均为 0，并且不考虑交易成本。问：证券 B 的合理价格为多少？如果证券 B 现在的价格为 111 元，是否存在套利机会，如果有，如何套利？

我们现在考虑如何利用证券 A 和借贷资金来构建一个与证券 B 收益相同的组合。证券 A、证券 B 和资金借贷的收益状态如图 2-6 所示。

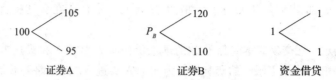

图 2-6　证券 A、证券 B 和资金借贷的收益状态

我们把资金借贷看成另一种无风险证券，它的当前价格为 1 元，由于年利率为 0，在 1 年后的收益仍然为 1 元。现在我们构建一个组合：x 份证券 A 和 y 份的资金借贷（y 大于 0 为借出资金，y 小于 0 为借入资金），要使得组合的收益与证券 B 的收益完全相同，则：

$$\begin{pmatrix}105\\95\end{pmatrix}x+\begin{pmatrix}1\\1\end{pmatrix}y=\begin{pmatrix}120\\110\end{pmatrix}$$

解得：$x=1$，$y=15$，因此，持有 1 份证券 A 和借出 15 份现金的组合的收益与持有 1 份证券 B 的收益完全相同，所以证券 B 的价格等于组合的价格，即 $1\times100+15\times1=115$ 元。

对于套利，当证券 B 的当前价格为 111 元时，存在套利机会，构造一个套利策略：买进证券 B，卖空证券 A，借入资金 15 元，买进证券 B 的成本为 111 元，卖空证券 A 可得 100 元，加上借入资金 15 元，还剩下 4 元，由于组合的收益与证券 B 的收益完全相同，所以期末现金流为 0，期初剩下的 4 元即为套利策略的盈利。

3. 动态组合复制定价

把上述例子中的市场未来状态从 2 种扩展到 3 种，证券 A 在 1 年后的未来收益为：状态 1 时为 110.25 元，状态 2 时为 99.75 元，状态 3 时为 90.25 元。证券 B 在 1 年后三种状态下的未来收益分别为 125 元、112.5 元和 109 元，假设借贷资金的年利率为 5.06%，半年期利率为 2.5%，不考虑交易成本（见图 2-7）。问：证券 B 的合理价格为多少？如果证券 B 的价格为 111 元，是否存在套利机会，如果存在，如何套利？

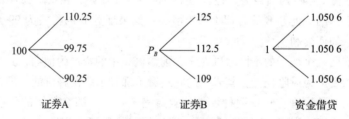

图 2-7　不确定状态下的单期三状态未来收益

如果按照静态组合复制定价的方法，我们用 x 份的证券 A 和 y 份的资金借贷来构造证券 B，则应该有以下的等式。

$$\begin{pmatrix}110.25\\99.75\\90.25\end{pmatrix}x+\begin{pmatrix}1.0506\\1.0506\\1.0506\end{pmatrix}y=\begin{pmatrix}125\\112.5\\109\end{pmatrix}$$

但是上述方程组无解，这是因为当损益存在三种状态时，仅仅依靠两种证券的组合无法复制出任意一种拥有三种状态的证券。这在金融学中称为不完全市场，不完全市场是指存在一种收益形式，它无法通过持有市场中存在的证券组合来实现。但是，在某些条件下，随着时间而调整组合的动态组合策略可复制出依靠静态组合无法复制的证券。

下面我们看如何通过证券 A 和资金借贷的动态组合复制出证券 B。动态组合是指随时间变化进行调整的组合，所以我们把 1 年的持有期拆成两个半年，这样在半年后就可以对组合进行调整。假设证券 A 在半年后的损益，在两种状态下分别为 105 元和 95 元，但证券 B 在半年后两种状态下的损益事先不知道。证券 A 和证券 B 的两期三状态损益如图 2-8 所示，资金借贷的两期三状态损益如图 2-9 所示。

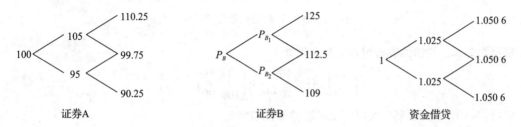

图 2-8 证券 A 和证券 B 的两期三状态损益　　图 2-9 资金借贷的两期三状态损益

首先来看动态策略的构造方法。

第一步，分解图 2-8 中第二期的三状态损益图。

证券 A 在第二期价格为 105 时（见图 2-10）：

图 2-10 证券 A、证券 B 和资金借贷的第二期损益状态（一）

证券 A 在第二期价格为 95 时（见图 2-11）：

图 2-11 证券 A、证券 B 和资金借贷的第二期损益状态（二）

按照静态组合复制中求解组合的方法，即求解以下的方程。

（1）证券 A 在第二期价格为 105 时：

$$\begin{pmatrix}110.25\\99.75\end{pmatrix}x+\begin{pmatrix}1.0506\\1.0506\end{pmatrix}y=\begin{pmatrix}125\\112.5\end{pmatrix}$$

解得：$x=1.19$，$y=-5.90$，根据无套利定价原理，求得证券 B 此时的价格为

$$P_{B_1}=1.19\times105-5.90\times1.025=118.90(元)$$

（2）证券在第二期价格为 95 时：

$$\begin{pmatrix}99.75\\90.25\end{pmatrix}x+\begin{pmatrix}1.0506\\1.0506\end{pmatrix}y=\begin{pmatrix}112.5\\109\end{pmatrix}$$

解得：$x=0.368$，$y=72.14$，同样可求得证券 B 在此时的价格为

$$P_{B_2} = 0.368 \times 95 + 72.14 \times 1.025 = 108.90(元)$$

第二步，根据第一步得到的 P_{B_1} 和 P_{B_2} 继续应用静态组合复制方法计算（见图 2-12）：

图 2-12　证券 A、证券 B 和资金借贷的第一期损益

根据图 2-12，构造的静态组合复制方程如下：

$$\begin{pmatrix}105\\95\end{pmatrix}x + \begin{pmatrix}1.025\\1.025\end{pmatrix}y = \begin{pmatrix}118.90\\108.90\end{pmatrix}$$

解得：$x=1$，$y=13.56$，所以可求得证券 B 的价格为

$$P_B = 1 \times 100 + 13.56 \times 1 = 113.56(元)$$

对于套利，同样可根据市场价格与理论价格之间的大小来构造套利组合，当证券 B 的市场价格为 111 元时，小于理论价格 113.56 元，存在套利机会，可卖空证券 A 得到 100 元，借入现金 13.56 元，其中 111 元用于购买证券 B，因此可以获得 2.56 元的盈利。

2.3　等价鞅与风险中性定价

2.3.1　风险中性假设

18 世纪，著名数学家伯努利在研究赌博问题时发现，人们往往对赌博可能输掉的钱看得比可能赚到的钱重。例如有一个掷硬币的赌局，假定硬币是完全对称的，正面朝上时可以赚 2 000 元，反面朝上时则损失全部本金。现在问，要下的赌注应当是多大，才能使这一赌局成为一场公平的赌博？

公平的赌博是指赌博结果的预期只应当和入局前所持有的资金量相等，即赌博的结果从概率平均的意义上来说应当是不输不赢的。那么，我们的例子中的人所下的赌注就应当是 50%×2 000+50%×0=1 000 元，即花费 1 000 元参加这一赌局，使这一赌局成为一场公平的赌博。但是，对于许多人来说，不愿意花 1 000 元来参加这个公平的赌局，因为赌博要冒很大风险。有人也许只愿意花 300 元来入局，有人甚至只愿意花 100 元来入局。所以，他们实际上分别要求700 元和 900 元的预期收益作为承受风险的补偿。这些人是风险厌恶型的，在没有风险补偿时，风险厌恶型的人拒绝公平的赌博。现代金融学认为理性的市场参与者都是风险厌恶型的，但每个人对风险的厌恶程度有所不同，有人相对激进，有人则相对保守，对承受相同的风险，要求不同的风险补偿，激进者要求比较小的风险补偿，保守者则反之。

如果有人愿意无条件参加公平的赌博，那么这样的人被认为是风险中性的。风险中性者对风险采取无所谓的态度。例如，有另外一个赌局是这样设计的：硬币正面朝上时可以赢得 4 000 元，反面朝上时要赔 2 000 元，赌注也是 1 000 元，这也是一场公平的赌博，风险中性者也会无条件地参加。但这一赌局的风险显然比上一个赌局要大。因此，风险中性者对风险的大小无所谓。如果我们把购置未来收益不确定的资产的投资活动看作赌博的话，风险中性的投资

者对所有资产所要求的预期收益率都是一样的，而不管其风险如何，并不要求风险的补偿。因此，对所有资产所要求的预期收益率也就同无风险资产的收益率相同。这就是说，风险中性的投资者投资于任何资产所要求的收益率就是无风险收益率。

在一个假想的风险中性的世界里，所有的市场参与者都是风险中性的，那么所有的资产不管其风险大小或是否有风险，预期收益率都相同，都等于无风险利率。而且所有资产的当前市场均衡价格都应当等于其未来收益的预期值，加上考虑到资金的时间价值，就都是未来预期值用无风险利率贴现后的现值。当无风险套利机会出现时，所有的市场参与者都会进行套利活动，而不管其对风险的厌恶程度如何。

因为理性的市场参与者被认为是风险厌恶型的，要他们接受风险就一定要给予风险的补偿。因此，在风险资产的预期收益率里，都包含对风险的补偿。对风险的厌恶程度越高，要求的风险补偿就越大。如果对一个问题的分析过程与市场参与者的风险偏好无关，那么其结果也就无所谓风险补偿的问题。于是就引出了风险中性假设：如果对一个问题的分析过程与投资者的风险偏好无关，则可以将问题放到一个假设的风险中性世界里进行分析，所得的结果在真实的世界里也应当成立。

利用风险中性假设可以大大简化问题的分析，因为在风险中性的世界里，所有的资产不管风险如何都要求相同的收益率即无风险利率，而且所有资产的均衡定价都可以按照风险中性概率算出未来收益的预期值，再以无风险利率贴现得到，最后将所得的结果放回真实的世界，就获得有实际意义的结果。利用风险中性假设的分析方法进行金融产品的定价，其核心环节是构造风险中性概率，下面我们通过引入鞅的概念更深入地讨论风险中性概率。

2.3.2 等价鞅测度

我们在前面讲的风险中性假设是与公平赌博联系在一起的，这里涉及一个称为鞅的数学概念。鞅是一类特殊的随机过程，满足如下条件：在任何时刻 τ，在当时的信息结构 $\{\Phi_\tau\}$ 的基础上，随机过程 $\{S(t)\}$ 的某种概率分布，对任意的 s，t，$0 \le s \le t$，都有：

$$E^*\{S(t) \mid \Phi_s\} = S(s) \tag{2-23}$$

反之，满足上述条件的随机过程 $\{S(t)\}$ 是鞅。

$E^*\{S(t) \mid \Phi_s\}$ 表示在现在时刻 s 的已有信息结构 $\{\Phi_s\}$ 的条件下，有未来时刻 t 的条件概率分布 $P_t^*\{S(t) \mid \Phi_s\}$，$E^*\{S(t) \mid \Phi_s\}$ 表示随机变量 $S(t)$ 在未来时刻 t 服从这一条件概率分布的条件数学期望值。

例如，在 t 时刻，$S(t)$ 有 k 个可能的取值 $S^{(1)}, \cdots, S^{(k)}$，相应于这 k 个取值的（s 时刻的信息结构 $\{\Phi_s\}$）条件概率分布是 $P_t^*\{S(t) \mid \Phi_s\}$，其条件概率是 $p_1^*, \cdots, p_k^*$，就有：

$$E^*\{S(t) \mid \Phi_s\} = P_t^*\{S(t) \mid \Phi_s\} \tag{2-24}$$

$$E^*\{S(t) \mid \Phi_s\} = \sum_{i=1}^{k} p_i^* S^{(i)} \tag{2-25}$$

现在我们来讲解一下鞅的经济学含义。鞅的直观含义其实非常简单：假如现在是时刻 s，在现在掌握的所有信息 $\{\Phi_s\}$ 的条件下，随机过程 $\{S(t)\}$ 在未来任何时刻 t 取值的数学期望就等于现在时刻 s 时 S 的取值 $S(s)$。这说明根据目前掌握的信息做判断，随机过程 $\{S(t)\}$ 在未来的平均取值就等于现在的值。

回忆在前面介绍的公平赌博的概念，很容易看出，鞅和公平赌博是紧密联系在一起的，因为两者都涉及随机性的平均结果。赌局下注的成本和依据当时的信息对以后任何时候的赌博预期平均结果相等，赌局是公平的。所以，公平赌博的随机过程构成鞅。正如我们所知，只有风险中性的人才会接受公平的赌博，而在真实世界里的理性市场参与者都不是风险中性的。因此鞅的概率又是和风险中性概率紧密结合在一起的，通常并不是真实世界的概率，这就是我们为什么在表示数学期望的符号 E 上加上 $*$ 号的缘故，风险中性概率就是鞅概率。

下面我们引入等价鞅测度的概念。

在真实的世界里，证券价格的变化遵循真实的概率 P 的分布。对于概率测度 P，另一个（非真实世界里的）概率测度 P^* 与概率测度 P 相对应，相对应的含义是它们面向的是同样的事件，并且信息结构相同。如果 P^* 满足以下三个条件，P^* 就可以称为 P 的等价鞅测度。

（1）P^* 与 P 同零集。对于概率 P 来说不可能发生的事件，对于概率 P^* 来说也不可能发生，反之亦然。

（2）对于概率 P 来说，如果一个事件发生的可能性很小，则对于概率 P^* 来说发生的可能性也不会很大。

（3）随机过程 $\{S(t)\}$ 对于概率 P^* 来说是鞅过程，即对任意的 s，t，$0 \leq s \leq t$，都有 $E^*\{S(t)|\Phi_s\}=S(s)$。

2.3.3 风险中性定价

在金融工程中，我们经常讨论的是价格序列 $\{S(t)\}$，假定当前时刻是 t_0，那么从现在来看，资产在未来时刻 t 的价格都是不确定的，资产价格随时间变化的关系可以被描述为一个随机过程。资产价格 $\{S(t)\}$ 是一个随机过程，资产价格变化的实际概率分布为 P，若存在另一种概率分布 P^* 使得未来价格序列经无风险利率 r 贴现后（以 P^* 计算期望）是一个鞅，即

$$S_t e^{-rt} = E_t^*(S_{t+\tau} e^{-r(t+\tau)}) \tag{2-26}$$

等价于

$$S_t = e^{-r\tau} E_t^*(S_{t+\tau}) \tag{2-27}$$

则称条件概率 P^* 为真实概率 P 的等价鞅测度，P^* 称为风险中性概率，为风险中性定价。

我们现在可以引进关于资产定价的一个重要原理，即风险中性定价原理。对金融产品定价时，我们可以假设投资者是风险中性的。这个假设是指投资的风险增长时，投资人并不需要额外的预期收益率。所有投资者都是风险中性的世界叫作风险中性世界。当然，我们所生活的世界并不是风险中性的，投资者所承受的风险越大，他们所要求的收益也越高，但是当我们假设世界是风险中性时，给出的金融资产价格不但在风险中性世界里是正确的，在我们所生活的世界里也是正确的，这种定价方式避开了我们对于买方卖方风险厌恶程度的不了解。

风险中性世界的两个特点可以简化对金融资产的定价：股票的预期收益率等于无风险利率，用于对金融产品的预期收益值贴现的利率等于无风险利率。我们假定在风险中性世界里股票价格上涨的概率为 P^*，下跌的概率为 $1-P^*$，相关表达式为

$$P^* f_u + (1-P^*) f_d \tag{2-28}$$

式（2-28）的结果为衍生产品的到期日收益在风险中性世界里的预期值，我们再将其以无风险利率进行贴现，可以得到

$$f = e^{-rt}[P^* f_u + (1-P^*) f_d] \tag{2-29}$$

这是衍生品在当前的价值。

在利用风险中性方法对衍生品定价时，我们首先计算在风险中性世界里各种不同结果发生的概率，然后由此计算衍生品的预期收益值，衍生品的价格等于这个预期收益值在无风险利率下的现值。

这里我们举个例子，股票的当前价格为 100 美元，3 个月后的股票价格可变成 110 美元或 90 美元，所考虑的期权为欧式期权，执行价格为 105 美元，期限为 3 个月，无风险利率为 10%。定义风险中性世界里股票价格上涨的概率为 P^*，下跌的概率为 $1-P^*$，在风险中性世界里，股票的预期收益率一定等于无风险利率，则

$$110P^* + 90(1-P^*) = 100e^{0.10 \times 0.25}$$

解得 $P^* = 0.6266$。

在第三个月后，看涨期权价值为 5 所对应的概率为 0.6266，看涨期权价值为 0 对应的概率为 0.3734。因此它的期望值为

$$0.6266 \times 5 + 0.3734 \times 0 = 3.133$$

在风险中性世界对该期望值以无风险利率进行贴现。

$$3.133e^{-0.10 \times 0.25} = 3.056$$

这是期权的当前价值。

2.4 或有要求权定价

具体假设一个有限维的状态空间，未来在所有可能的 S 种自然状态中有一种会发生。将单个状态记为 s。举例来说，可能有 $S=2$ 且 $s=$晴天或 $s=$雨天。或有要求权是一种仅在未来的某一个状态 s 下支付 1 美元（或者一个单位的消费品）的证券。一个个体偏好的最初目标是在不同的自然状态下所获得的消费。一个状态或有消费要求权是 1 份证券，当某种特殊状态发生时该证券支付一个单位的消费品，而在其他状态出现时，该证券不支付任何东西。或有要求权是一种最基本的要求权。所有存在的资产可以看作由这些基本的要求权所组成的很复杂的一些组合体。例如，无风险资产就是由每个状态或有要求权的 1 个单位所组成的。我们将 pc(s) 记为这一或有要求权的当前价格，pc 表明其为或有要求权的当前价格，(s) 表示在那种状态下可以追索报酬。

在完全市场中，投资者能购买任何或有要求权。他们不一定要交易明确的或有要求权，仅需要足够的其他证券来涵盖或者构造所有或有要求权。举个例子，如果可能的自然状态为（雨天，晴天），那么可以组合或有要求权，构造雨天支付 2 美元，晴天支付 1 美元的证券组合，即 $x_1=(2,1)$ 或者支付模式为 $x_2=(1,1)$ 的无风险证券组合，以此来涵盖或合成所有的或有要求权或任何资产组合。

现在我们在寻找贴现因子，并且要点是：如果有完整的或有要求权，则贴现因子存在，且等于或有要求权价格除以概率。用 $x(s)$ 表示自然状态 s 下的一项资产收益，我们将资产视为一篮子未定权益——状态 1 下为 x_1，状态 2 下为 x_2，以此类推。资产价格必须等于这些未定权益的价值：

$$p(x) = \sum_s pc(s)x(s) \tag{2-30}$$

取数学期望相比于对全部状态的求和更简便些，因此将上式乘上概率并除以概率：

$$p(x) = \sum_s \pi(s) \frac{pc(s)}{\pi(s)} x(s) \tag{2-31}$$

其中，$\pi(s)$ 是状态 s 发生的概率。接着定义 m 为或有要求权价格和概率的比率：

$$m(s) = \frac{pc(s)}{\pi(s)} \tag{2-32}$$

现在可以将该等式写为数学期望形式：

$$p(x) = \sum_s \pi(s) m(s) x(s) = E(mx) \tag{2-33}$$

因此，在完全市场中，随机贴现因子 m 存在，且为一系列按概率加权的未定权益价格。由于这一解释，贴现因子和概率的结合有时被称为价格密度。一般地，我们假定空间 Ω 中自然状态 ω 能够取连续的值。这种情况下，求和变为积分，同时必须用某种方法求积分区间为 Ω 的积分。

或有要求权的估值利用的是与所要估值的对象资产有关的其他资产的价格及其波动性，这一方法可以用来为普通债券和股票估值，也可以用来为可转换债券等各种或有要求权估值，下面我们来看普通债券和股票的估值。

先从简单的情况入手，假定一家公司的总资产市值是1亿元。

$$V = E + D = 100\,000\,000(元)$$

其中 E 是股票的市值，D 是公司发行的债券市值，假定公司的负债是贴现型的债券，1年后到期，面值是 60 000 000 元（共发行 60 000 份债券，每份面值是 1 000 元）。首先假设公司的债券是无违约风险的，当时市场的无风险利率是 4%，此时负债的市值为

$$D = 60\,000\,000/(1+4\%) = 57\,692\,307(元)$$

全部股票的市值就应当为

$$E = V - D = 100\,000\,000 - 57\,692\,307 = 42\,307\,692(元)$$

如果全部股票的市值不等于 42 692 307 元的话，就会出现套利机会。实际上，企业的负债不是无风险的，设 1 年后公司的总资产市值为 V_1，如果到期 V_1 大于需要偿还的负债面值 60 000 000 元，则全部 V_1 将归债权人所有，股东权益的价值变成零，我们可以发现，在公司负债是贴现型债券的情况下，到期末债券和股票市值的损益状态分别与期权的卖权空头和买权多头相似。对于公司股东来说，公司发行负债的结果使他们无偿获得一个以到期负债总额 X 为预定价的买权 $c(V_t, X, T-t)$（期权费为 0），到期如果企业的总资产价值低于需偿还的负债额时，因为有限债务责任，股东可以放弃企业，而债权人在购买公司发行的债券时，相当于出售给公司股东一个预定价和期权费都等于负债总额的卖权 $p(V_t, X, T-t)$。正是因为这种原因，公司负债和股东权益的估值和定价可以像期权一样用或有要求权的估值方法来处理。由于企业价值等于负债加所有者权益，这个关系必须在任何时候始终保持成立，于是得到以下的平价关系。

$$V_t = -p(V_t, X, T-t) + c(V_t, X, T-t) \tag{2-34}$$

假定 1 年后公司的市值可能出现 2 种不同的情况，而债券和股票的总市值也相应地出现 2 种不同的情况，如图 2-13 所示。

图 2-13 1 年后的情况

现在我们用比例为 x 的公司资产和现值为 y 的无风险证券来复制公司的股票，因为无风险利率是 4%，所以有：

$$\begin{pmatrix} 120\ 000\ 000 \\ 50\ 000\ 000 \end{pmatrix} x + \begin{pmatrix} 1.04 \\ 1.04 \end{pmatrix} y = \begin{pmatrix} 60\ 000\ 000 \\ 0 \end{pmatrix}$$

解得 $x=6/7$，$y=-41\ 208\ 791$，这里 y 是负值意味着卖空无风险证券，于是由无套利原理可知，现在股票的市值应当是：

$$E = 100\ 000\ 000 x + y = 100\ 000\ 000 \times 6/7 - 41\ 208\ 791 = 44\ 505\ 495\ (元)$$

债券目前的市值就应当是 $D=V-E=100\ 000\ 000-44\ 505\ 495$ 元，未清偿债权的数目是 60 000 份，因此目前每份债券的市场均衡价格应当是 55 494 505/60 000 = 924.91 元，债券的到期收益率计算式为

$$\frac{1\ 000}{1+\mathrm{YTM}} = 924.91$$

YTM = 8.12%，其中 4.12% 是公司债券的违约风险补偿。

2.5 模块化分析法

根据市场需求，设计符合要求的新型金融产品，是金融创新思想在实际问题中的具体应用，而金融工程中的模块化分析法或积木式分析法为金融创新思想具体化以及可操作化提供了技术方法。截至目前出现的绝大多数形形色色的金融衍生产品设计方法都可以通过这种模块化的思路进行分类，同时也可作为具有无限潜力的金融产品开发设计的基本方法。

金融工程往往可以同机械工程进行简单类比。机械工程是机械原理在实际中的工程化应用，它通过组装各种机械标准件制造出满足各种功能、具有不同物理性能的机械产品。金融工程同样可以通过分解产品、修改或增加产品要素、重新组合产品，创造出新产品、新结构或新策略。

远期、期货、互换和期权是四种最基本的金融衍生工具（相对于其标的资产），通常与一些传统的金融产品，例如债券和股票等构造各种各样的金融衍生产品。这四种基本的金融衍生工具是新型金融产品的基石，大多数形态各异的金融衍生产品均由这些基石构造而成。它们可以用来复制现存产品，以降低成本或提高收益，或者可以创造通过其他方式不能获得的产品，因而在整个金融创新过程中显得格外重要。而这些基本衍生产品本身也是通过金融创新的方式的（由其基础资产通过时间扩展）发展而来。

新型金融产品（工具）和金融策略的开发设计方法，主要可以从四种不同的角度概括和总结。一是从时间的角度进行总结和归纳；二是从产品的角度进行总结和归纳；三是从条款的角度进行总结和归纳；四是从技术角度进行总结和归纳。但是，在许多情况下，这四种角度很难明确区别，可能存在交叉和混合。从产品的角度看，我们又将金融产品创新的方法归纳为以下三种基本方法：基本要素改变型金融产品创新方法、静态和动态复制型金融产品创新方法、基本要素分解型金融产品创新方法。

2.5.1 基本衍生工具

远期、期货、互换和期权是最基本的新型金融产品，它们常被用于创新其他金融产品，因此也被称为基本衍生工具，绝大多数金融创新产品都是基于这些基本衍生工具派生而来的。

远期汇率（利率）协议的基础资产是汇率（利率），因此它可以看作是即期汇率（利率）在执行时间上的拓展。以远期汇率协议为例，即期汇率给出交易双方在当前交换不同货币的比例，而远期汇率协议则规定未来某一时刻交易双方交换不同货币的比例，即按比例交换货币的时间从当前拓展到了未来某一时刻。

期货合约规定了交易双方以确定的价格在未来某一特定日期交割一定数量的资产，是传统现货交易行为在执行时间上的拓展。与远期合约相比，期货合约在交易方式上也有一定程度的创新。期货合约具有更多的"标准化"特征，并且由于期货交易全部经过期货交易所进行，信用风险由交易所承担；同时，期货采用逐日盯市的方式，降低了信用风险。

期货合约对未来交易行为具有刚性约定，即交易双方必须按照合约中规定的价格、数量和时间完成资产交割或在交割前进行反向对冲。期权的出现则是对上述刚性约定的创新，对于上述交易行为，期权的购买者具有选择性权利，可以根据未来的实际情况选择执行或不执行。这样使得投资者的损益具有了非线性的特征。这种非线性的特征也是期权之所以能够成为众多衍生产品构成的重要基石的关键因素。

如果远期和期货可以看作是传统金融交易在时间上的创新，那么互换则可以看作是传统金融交易在时间和空间上的创新。互换是交易双方可利用各自比较优势或者各自需要所实现的交易，通过时间和空间上的优化实现了更大的利益或更低的成本。

2.5.2　基本要素改变型的创新方法和技术

远期、期货、互换和期权等标准的金融衍生工具一般都具有基本的合约要素。以期货为例，一般规定有产品的基础资产、执行价格、交割日期等。在金融创新中可以根据实际需求对基本合约要素进行修改和拓展，从而派生出许多新型的金融衍生产品。

例如根据不同的基础资产，可以有许多不同类型的期货。如果基础资产是商品，称为商品期货（当然商品期货还包括许多品种），同样以国债、外汇、利率、股票指数等为基础资产，可以设计出国债期货、外汇期货、利率期货、股票指数期货等。同样地，远期合约也因此包括远期汇率协议和远期利率协议。

1. 互换创新

只交换利息的互换称为利率互换，投资者在标准利率互换中可以设定一方利率固定、另一方利率浮动、定期支付利息、立即起算及不附带特殊风险等要素。如果对这些要素进行修改，可以派生出多种非标准互换和其他互换。例如变动本金互换（variable-principal swap），包括三种形式：递减型互换（本金逐渐减少，amortizing swap）或分期摊还互换、递增型互换（本金逐渐增加，accreting or step-up swap）或增值互换、本金上下波动（起伏型互换，rollercoaster swap）。还有固定利率可变的互换，包括三种常见的形式：息票提高型互换（step-up swap）、息票降低型互换（step-down swap）、价差锁定型互换（spread lock swap）。前两种适用于息票依据预先拟定的方式提高或降低的债券，通常只有一个层次的提高或降低。利息支付不规则的互换包括：延迟付息的债券互换（deferred-coupon swap）、延迟付息的 FRN 债券互换（deferred-coupon FRN swap）、零息互换（zero-coupon swap）、溢价/折价互换（premium/discount swap）又称为偏离市场互换（off-market swap）。非立即起算的互换包括延迟起算互换和远期开始互换。标准的利率互换一般是固定与浮动利率的互换，而基差互换则涉及两个浮动利率，如美国国库券利率和 LIBOR。差额互换（differential swap）又称保护货币互换（currency protected swap）或交叉指数基础互换（cross-index basis swap），涉及两种货币的浮动利率，但用一种货币支付。进一步地，如果把两种货币的浮动利率差额限定在一定范围内，则变为差额上/下限（diff. caps/diff. floor），超出范围的应该提供补偿。如果补偿是以第三种货币支付，又派生为差额利率上限/下限（spread rate cap/floor）。上述提到的互换以债券和货币为基础，如果将商品、股票、期货和期权等作为互换的基础，同样可以派生出不同的互换品种，例如商品互换、股权互换。由于改变标的资产的创新一般还会涉及改变其他要素的问题，因此与其他要素改变的创新相比，改变标的资产是一个比较大的创新。

2. 债券创新

普通债券中的合约要素包括本金、利息和到期日，通过改变基本合约要素的规定，同样可以派生许多债券衍生品种。

3. 期权创新

一份期权合约的基本要素包括标的资产、执行价格、执行日期、交易性质（即看涨期权还是看跌期权）等。同样，对基本期权合约基本要素进行修改或重新定义可以得到门类繁多的派生期权产品。派生期权产品大体上可以分为两大类：路径无关型期权和路径依赖型期权。路径无关型期权，通过改变基本期权中有关损益情况、费用支付时间、执行日期等，或者改变期权的标的资产（例如以股票、汇率、利率、期货、互换、甚至期权等作为标的资产，则有相应的股票期权、货币期权、利率期权、期货期权、互换期权和复合期权），或者期权损益情况取决于两种或两种以上资产的期权（多因素期权）。路径依赖型期权的价值不仅受到到期日市场条件的影响，而且还会受到期权存续期内市场表现的影响。

2.5.3 静态和动态复制型金融产品创新方法

把两种或两种以上金融产品组合成一种新的金融产品的方法称为静态和动态复制型金融产品创新方法。例如，用股票加权可以简单地复制股票指数；看涨期权和标的资产可以静态复制看跌期权；有利率上限的浮动利率票据（capped FRN）可以通过一个浮动利率票据和一个利率上限期权空头来构造。

1981 年在欧洲市场上推出的双重货币债券（dual currency bond）也可以用固定利率债券加上一个远期货币合约来构造。可赎回债券（callable bond）可以由一个普通债券和一个利率期权组合而成。同理，可回售债券也可以由一个普通债券和一个利率期权进行复制。而逆向浮动利率证券（inverse floater）从投资者的角度等于一份 FRN 加上双份的利率互换。又比如 PERLS（principal exchange rate linked securities），从投资者角度看，PERLS 可以看作是一个普通债券与一个可以购买外币的远期外汇合约的组合。另外，期权可以用债券和标的资产动态复制。作为动态复制期权的应用，目前我国有些基金公司正在开发的保底收益基金就可以通过股票和债券的动态组合复制来实现，但是成本可能非常高。

2.5.4 基本要素分解型的金融产品创新方法

将原有金融产品中的具有不同风险/收益特性的组成部分进行分解和剥离，根据客户的不同需求分别进行定价和交易。经过分解的证券满足市场细分中不同投资者需要，一般可以提高证券价格，起到部分之和大于总体的效应，有时也可以增强流动性，或降低交易成本或发行成本，这也正是分解技术应用于金融产品创新的重要动因。

例如，美林公司在1982年推出的第一份具有本息分离债券（separate trading registered interest and principal securities，STRIPS）性质的产品名为"国债投资成长收据"（treasury investment growth receipts，TIGR）。尽管它本身不是国债，但是完全由国债作抵押担保，其信用接近于国债。由于这种新产品的出现使得中长期附息债券通过本息分离具备了零息债券（zero coupon bond）的性质，从而给投资者带来了风险管理和税收方面的好处，对投资者产生了很大的吸引力，所以很快就获得了市场的认可。此后，所罗门兄弟公司也推出具有本息分离债券性质的"国债自然增值凭证"（certificate of accrual on treasury securities，CATS），后来相继出现的还有LIONS等类似产品。1985年美国财政部推出了本息分离债券，它使一些特别指定的中长期国债的本息得以分离。将国债本息剥离，然后将每一次的现金流变成零息债券，分别卖给需要的投资者。现在本息分离债券是国外成熟债券市场中一种常见的债券工具，它将同一附息债券未来每笔利息支付和到期本金返还的现金流进行拆分，形成各笔独立的具有不同期限和相应面值的零息债券，并各自进行独立挂牌与交易。创设本息分离债券最基本的考虑是对利息收入的再投资利率风险进行规避，此外也有利于投资者对所持债券进行更为自由的期限结构管理，因此自从本息分离债券20世纪80年代问世以来，其市场份额得到迅猛发展。它也可以应用于目前国债回购业务的金融创新中。

与上述STRIPS类似，在房地产融资业务中常见的本息剥离的抵押支持证券（mortgage backed security，MBS）把本金和利息分开并支付给不同类别的投资者。一类投资者仅收到本金或者大部分本金，相应的过手证券（pass-through securities）称为PO（principal-only class），另一类投资者收到利息或者利息及部分本金，相应的过手证券称为IO（interest-only class）。这一设计将提前支付风险完全分割成两个方面；当市场利率上升，PO的内部收益率下降，而利息的支付增加，IO的内部收益率提高；相反，当市场利率下降时，PO的内部收益率提高，而IO的内部收益率下降。一般IO的期限较短，而PO的期限较长，将本金和利息的现金流分离，出售给不同利率预期的投资者，这就是期限的"分段"。IO与PO的效益会因不同的利率条件而产生急剧的变动，这类证券对利率变动和由此而引起的提前偿付率小幅度变动极其敏感，投资者的收益也会出现巨大差异，PO和IO的变动方向恰好相反，满足具有不同预期的投资者的需求。

2002年以来，我国也开展本息分离债券的尝试工作。2002年，国家开发银行已陆续推出了本息分离债券，在债券发行后，按照每笔付息和最终本金的偿还拆分为单笔的零息债券。每笔拆分出的零息债券都具有单独的代码，可以作为独立的债券进行交易和持有，增强了债券的流动性。同样地，可转换债券也可以分解为一般的企业债券和股票期权两种金融产品。通过剥离，可转换债券在一定程度上可以提高股票期权的价格。

此外，目前我国某些金融机构推出了不同受益权信托产品业务，这种业务将信托分为一般受益权和优先受益权两类，一般受益权信托资金与优先受益权信托资金形成一定比例。优先受益权可以获得保底收益，但不能享有产品超过保底收益部分的超额收益，一般受益权享有剩余受益权的信托权益，因此可以获得这部分超额收益。显然拥有一般受益权的投资者比拥有优先受益权的投资者承担了更大的风险。对信托受益权进行分离以后的产品同样满足了不同投资者的需求，可以促进信托产品的发行，甚至可以提高产品的价格。

2.5.5 条款增加（组合）型金融产品创新方法

一种金融产品可以视同为一张具有法律效力的合约。它规定了金融产品交易各方的权利和义务。交易各方在享有某项权利的同时，必须为此付费或承担相应的义务或风险。每项权利的背后都内含相应的价值，合约双方都可以通过增加合约条款来满足自己的需求，当然他们也需要付出一定的成本。合约持有者经常需要满足的需求有许多种，这里将这些需求分为10大类。

1. 可转换

可转换是在金融产品设计中赋予投资者一种权利，这种权利使投资者可以将一种类型的产品转换成另外一种类型的产品。可转换债券规定在一定条件下使可转换债券持有人有权利将该债券转换成发行公司的股票。另外，可换股债券也是规定在一定条件下使可换股债券持有人有权利将该债券转换成发行公司指定的其他公司股票，而不是债券发行公司的股票。

1983年，InterNorth公司发行了价值2.4亿美元的可换股债券，这种债券可以转换成美孚石油公司的普通股。对于可转换且可换股的优先股（convertible exchangeable preferred stock，CEPS），其持有人可以选择将该优先股转换为普通股，发行者可以选择将它转换为可转换债券。另外，优先购买基金单位（preferred purchase units），或者称为可转换资本证券的持有人有权将它们转换成具有相同收益的永久性优先股。

流动收益期权票据（liquid yield option note，LYON）实际上是包含有可赎回、可回售、可转换等三类条款的金融产品。以威斯特公司发行的LYON为例，一是可转换，LYON出售的同时也售给投资者一种转换的权利，以保证投资者能够在到期日前的任何时候将每张债券按4.36的比例转换成威斯特公司的股票。发行时该公司股票价格为52美元，而转换价格为57.34美元（250/4.36），较发行市价有10%的溢价。由于LYON是一张无息债券，这意味着LYON的转换价值是随着债券的生命周期而不断上升的。二是可赎回，LYON出售时也给予发行人赎回的权利，以使发行人有权以事先规定的价格赎回该债券。不过也规定发行人在1987年6月30日之前不能赎回该债券，除非该公司普通股价格上升到86.01美元以上，因此尽管发行人在发行后可能随时收回该债券，投资者仍然受到某种程度的保护。对于发行人的赎回，投资者面临两种选择，要么让持有的份额按赎回价格被赎回，要么按4.36的比率转换成普通股。三是可回售，LYON包括了让投资者回售的权利，以保证投资者从1988年6月30日起以事先规定的价格回售给发行人。该回售价随时间推移而递增。这一回售权利保证投资者在第一个可回售年份获得超过6%的最低收益率，并且这一最低收益率在接下来的3年中每年递增，从6%升至9%为止。目前，我国已经有几十家公司发行了可转换债券，它们设计了包括可转换在内的许多条款。

此外，国家开发银行在2003年发行了5期可互换金融债券。以第一只可互换金融债券为例，2003年第18期，3年期的浮动利率（附息）债券持有人有权选择在第18期债券第一次付息后将持有的全部或部分债券调换为第19期3年期的固定利率（附息）债券。这也是可转换条款的一种体现。

2. 可回售

可回售条款是一种规定，它赋予证券持有人在特定条件下要求发行人提前偿还证券或以特定价格将其回售给发行人的权利。在产品中引入可回售条款通常是为了降低代理成本。

可回售条款在众多金融产品中都有所体现，其中最具代表性的就是可转换债券和可回售普通股。目前，我国发行的大部分可转换债券都包含相关的可回售条款。这些回售条款是发行人根据市场需求精心设计的，它们为投资者在特定情况下提供了一定的选择权。可回售条款的本质在于，当投资者所持有的期权价值趋于零时，允许投资者在可转债到期之前提前终止可转债合约。以雅戈转债为例，其转债条款明确规定：在公司可转债的转股期内（自可转债发行之日起的 6 个月至 36 个月期间），如果公司股票（A 股）的收盘价连续 15 个交易日低于当期转股价格的 85%，可转债持有人有权选择将所持有的全部或部分可转债以面值的 107%（含当期利息）的价格回售给公司。

近年来，部分可转债产品还引入了时点回售条款。这意味着部分可转债产品在到期时不是按面值偿付本金，而是以高于面值的一定比例进行偿付，这在发行条款中被称为时点回售。例如国电转债和龙电转债等就采用了这种条款。时点回售条款是近年来债券条款的一大创新。以邯钢转债为例，在引入时点回售条款后，可转债持有人有权在可转债到期日前的 5 个交易日内，将所持有的可转债按面值的 109.5%（含当期利息）回售给公司。这一条款使得可转债的税前保底收益率高达 3.16%，远高于同期的银行存款利率，从而最大限度地保护了可转债投资者的利益。在我国，已经有数十家公司发行了包含可回售条款在内的各种可转换债券。

3. 可赎回

可赎回条款规定了在某些特定条件下，发行人有权在证券到期之前将债券全部或部分地赎回，这种规定常见于可赎回债券和可赎回优先股等金融产品中。

可赎回条款也是可转债中常见的条款之一。它赋予了发行公司在一定条件下，按照事先约定的价格买回未转股的权利。这一条款主要是从发行公司的利益出发进行设计的，旨在帮助发行公司避免市场利率下降所带来的损失，或者限制那些看到股票上涨但不立即转股的投资者的利益。通过强制购回的手段，赎回条款有效地保护了发行者的利益。

以雅戈尔转债为例，该可转债的可赎回条款明确规定：在公司可转债的转股期内（即从可转债发行之日起的 6 个月至 36 个月期间），如果公司 A 股股票的收盘价格连续 30 个交易日高于当期转股价格的 130%，公司则有权赎回未转股的公司可转债。当赎回条件首次满足时，公司有权按照面值的 105%（含当期利息）的价格赎回全部或部分在"赎回日"（将在赎回公告中通知）之前未转股的公司可转债。

值得注意的是，在我国上市公司发行可转债进行融资时，虽然大多数都设有可赎回条款，但实际上很少有公司会主动赎回。另外，值得一提的是，2004 年 7 月中国银行首开我国发行可赎回债券的先河。根据这种债券的性质，发行人有权根据 5 年后的利率水平选择是否赎回债券，这为我国的债券市场带来了新的创新和发展。

4. 可调整

这种金融创新产品允许在一定条件下重新商定合约中的关键参数，如利率、汇率、股息率等。以可调整股息率的永久性优先股（ARPPS）为例，其股息率每个季度都会根据基准国债利率进行调整。通常，基准利率会选择 3 个月期、10 年期和 20 年期国债利率中的最高值。实际股息率则是基准利率加上或减去一个预先确定的差额，这个差额因不同的 ARPPS 而异，取决于市场供求状况及其他与发行公司相关的因素，并且会设定股息率的波动范围。

可调整股息率的优先股（ARP）的股息支付率会随着市场利率（如国债利率）的变化而调整。美国投资者持有 ARP 的一大优势是，根据美国税法，他们获得的收益中有 85% 可以免征美国联邦所得税，这使得发行者能够以相对较低的利率支付股息。

货币市场优先股的股息率则是通过拍卖方式确定的。每隔一段时间，持有者会对股票的股息率进行竞标，最终借款者将按照所有出价中的最低价格支付未赎回优先股的股息。

此外，还有一种根据价格调整股息率的优先股（PARP）。PARP 的股息率与它在特定的两周期限内的交易价格成反比关系。

最后，可调整利率的可转换债券也是一种创新产品，其利率直接与其标的资产（如普通股票）的股息率挂钩。

5. 可延期/可提前

债券条款中明确规定，债券到期后，借款期限可以选择延长。以国家开发银行在银行间市场发行的第 11 期金融债为例，该债券作为国家开发银行 2004 年推出的创新品种，其原始期限为 3 年，并特别附加了延期选择权。投资者在 3 年期限结束后，有权要求将债券的期限再延长 2 年。

此外，可回售的可延期短期债券也为投资者和发行者提供了更多灵活性。在每个利息期末，发行者可以选择是否按面值赎回债券，或者根据条款将债券延期。如果发行者选择延期而债券持有者不满意新条款，持有者有权将债券回售给发行者。

在债券市场中，利息支付的时间安排也可以有所创新。例如，1986 年巴黎国民银行发行的延期支付利息的浮动利率债券就采用了这种设计。该债券在前两年不支付利息，而在第三、四、五年支付高于伦敦银行间同业拆借利率（LIBOR）450 个基点的利率所对应的利息。相反地，有些金融创新产品则可以让利息支付提前。澳大利亚国民银行发行的某债券就是一个例子，该债券在前四年的利率为 LIBOR 加 350 个基点，而在剩下的三年里则不支付任何利息。

6. 可浮动/可固定

在金融产品的设计中，常常规定其存续期限内的某些关键经济变量可以根据不同时期的经济条件进行浮动调整。以浮动利率存单为例，其利率会根据市场利率（如 LIBOR、SHIBOR）每三个月进行一次调整。2000 年记账式（四期）国债作为我国第一只通过交易所发行并在交易所上市的浮动利率债券，标志着我国交易所债券流通市场中浮动利率债券的首次亮相，其票面利率随银行存款利率的变动而调整。

我国浮动利率债券的发行方式主要分为两种：一种通过银行间债券市场发行，另一种是通过证券交易所发行。以财政部 2000 年 4 月 17 日在全国银行间债券市场以招标方式发行的记账式（二期）国债为例，其发行总额为 280 亿元，中标利差为 0.55 个百分点。按照当时的存款利率 2.25% 计算，该期国债第一年的付息利率为 2.80%。未来的付息利率将是在每个未来付息日的 1 年期银行存款利率基础上加上中标利差 0.55%。另外，通过证券交易所发行的浮动利率债券，以 2000 年记账式（四期）国债为例，其中标利差为 0.62%，发行总额为 140 亿元，固定利差为 0.62%，第一年的支付利率为 2.87%。

与可浮动条款相对应，金融产品设计中也可以规定某些关键变量在存续期限内保持不变。这样的条款设计满足了部分投资者希望锁定经济变量、规避风险的需求。例如，固定利率存单就是发行人按照固定利率还本付息的金融产品。同样地，固定股息率优先股在发行后股息率不再变动。此外，固定利率抵押贷款也是一种常见的固定利率金融产品。

7. 可触发/可触消

金融产品的条款中明确规定了某些权利在特定条件下可以被触发（行使）或被抵消（失效），如触发期权。这种期权在初始阶段就设定了两个价格水平：一个是约定价格，另一个是特定的挡板价格或触发价格。一旦标的资产的价格触及或突破这个挡板价格水平，期权就会被激活。

与触发期权相对应的是触消期权。触消期权的特点是，当标的资产的价格达到或突破挡板价格水平时，该期权就会失效。具体来说，挡板看涨期权可以分为向下触消型看涨期权和向下触发型看涨期权两种类型。同样地，挡板看跌期权也分为向上触消型看跌期权和向上触发型看跌期权两种。

由于触消型期权存在失效的可能性，这使得它的价格相较于标准期权更为低廉。这种价格差异反映了触消型期权在风险与收益之间的独特平衡性。

8. 可互换

可互换条款允许两种不同的金融产品之间进行相互转换。其中，互换是具有这种条款的典型金融产品之一。互换涉及两个或更多参与者，参与者可以直接或通过中介机构签订协议，互相支付一系列的本金、利息或本金和利息。互换主要包括两种基本形式：利率互换和货币互换。在利率互换中，协议的当事人就共同的名义本金额，根据各自不同的利率计算指标，计算和交换一组利息现金流，而本金并不交换。货币互换则涉及本金和利息的交换，协议的当事人在既定的期间内交换不同币种的利息现金流，并在期间结束时，按照协议约定的汇率交换计算利息的本金。

近年来，我国出现的创新基金产品之一——伞型基金，也采用了可互换条款。伞型基金是开放式基金的一种组织结构，其中基金发起人根据一份总的基金招募书设立多个子基金或成分基金，这些基金之间可以根据规定程序进行转换。伞型基金为投资者提供了在同一基金体系下转换的便利，这有助于避免资金外流，减少额外的申购和赎回的手续费，并帮助基金管理人减轻赎回压力。

9. 可封顶/可保底

在金融产品的合约中，常常会规定产品某项参数的变化受到上限值或下限值的约束。这类产品的典型例子就是设有利率上限和利率下限的产品。

以 1988 年的雅芳公司为例，由于化妆品业务的下滑和公司的收购活动，导致雅芳公司的现金流急剧减少。为了保持现金流稳定，雅芳公司决定将每股股息从 2 美元降低到 1 美元。然而，公司管理层担心这种简单的股息削减可能会引起雅芳公司股价的下跌，因为许多投资者之所以持有雅芳公司的股票，很大程度上是因为该公司一直维持着较高的股息率。事实上，雅芳公司在此之前曾经因为下调股息而导致股价下跌。

当时，雅芳公司的财务顾问大摩公司建议雅芳将其已发行的 7170 万股普通股中的 1800 万股转换为优先赎回权益累积股本（PERCS）。为了确保 2 美元的股息，PERCS 的持有人接受了一个为期 3 年的价格上涨上限。3 年到期时，如果普通股的股价不超过 31.5 美元，PERCS 的持有人可以将每份 PERCS 转换为一股普通股；如果普通股的股价超过 31.5 美元，每份 PERCS 则只能转换为价值为 31.5 美元的普通股（如果 PERCS 持有者想要将每份 PERCS 转换成当前价格的普通股，则需要补偿差价）。这实际上相当于投资者购买了普通股并卖出了普通股的看涨期权。因此，投资者面临两种选择：要么继续持有股票并接受较低的股息，要么用新发行的 PERCS 来交换原有的普通股。最终，由于雅芳公司的股价达到了 44.125 美元，实际上有 72% 的 PERCS 被转换成了普通股。

PERCS 的发行之所以成功，是因为这种产品满足了不同投资人的需求。对于那些特别偏爱高股息的投资者来说，该产品具有足够的吸引力。同时，PERCS 限制了其持有人在到期日将 PERCS 转换成普通股的价格上限，这对于其他只能获得较低股息的普通股持有人来说是公平的。通过满足投资人的不同需求，雅芳公司成功地避免了因股息率下调而给股价带来的不利影响。

10. 可依赖

金融产品合约可以规定，某种产品的价格设计依赖于另一种产品的价格，或者产品中某项参数的变化与其他经济变量相关联。以债券设计为例，其利率、赎回价格、本金等关键参数可以与特定的产品价格或经济变量挂钩。

下面以 1987 年的一个实例来介绍。由于税收制度发生了不利的变化，Americus Trust 发行了一种 5 年期的证券——可赎回的信托单位。每个信托单位都可以被其持有者分割为两部分：一部分是指定要求权（PRIME），另一部分是特殊索取权（SCORE）。投资人可以用股票来换取这些信托单位，每股股票可以换取信托中的一单位，且每个信托单位都有其特定的到期日和到期请求权（执行价）。

至关重要的是，PRIME 和 SCORE 与股票的收益（股息）及资本利得紧密相关。PRIME 类似于一个看跌期权策略，使投资人能够收到股息以及从现行股价到执行价之间的收益，同时投资人还保留了股东的投票权。而 SCORE 类似于持有一个股票的看涨期权，让投资人有机会获得股价超过执行价部分的溢价。尽管 Americus Trust 在 1992 年终止了这项业务，但这种收益分解的原理已经广泛地应用于其他衍生金融工具中。与 PRIME 和 SCORE 相关联的还有支付增强证券（PECS）和特殊股权索取权（SECS）。

在 1992 年，O'Brien Rubinstein 公司推出了一种名为超级股票的金融产品。超级股票的收益由四部分组成：第一部分支付股息和标准普尔 500 指数在某一特定水平的价值；第二部分和第三部分分别与标准普尔 500 指数的增值或贬值相关，类似于看涨期权和看跌期权；第四部分则支付利息和国债的剩余价值。这种设计使得超级股票的收益与多个经济变量挂钩，为投资者提供了多样化的收益来源。

2.5.6 与经济变量挂钩的债券设计创新

在深入探索金融产品的创新设计时，我们不难发现债券作为一种传统的金融工具，其参数设置同样可以灵活地与各种经济因素相结合。这种结合不仅增加了债券的吸引力，而且为投资者提供了更加多元的风险和收益管理手段。接下来，我们将详细讨论几种债券设计与经济变量挂钩的方式。

第一，债券利率与经济变量挂钩。以基于电力价格的债券设计为例，我们可以看到电力企业在发行企业债券时，其提供的利率通常要高于同期的国债利率，这导致了其融资成本一直保持在较高水平。考虑到电力行业融资的特性，即涉及的资金规模巨大（动辄数十亿元）且融资周期长（可能长达十年以上），电力企业在项目初期面临的付息压力尤为显著。以中国电力投资集团公司 2003 年发行的"03 中电股债"为例，其总额达到 30 亿元，存续期为 15 年，票面利率为 5.02%。由于这些特点，一旦市场出现不利的波动，电力企业可能会遭受严重的冲击。

为了缓解这种压力并转移风险，降低企业债券的利率，尤其是发行初期的利率，成为一种有效的策略。然而，传统的债券融资方式难以实现这一目标。因此，设计一种与电力价格挂钩的电力债券成为一种创新的解决方案。这种债券结合了固定收益债券和可转换债券的特点，其利率与电价直接相关。具体来说，当电价上涨时，债券的利率也会相应提升；反之，电价下跌时，利率也会随之下降。

对于发行者而言，随着电价的上涨和企业盈利的增加，其承担利息支付的能力也会增强。这种设计不仅有助于企业转移风险，对投资者也同样具有吸引力。尤其是那些预期电力价格将上涨的投资者，他们会更倾向于购买这种债券。此外，这种债券在发行初期的利率可以设定得相对较低，甚至低于同期的国债利率，从而有效减轻电力企业在项目前期面临的付息负担。

这种将利率与电价挂钩的创新设计实现了融资者和投资者之间收益共享、风险共担的目标。这不仅增强了双方对电力企业债券的兴趣，也促进了双方的交易活动。

除了与电力价格挂钩外，债券的利率还可以与其他多种经济变量相关联。例如，交叉指数基础票据允许投资者从两种不同货币的收益率曲线变动中获利。在这种结构下，投资者可能获得与英镑挂钩但以美元支付的利息。当然，根据市场需求，债券利率也可以与汇率、股指等其他经济指标相关联。另外，债券利率还可以与通货膨胀指数挂钩。例如，可以设计成与 CPI 指数相关的债券，其利率会根据通货膨胀率进行相应调整。

第二，债券赎回价格与某些经济变量挂钩。某些债券的赎回价格与汇率紧密相关。以指数化货币期权票据（ICON）为例，这种票据允许投资者针对外汇汇率的走势采取保护性策略。具体来说，如果投资者预测未来 12 个月内美元对日元的汇率将上升，他们可以选择购买以美元发行的 ICON。在这种情况下，发行方可以提供较低的票面利率，但票据到期时的赎回价格将与美元对日元的汇率挂钩。如果未来美元对日元的汇率超过 1:125，赎回价格将高于票面价值，否则赎回价格就等于票面价值。实际上，投资者相当于同时购买了一份债券和一份美元的看涨期权（或日元的看跌期权）。此外，通过对 ICON 的某些条款进行调整，可以衍生出其他类型的 ICON。例如，为了降低期权成本，可以设定赎回金额的上限；为了减少因溢价给发行方带来的损失，可以设置一旦汇率超过某个水平就立即执行的"障碍"期权；还可以利用平均利率期权（或亚式期权）来构建 ICON。

另一种与汇率相关的结构化证券是货币幅度票据。举例来说，如果投资者预测未来美元对日元的汇率将在一个特定范围内波动，他们可以选择购买以美元发行的短期债券，期限为 12 个月。如果在整个债券期限内，美元对日元的汇率保持在 1:110 至 1:125 的范围内，那么票面利率将为 9%，否则票面利率将为 4%。实际上，货币幅度票据的收益率与未来的美元对日元汇率紧密相关。同样地，通过对票据的某些条款进行调整，也可以衍生出其他类型的货币幅度票据。例如，债券的收益率可以与到期日的汇率范围相关，而不是整个债券期限内的汇率（这种类型被称为欧洲幅度票据）。另外，收益率也可以与多个汇率区间相关（上述例子中只有一个汇率区间），这种类型的票据被称为阶梯式幅度票据（ladder range note）。

除了与汇率相关外，债券的赎回价格还可以设计成与股票指数相关。例如股权指数化票据和股权幅度票据就是这类设计的代表。市场上存在一些具有复杂预期的投资者。以一些意大利投资者为例，他们可能希望进行一项为期三年的投资，并对未来标准普尔500指数的走势持乐观态度，但同时也希望避免债券本金的损失。他们可能不要求定期支付利息，而更关心提前赎回的条件。针对这样的需求，可以设计一份三年期、以意大利里拉计价的票据。如果在第三年末赎回债券，赎回价格将是以下两个数值中的较高者：面值的127%，或面值的100%加上标准普尔500指数的升值部分。投资者还有权在第二年末提前赎回债券，此时的赎回价格可以是面值的112%，或者面值的100%加上标准普尔500指数升值部分的70%；另外，他们也可以选择在第二年末以面值的120%，或者面值的100%加上标准普尔500指数升值部分的75%进行赎回。这样的设计既满足了投资者对未来市场的乐观预期，又为他们提供了一定的本金保障和提前赎回的选择权。

第三，债券本金价值与某些经济变量挂钩。指数连接债券可以被设计为使其本金价值与通货膨胀率相关联。以美国财政部的指数连接债券为例，该债券的本金价值每天都会根据通货膨胀率进行相应的调整，即每半年支付的利息是基于调整后的本金价值乘以一个固定的利率，这个固定利率为3.375%。这样的设计旨在确保投资者在通货膨胀环境下也能保持其投资的实际价值。

习题

1. 按照资本资产定价模型，证券的预期收益率等于（　　）
   A. $R_f+\beta[E(R_M)]$ 　　　　　　B. $R_f+\beta[E(R_M)-R_f]$
   C. $\beta[E(R_M)-R_f]$ 　　　　　　D. $E(R_M)+R_f$
   E. $R_f-\beta[E(R_M)-R_f]$

2. 某证券A的预期收益率为11%，β为1.12，市场收益率为7.5%，无风险利率为4.5%，那么该证券的α等于_____。

3. 有一个两阶段证券市场模型如下：
   假设市场中有三种证券：$S_0(t)$，$S_1(t)$和$S_2(t)$。其中$S_0(t)\equiv 1$，$t=0$，1，2。

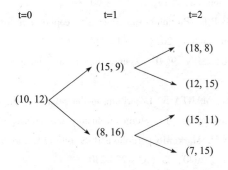

   试确定等价鞅测度是否存在？若存在，计算等价鞅测度；若不存在，假设$t=2$时的数据不变，调整$S_2(0)$，$S_2(1)$使得等价鞅测度存在且唯一，并给出此时的等价鞅测度。

4. 公司的负债全部为贴现型债券，共有80万份，每份面值为100元，现价为72元，一年后到期。与公司债券期限相同的贴现型国债每份面值100元，现价为90元。一年之后，如果经济环境对公司运营有利，公司资产总市值预计可达1.2亿元；如果经济环境对公司运营不利，公司资产总市值预计仅为4 800万元。
   （1）公司当前总资产的市场价值是多少？

（2）如果公司的股票共有100万股，则每股的市场价格应该是多少？

（3）如果当前公司股票的市价为15元/股，是否存在套利机会？如果存在，如何进行套利？

5. 某公司总资产市场价值为200 000 000元，有200 000股股票，100 000份可赎回的可转换债券，票面利率为8%，面值为1 000元，赎回价格为1 100元。期限2年，转换比为1，无风险利率为5%。公司预计在第一年末每股派发股息7元，第二年末每股派发股息8元，可转换债券的付息日即为股票的除权日。公司对未来的预测采用二叉树模型，有关参数如下：

$$\bar{r} = 1 + r_f = 1.05$$
$$u = 1.4$$
$$d = 0.6$$
$$p = \frac{\bar{r}-d}{u-d} = 0.5625$$
$$\gamma = \frac{m}{m+n} = \frac{100\ 000}{100\ 000+200\ 000} = \frac{1}{3}$$

分别就市场上升、下跌两种情况分析公司在第一年是否应行使赎回权，并为这种可转换债券定价。

参考文献

[1] CULP C L. The risk management process: business strategy and tactics [M]. New York: Wiley, 2001.

[2] GRILLINI S, OZKAN A, SHARMA A, et al. Pricing of time-varying illiquidity within the eurozone: evidence using a Markov switching liquidity-adjusted capital asset pricing model [J]. International review of financial analysis, 2019, 64: 145-158.

[3] BIHANI N, KHANDELWAL S. Portfolio risk management using capital asset pricing model [J]. International journal of engineering and management research, 2017, 7 (4): 377-379.

[4] DICLE F M. Financial portfolio selection using the multifactor capital asset pricing model and imported options data [J]. The stata journal, 2013, 13 (3): 603-617.

[5] SARAVANAN S, KUMAR P G. Portfolio evaluation using capital asset pricing model [J]. SMART Journal of business management studies, 2013, 9 (1): 65-73.

[6] CHATTERJEE K, SAMUELSON W F. Game theory and business applications [M]. Boston: Springer, 2015.

[7] MELISSA V, CONRAD H, MARTA S. Describing model relations: the case of the capital asset pricing model family in financial economics [J]. Studies in history and philosophy of science, 2023, 97: 91-100.

[8] NG C T, SHI Y, CHAN N H. Markowitz portfolio and the blur of history [J]. International journal of theoretical and applied Finance, 2020, 23 (5): 205-230.

[9] 王宗胜. 中国证券市场上的投资策略选择 [M]. 太原: 山西经济出版社, 2017.

[10] DEGUEST R, MARTELLINI L, MILHAU V. A reinterpretation of the optimal demand for risky assets in fund separation theorems [J]. Management science, 2017, 64 (9): 4333-4347.

[11] 王朝晖. 证券投资学 [M]. 北京: 人民邮电出版社, 2016.

[12] SINHA R. Application of capital asset pricing model based on the security market line [J]. Adarsh journal of management research, 2012, 5 (1): 17-24.

[13] BEAUMONT P H. Financial engineering principles: a unified theory for financial product analysis and val-

uation [M]. New York: Wiley, 2004.
[14] SCHWARTZ E S. The pricing of commodity-linked bonds [J]. The journal of finance, 1982, 37 (2): 525-539.
[15] CARR P. A note on the pricing of commodity-linked bonds [J]. The journal of finance, 1987, 42 (4): 1071-1076.
[16] POLYRAKIS I A. Atomic sublattices and basic derivatives in finance [J]. Positivity, 2020, 24 (4): 1061-1080.
[17] JEANBLANC M, LENIEC M. Role of information in pricing default-sensitive contingent claims [J]. International journal of theoretical and applied finance, 2015, 18 (1).
[18] AZEVEDO N, PINHEIRO D, XANTHOPOULOS Z S, et al. Contingent claim pricing through a continuous time variational bargaining scheme [J]. Annals of operations research, 2018, 26 (1): 95-112.
[19] CHOU C, LIU J C, CHEN C T, et al. Deep learning in model risk neutral distribution for option pricing [C]. 2019 IEEE international conference on agents, 2019: 95-98.
[20] BAN X, FERRIS C M, TANG L, et al. Risk-neutral second best toll pricing [J]. Transportation research part b, 2013, 48: 67-87.
[21] 孙玉东, 王欢. 金融衍生产品定价模型及其量化方法研究 [M]. 成都: 西南交通大学出版社, 2021.
[22] 马德功. 资产评估理论与方法 [M]. 成都: 四川大学出版社, 2015.
[23] 王德河. 论风险中性定价的经济学基础 [J]. 审计与经济研究, 2013, 28 (3): 99-105.
[24] 胡崇俊. 无套利定价原理的实用分析 [J]. 市场周刊 (理论研究), 2011 (8): 79-80.
[25] 周其源, 吴冲锋, 刘海龙. 可赎回可转换贴现债券完全拆解定价法 [J]. 管理科学学报, 2009, 12 (4): 135-144.
[26] 刘海龙, 吴冲锋, 郑立辉. 期权套利定价方法的推广与比较 [J]. 系统工程学报, 2002 (3): 266-270.
[27] 刘海龙, 吴冲锋. 期权定价方法综述 [J]. 管理科学学报, 2002 (2): 67-73.
[28] 吴晓求. 中国资本市场 [M]. 北京: 中国人民大学出版社, 2022.
[29] 张晓萌. 金融创新背景下投资型保险法律规制问题研究 [M]. 武汉: 武汉大学出版社, 2021.

指数模型和套利定价理论

资本资产定价模型对于投资策略的选择具有重要的指导意义,虽然其表现形式非常简洁优美,但是在实际应用中还存在以下问题。

第一,现实中计算风险市场组合是非常烦琐复杂的。试想,要测算出风险市场组合里许多种股票的预期收益率、方差和彼此之间的协方差,相关统计计算的工作量会非常大,更何况还要随时根据市值的变化来调整比重。即使有计算机高速运算能力的支持,对于一般的投资者来说,仍然是很不方便的。第二,证券市场线实际只考虑了风险市场组合的预期收益率对证券或证券组合预期收益率的影响,即把市场风险(系统风险)全部集中表现在一个因素里,这样的分析显然过于笼统。事实上,影响总体市场环境变化的宏观因素是多方面的,可以集中表现为一些宏观经济变量的变化,如国民收入、通货膨胀率、利率水平、能源价格等。这样,分析单个或多个因素对证券或证券组合市场价值(包括预期收益率和相关的风险)的影响,当然是很有实际意义的。

本章我们通过介绍指数模型来回答上述这两个问题,并进一步阐述指数化投资策略。

3.1 单因素模型

我们总是可以将任何证券 i 的收益率 r_i 分解为预期和非预期部分之和:

$$r_i = E(r_i) + e_i \tag{3-1}$$

e_i 的均值为 0,标准差为 σ_i,它描述了证券收益率的不确定性。

当相关的证券收益率可以用正态分布来很好地拟合时,我们称其服从联合正态分布。这一假设意味着,在任何时候证券收益率受一个或多个变量共同决定,如果一个以上的变量使得证券收益率服从正态分布,那么这种证券收益率服从多元正态分布。我们先从简单的单因素证券市场开始介绍。

假设引起公司的证券收益率变化的因素是一些影响所有公司的宏观经济变量 m,那么可以将不确定性分解为经济整体的不确定性(用 m 表示)和特定公司的不确定性(用 e_i 表示),此时我们将式(3-1)改写为

$$r_i = E(r_i) + m + e_i \tag{3-2}$$

用宏观经济因素 m 度量未预期的宏观突发事件，因此它的均值为 0，标准差为 σ_m。相反，e_i 只衡量特定公司的突发事件。注意 m 没有下标是因为 m 影响所有公司。最重要的是，m 和 e_i 是不相关的，因为 e_i 是公司层面的不确定性和影响整个经济的宏观因素独立。于是 r_i 的方差来自两个独立的部分——系统的和公司的。因此：

$$\sigma_i^2 = \sigma_m^2 + \sigma^2(e_i) \tag{3-3}$$

宏观经济因素 m 产生证券间的相关性，因为所有证券都会对同一宏观经济事件有所反应，但是公司层面的事件是无相关性的。因为 m 与 e_i 不相关，所以两只证券 i 和 j 的协方差为

$$\text{Cov}(r_i, r_j) = \text{Cov}(m + e_i, m + e_j) = \sigma_m^2 \tag{3-4}$$

此外，一些公司对经济冲击的反应比其他公司更为敏感。例如，汽车公司对经济冲击的反应比制药公司要剧烈得多，所以可以加一个对宏观经济冲击反应的敏感性系数。如果定义希腊字母 β_i 为公司 i 的敏感性系数，那么改变式 (3-2) 得到单因素模型：

$$r_i = E(r_i) + \beta_i m + e_i \tag{3-5}$$

式 (3-5) 表明证券 i 的系统性风险由其 β_i 系数决定。周期性公司对市场的敏感性更高，所以系统性风险就更大。证券 i 的系统性风险为 $\beta_i^2 \sigma_m^2$，总风险为

$$\sigma_i^2 = \beta_i^2 \sigma_m^2 + \sigma^2(e_i) \tag{3-6}$$

任意两证券间的协方差为

$$\text{Cov}(r_i, r_j) = \text{Cov}(\beta_i m + e_i, \beta_j m + e_j) = \beta_i \beta_j \sigma_m^2 \tag{3-7}$$

就系统性风险和风险敞口而言，这一公式表示公司间存在近似替代关系，β 值相等的公司，其市场风险也相同。

使单因素模型具备可操作性的一个方法，是将标普 500 这类股票指数的收益率视为共同宏观经济因素的有效代理指标。这一方法能够推导出和单因素模型相似的等式，称为单指数模型，因为它使用市场指数来代表共同宏观经济因素。

标普 500 指数是一个股票组合，其价格和收益率易于观察。我们有足够的历史数据来估计系统性风险。用 M 表示市场指数，其超额收益率为 $R_M = r_M - r_f$，标准差为 σ_M。因为指数模型是线性的，我们可以用单变量线性回归来估计一个证券对市场指数的敏感性系数。我们让证券超额收益率 $R_i = r_i - r_f$ 对 R_M 回归，数据采用历史样本 $R_i(t)$ 和 $R_M(t)$ 配对，t 表示观察样本的日期（比如特定月的超额收益率）则其回归方程是：

$$R_i(t) = \alpha_i + \beta_i R_M(t) + e_i(t) \tag{3-8}$$

这一方程的截距 α 是当市场指数超额收益率为 0 时该证券的预期超额收益率，斜率 β_i 是证券对指数的敏感性，即当市场指数上涨或下跌 1% 时证券 i 收益率的涨跌幅。e_i 均值为 0，是 t 时刻公司层面收益率的冲击，也称为残值。

因为 $E(e_i) = 0$，将式 (3-8) 中的收益率取期望值，得到单指数模型的收益率与 β 的关系：

$$E(R_i) = \alpha_i + \beta_i E(R_M) \tag{3-9}$$

式 (3-9) 中等号右边的第二项说明证券的风险溢价来自指数风险溢价，市场风险溢价成了证券的敏感系数。我们之所以称其为系统性风险溢价，是因为它源自整个市场的风险溢价，代表整个经济系统的状况。

风险溢价的剩余部分是 α，为非市场溢价。比如，如果你认为证券被低估，预期收益率应更高，则 α 更高，接着，我们会看到当证券价格处于均衡时，这类机会将在竞争中消失，α 也会趋于 0。但是现在先假设每个投资经理对 α 的估计都不同。如果投资经理认为他的投资能力

比其他投资经理更强,那么他有自信能找到 α 为非零的证券。

用指数模型分解单个证券风险溢价为市场和非市场两部分,这极大地简化了投资公司的宏观经济分析和证券分析工作。

马科维茨模型的一个问题是所需估计参数的庞大数量,但是指数模型大大减少了需要估计的参数。式(3-8)分别得到每个证券系统和公司层面的风险,以及任意一对证券间的协方差。方差和协方差都由证券的 β 和市场指数决定。

总风险 = 系统性风险 + 公司特定风险,即:

$$\sigma_i^2 = \beta_i^2 \sigma_M^2 + \sigma^2(e_i) \tag{3-10}$$

协方差 = β 的乘积 × 市场指数风险,即:

$$\text{Cov}(r_i, r_j) = \beta_i \beta_j \sigma_M^2 \tag{3-11}$$

相关系数 = 与市场之间的相关系数之积,即:

$$\text{Corr}(r_i, r_j) = \frac{\beta_i \beta_j \sigma_M^2}{\sigma_i \sigma_j} = \frac{\beta_i \sigma_M^2 \beta_j \sigma_M^2}{\sigma_i \sigma_M \sigma_j \sigma_M} = \text{Corr}(r_i, r_M) \times \text{Corr}(r_j, r_M) \tag{3-12}$$

式(3-9)和式(3-11)意味着单指数模型估计所需的参数只包含单个证券的 α、β、$\sigma(e)$、市场指数的风险溢价和方差。

由夏普提出的指数模型同样为投资组合分散化提供了新的视角。假设我们选择等权重 n 个证券构成的组合,每个证券的超额收益率为

$$R_i = \alpha_i + \beta_i R_M + e_i$$

类似的,组合的超额收益为

$$R_P = \alpha_P + \beta_P R_M + e_P \tag{3-13}$$

当组合中股票的数量增加时,非市场因素带来的组合风险越来越小,这部分风险通过分散化逐渐被消除。然而,无论公司数量如何上升,市场风险仍然存在。

为了理解这一结果,注意这一等权重组合的超额收益率为

$$R_P = \sum_{i=1}^{n} w_i R_i = \frac{1}{n} \sum_{i=1}^{n} R_i = \frac{1}{n} \sum_{i=1}^{n} (\alpha_i + \beta_i R_M + e_i) = \frac{1}{n} \sum_{i=1}^{n} \alpha_i + \left(\frac{1}{n} \sum_{i=1}^{n} \beta_i\right) R_M + \frac{1}{n} \sum_{i=1}^{n} e_i \tag{3-14}$$

比较式(3-13)和式(3-14),我们得到组合对市场敏感度为 $\beta_P = \frac{1}{n} \sum_{i=1}^{n} \beta_i$,$\beta_P$ 为 β_i 的平均值。组合的非市场收益为 $\alpha_P = \frac{1}{n} \sum_{i=1}^{n} \alpha_i$,为 α 的平均值,加上零均值变量:$e_P = \frac{1}{n} \sum_{i=1}^{n} e_i$,为公司部分的平均值。因此组合方差为

$$\sigma_P^2 = \beta_P^2 \sigma_M^2 + \sigma^2(e_P) \tag{3-15}$$

组合方差的系统性风险部分为 $\beta_P^2 \sigma_M^2$,取决于每个证券的敏感系数。这部分风险取决于组合 β 和 σ_M^2,无论组合如何分散化,都保持不变。不论持有多少股票,他们对市场的风险敞口都会反映在组合的系统风险中。

相对地,组合方差的非系统性风险为 $\sigma^2(e_P)$,这是来自公司层面的 e_i。因为这些 e_i 是独立的,期望值为 0,所以可以说当更多的股票被加到投资组合中,公司层面的风险会被消除,降低了非市场风险。这类风险被称为可分散的风险。为了更清晰地看到这一问题,下面检验等权重组合的方差,其公司部分为

$$\sigma^2(e_P) = \sum_{i=1}^{n} \left(\frac{1}{n}\right)^2 \sigma^2(e_i) = \frac{1}{n} \overline{\sigma}^2(e) \tag{3-16}$$

其中 $\bar{\sigma}^2(e)$ 为公司的平均方差。因为该平均值独立于 n，当 n 变大时，$\bar{\sigma}^2(e)$ 趋于 0；随着分散化程度的增加，投资组合的总方差就会接近系统性风险，定义为市场因素的方差乘以投资组合敏感性系数的平方 β_P^2。

指数模型的分散化如图 3-1 所示。

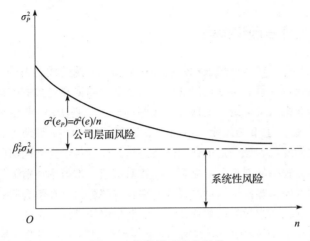

图 3-1　指数模型的分散化

3.2　多因素模型和法玛-弗伦奇因素模型

3.2.1　多因素模型

单因素模型将收益分为系统和公司两个层面是很有说服力的，但是将系统性风险限定为仅由单一因素造成的说法可能不太具有说服力。实际上在 CAPM 中将系统性风险作为风险溢价的来源时，我们注意到影响市场收益的系统性因素或宏观因素有许多风险来源，如利率或通货膨胀等不确定性。市场收益不仅反映了宏观因素，也能反映公司对这些因素的平均敏感程度。

如果能够找到系统性风险的明确表达方式，就有机会发现不同股票对于不同风险来源的敏感程度差异，这使得我们可以对单因素模型进行改进。不难看出包含多个因素的多因素模型能更好地解释证券收益。

除用于建立均衡证券定价模型之外，多因素模型还可以应用于风险管理。这一模型创造了一种简化的方法，用于衡量宏观经济风险，并构建投资组合来规避这些风险。

首先，我们从分析两因素模型开始。假设两个最重要的宏观经济风险——经济周期的不确定性和利率的波动，我们用未预期到的 GDP 增长率来描述前者，我们用 IR 来表示利率的变化，任意股票的收益率都受到宏观风险及其公司自身的风险所影响。因此我们可以用一个两因素模型来描述某一时间段内股票 i 的收益率：

$$R_i = E(R_i) + \beta_{iGDP}GDP + \beta_{iIR}IR + e_i \tag{3-17}$$

式（3-17）等号右边的两个宏观经济因素构成了经济中的系统性因素。正如在单因素模型中，所有的宏观经济因素的期望值都为 0，这代表这些变量的变化没有被预期到。式（3-17）中每个因素的系数度量了股票收益率对该因素的敏感程度。因此，该系数有时被称为因素敏感度、因子载荷或因子贝塔。对于大部分公司来说，利率上升是坏消息，因此通常利率的 β 值为负，与前面一样，e_i 表示公司特定因素的影响。

因素 β 可以为对冲策略提供一个框架，对于想要规避风险的投资者来说需要构建一个相反的因素来抵消特定风险的影响。通常，远期合约可以用来对冲这些特定风险因素。

3.2.2　法玛-弗伦奇三因素模型

现在的主流方法是用公司特征来表示系统性风险相关来源的代表因子，这些特征在实证层面能作为风险因素的代理变量。也就是说选取作为变量的因素在过去的实证中可以较好地预测平均收益率，因此能获得风险溢价。这种方法最好的例子就是法玛-弗伦奇的三因素模型，法玛和弗伦奇在1992年研究了市场风险、市值、市盈率、财务杠杆和账面市值比对股票截面收益率的共同影响。他们发现，无论是单独回归还是与其他变量组合共同回归，股票收益率与市场组合收益率的回归方程中的斜率都不显著。而在对市值，市盈率，财务杠杆，和账面市值比的单独回归中，他们发现这些指标均对股票收益率具有解释力。在组合回归中，市值和账面市值比似乎包含了财务杠杆和市盈率的解释作用。因此最终结论是，市值以及账面市值比作为因子，能够很好地解释在1963—1990年纽约证券交易所和纳斯达克证券交易所股票的截面平均收益率。在1992年，法玛和弗伦奇的研究中只考虑了普通股这一资产的收益率。如果金融市场是一体化的，那么模型也应该能够解释债券的收益率。因此，1993年研究的资产包括美国政府和公司的债券，资产定价模型的研究方法也在1993年做出了改变。在1992年，法玛和弗伦奇的研究中使用了法玛-麦克白（1973）截面回归来解释股票的收益率，但由于市值和账面市值比等解释变量对政府和公司债券没有明显的意义，因此很难在横截面回归中同时解释债券收益率。

1993年其采用了布莱克-詹森-斯科尔斯（1972）的时间序列回归方法，将股票和债券的月度收益率、股票市场组合收益率因子、模拟投资组合的市值、账面市值比以及期限结构风险因子进行回归。时间序列回归的斜率是因子负荷，它解释了债券和股票的风险因子敏感性。该时间序列回归也便于研究以下两个重要的资产定价问题。

（1）如果资产价格合理，与平均收益率相关的变量，例如市值和账面市值比因子，需要能够代表对收益中共同的风险因子的敏感性。时间序列回归在这个问题上提供了直接的证据，回归的斜率和 R^2 值表明市值和账面市值比因子能捕捉到没被其他因子解释的股票和债券收益率的变化。

（2）时间序列回归使用超额收益率（月度股票或债券收益率减去一个月国债利率）作为因变量，市场超额收益率或零投资组合的收益率作为解释变量。在这样的回归中，一个好的资产定价模型能够得到显著不为零的截距。回归的截距可以作为一个简单的收益率度量，也可以作为对不同的风险因子组合捕捉证券截面收益率的能力的度量。此外，基于超额收益率回归的截距可以判断资产定价模型的优劣，为模型的比较提出了准确的标准。不同的模型都需要依此来解释一个月的票据利率以及长期债券和股票的收益率。

在法玛和弗伦奇的研究中，总共提到了五个变量：两个期限结构因子（期限溢价和违约溢价）和三个股票市场因子（整体市场变量、公司规模变量、账面市值比变量）。三因素模型主要针对股票，在这五个变量中有三个是影响股票收益率变化的变量：整体市场变量（$E(r_M)-r_f$）、公司规模变量、账面市值比变量。高账面市值比的股票往往资产收益率较高；相反地，低账面市值比的股票往往资产收益率偏低。规模也与盈利能力有关。控制账面市值比变量，小公司往往比大公司的资产收益率高。小公司相对大公司拥有更高的风险，而投资风险与预期收益率通常存在正相关关系，因此投资者往往对小公司进行投资的时候期待一个更高的风险溢价。与其类似，账面市值比与收益率之间的关系表明，相对盈利能力是股票收益中一个共同风险因子的来源，这个因子可能解释了账面市值比和平均收益率的正相关关系。为了寻找背后的经济学理论基础，法玛和弗伦奇构建了六个按市值以及账面市值比的大小排序的股票投资组合，以模拟与市值和账面市值比相关的潜在风险因子。

法玛和弗伦奇基于在美国证券价格研究中心（CRSP）每年六月的市值对1963—1991年所有纽约证券交易所股票进行了排名。然后用纽约证券交易所股票市值的中位数将纽约证券交易所、纳斯达克证券交易所的股票拆分成了两组，小规模和大规模（S和B）。大多数纳斯达克证券交易所的股票市值都比纽约证券交易所的股票市值小。因此，小规模组中的公司数量较多（在1991年4 794家公司中达到了3 616家）。尽管有大量的股票，小规模组的市值加总还远远小于总市值的一半（1991年大约才占总市值的8%）。

他们还根据账面市值比的大小将纽约证券交易所和纳斯达克证券交易所的股票进行了划分，根据账面市值比最小的30%（L）、中间的40%（M），最大的30%（H）划分成了三组（依据纽约证券交易所的账面市值比的排名）。他们将普通股权益的账面价值定义为，股东权益的账面价值加上资产负债表递延税金和投资税抵免（如果有的话），再减去优先股的账面价值。取决于数据的可用性，使用赎回价、清算价或面值（按该顺序）来估计优先股的价值。于是账面市值比可计算如下，用$t-1$年会计年度结束时的普通股权益的账面价值，除以$t-1$年12月底的市值。在根据市值和账面市值比进行分组时，排除了在1980年之前账面价值为负的公司。并且只有拥有正常的股权的公司（由CRSP分类）才包含在了研究中。这意味着不包括ADR、REITs和VOC类型的股票。

从对市值的两个分组以及对账面市值比的三个分组中，Fama和French构造了六个投资组合（S/L，S/M，S/H，B/L，B/M，B/H）。例如S/L投资组合表示既包含在小市值组中，又包含在低账面市值比组中的股票，B/H组合表示既包含在大市值组中，又包含在高账面市值比组中的股票。使用从t年7月到$t+1$年6月的数据计算这六个投资组合的月度加权收益率，然后在$t+1$年6月份（结束时）对所有股票进行重新分组以再次构建类似的6个投资组合。从t年7月才开始计算收益，以确保$t-1$年的账面价值是已知的。

法玛和弗伦奇使用SMB（小减大）来表示与规模相关的收益的风险因子，是根据每个月3个小市值投资组合（S/L，S/M，S/H）以及3个大市值投资组合（B/L，B/M，B/H）在平均收益率之间的差额。因此，SMB是小规模和大规模股票投资组合的收益之间的差额，将账面市值比作为控制变量。这种差异应该在很大程度上不受账面市值比的影响，而是集中在大规模与小规模公司的不同平均收益上。

法玛和弗伦奇使用HML（高减低）来表示与账面市值比相关收益的风险因子。HML是每个月在两个高账面市值比投资组合（S/H和B/H）平均收益和两个低账面市值比投资组合（S/L和B/L）平均收益之间的差值。HML的两个组成部分是高账面市值比投资组合和低账面市值比投资组合的收益率，它们的加权平均规模大致相同。因此，两个收益之间的差异应该在很大程度上与市值因子无关，而是集中在高账面市值比和低账面市值比公司的不同收益上。在SMB和HML组合中，6个投资组合是市值加权的。市值加权是为了最小化方差，因为收益的方差与规模是负相关的。更重要的是，使用市值加权的方法可以以一种符合现实投资的方式，来模拟能捕捉大小规模股，高低账面市值比股的不同收益的股票投资组合。

接下来分别计算股票组合从 7 月开始到下一年 6 月价值加权平均月收益。大市值和小市值组合收益为

$$R_S = \frac{1}{3}(R_{SL} + R_{SM} + R_{SH}); R_B = \frac{1}{3}(R_{BL} + R_{BM} + R_{BH})$$

类似地，高账面市值比和低账面市值比（价值股和成长股）组合收益为

$$R_H = \frac{1}{2}(R_{SH} + R_{BH}); R_L = \frac{1}{2}(R_{SL} + R_{BL})$$

最后，使用市场超额收益率（$E(r_M) - r_f$）来表示股票市场因子，$E(r_M)$ 是 6 个股票市值加权组合，加上被排除在投资组合之外的账面价值为负值的股票的收益。r_f 是短期国债月收益率。SMB 和 HML 由以下表达式构建：

$$R_{SMB} = R_S - R_B; R_{HML} = R_H - R_L$$

我们衡量个人股票因素敏感度通过估计股票超额收益与市场指数超额收益以及 R_{SMB} 和 R_{HML} 的一阶回归因素 β 进行。这些因素 β 可以用于预测整体风险溢价。因此法玛-弗伦奇三因素资产定价模型是：

$$E(r_i) - r_f = a_i + b_i[E(r_M) - r_f] + s_i E[\text{SMB}] + h_i E[\text{HML}] \tag{3-18}$$

其中，b_i、s_i 和 h_i 分别是三个因素的股票贝塔。如果这些因素能完全解释资产超额收益率，那么方程中截距项将为零。

3.3 套利定价理论

3.3.1 单因素的套利定价理论

我们先来考虑只存在一个具有系统性影响的宏观因素的情况。并且，为了在表达上更一般化，我们把这个宏观因素记为 F。

单因素的套利定价模型中先有这样的关系：

$$r_i = E(r_i) + \beta_i F + e_i \tag{3-19}$$

这里 r_i，F 和 e_i 是随机变量，r_i 是第 i 项金融工具实际实现的收益率，$E(r_i)$ 是其预期收益率（预期收益率即收益率的概率平均值），F 是宏观经济因素的实际值，请注意，它的预期值应当为零，所以，F 的值实际就是对预期值的偏离。e_i 则是企业对所发行的金融工具的收益所造成的扰动。请注意，e_i 的预期值也是零。而且非常重要的是，e_i 不但对宏观因素 F 是不相关的，而且对于不同的 i 和 j，e_i 和 e_j 之间也是不相关的。我们回顾一下 CAPM 的介绍，在讨论风险的分散化时，曾经提到系统性风险是由各种金融工具在收益变动上存在某种"同向性"，经过投资分散化后，组合的方差只与组合中证券的平均协方差有关。在这里，e_i 只代表纯粹的非系统性风险，它们不但与产生系统风险的宏观因素 F 不相关，而且收益变动不再有任何"同向性"（以及"反向性"），因此彼此之间也都不相关，即所有的彼此相关性都已被分离到宏观因素 F 中。所以，这一模型将系统性风险和非系统性风险严格地分开了。

举例来说，如果宏观因素 F 是未预期的 GDP 增长率的变化，GDP 增长率的预期是 4%，而实际增长只有 3%，于是 $F = -1\%$。β_i 是第 i 项金融工具的收益率对宏观因素 F 的敏感度，这里假定 $\beta_i = 1.2$。于是，这项金融工具实际实现的收益率因为宏观因素的影响将比预期的收益率

低 1.2%，再加上非系统性风险的影响 e_i，就可以确定实际实现的收益率。

现在我们来看一个非系统性风险被充分分散化的投资组合 P。在这个组合里，n 项金融工具的权重为 w_i，$i=1,2\cdots,n$，$\sum_{i=1}^{n}w_i=1$。于是组合的收益率为

$$r_p = E(r_p) + \beta_p F + e_p \tag{3-20}$$

此处有

$$\beta_p = \sum_{i=1}^{n} w_i \beta_i$$

$$e_p = \sum_{i=1}^{n} w_i e_i$$

我们也就可以求出组合的方差：

$$\sigma_p^2 = \beta_p^2 \sigma_F^2 + \sigma^2(e_p) \tag{3-21}$$

这里 σ_F^2 是宏观因素的方差，$\sigma^2(e_p)$ 是组合的非系统性风险，由下式给出：

$$\sigma^2(e_p) = \sum_{i=1}^{n} w_i^2 \sigma^2(e_i) \tag{3-22}$$

因为各个 e_i 彼此之间不相关，所以协方差项都为零。为了分析简单起见，假定组合中各项金融工具的权重都相等，即有 $w_i = \frac{1}{n}$，$i=1,2\cdots n$。于是有

$$\sigma^2(e_p) = \sum_{i=1}^{n}\left(\frac{1}{n}\right)^2 \sigma^2(e_i) = \frac{1}{n}\sum_{i=1}^{n}\frac{\sigma^2(e_i)}{n} = \frac{1}{n}\overline{\sigma^2(e_i)} \tag{3-23}$$

其中 $\overline{\sigma^2(e_i)}$ 代表各项金融工具的平均方差。显然，当 n 很大时，组合的方差就会变得很小，即非系统性风险通过投资分散化被消除了。因此，对于一个充分分散化的投资组合来说，其收益率和风险为

$$r_p = E(r_p) + \beta_p F \tag{3-24}$$

$$\sigma_p^2 = \beta_p^2 \sigma_F^2 \tag{3-25}$$

请注意，在一个充分分散化的投资组合中，各项证券的比重不一定是要等权重的。

如果有两个充分分散化的投资组合 A 和 B，有 $\beta_A = \beta_B$，就必定有 $E(r_A) = E(r_B)$，否则就会出现套利机会。例如，若 $\beta_A = \beta_B = 1.0$，$E(r_A) = 10\%$，$E(r_B) = 8\%$，我们卖空价值 100 万元的组合 B，同时将这卖空所得的 100 万元投资于组合 A，到期组合 A 多头的收益为 $(10\%+1.0\times F)\times 100$ 万元，到期组合 B 空头需要支付 $(8\%+1.0\times F)\times 100$ 万元，净利润为 $2\%\times 100$ 万元 = 2 万元，因此能套取 2 万元的无风险利润。

因此，如果两个充分分散化的投资组合有相同的 β 值，它们在市场中必定有相同的预期收益率。对于有不同 β 值的充分分散化的投资组合，其预期收益率中风险补偿必须正比于 β 值，不然也将发生无风险套利。现在我们把风险市场组合看作一个充分分散化的投资组合，再以风险市场组合的未预期到的收益率变化作为系统风险的度量，风险市场组合的 β 值为 1，因为产生系统性风险的因素就是它本身，于是对任意充分分散化的投资组合，其预期收益率和 β 值的关系就可表示成：

$$E(r_p) = r_f + [E(r_M) - r_f]\beta_p \tag{3-26}$$

根据前面的讨论，对于任意两个充分分散化的投资组合 P 和 Q，有关系式

$$\frac{E(r_P) - r_f}{\beta_P} = \frac{E(r_Q) - r_f}{\beta_Q} \tag{3-27}$$

套利定价理论要告诉我们的是，对于组合中的任意两项不同的证券来说，同样的关系式几乎也都成立，即对任意两项不同的金融工具 i 和 j，有

$$\frac{E(r_i)-r_f}{\beta_i}=\frac{E(r_j)-r_f}{\beta_j} \tag{3-28}$$

要注意的是，我们说"几乎所有的证券"，意思是说会有少数的证券不满足这一关系式。

3.3.2 多因素的套利定价理论

现在把前述结果推广到多个因素产生系统性风险的情况，我们只需讨论两个因素的情况，更多因素的情况不难加以推广。

两个宏观因素的模型是这样的：

$$r_i = E(r_i)+\beta_{i1}F_1+\beta_{i2}F_2+e_i \tag{3-29}$$

因素 F_1 代表对 GDP 预期值的偏离，因素 F_2 则代表未预期到的通货膨胀率的变化，它们的预期值都等于零，因为它们代表的都是对预期值的偏离。同样，e_i 代表企业特有的风险，也是对预期值的偏离，所以预期值也为零。F_1，F_2 和 e_i 都互不相关，而且，不同证券的 e_i 和 e_j 彼此之间也都不相关。

首先我们引入因素组合的概念。因素组合是非系统性风险已经充分分散化而消除掉的组合，对其中一个因素的 β 值为 1 而对其他因素的 β 值都为 0。这种因素组合的构造在实践中是行得通的，因为有价证券的种类非常多，而因素的个数又非常有限。在多因素的证券市场线关系中，因素组合将起到基准的作用。

比如有因素组合 1 和 2，前者的预期收益率为 $E(r_1)=10\%$，后者的预期收益率为 $E(r_2)=12\%$，假定无风险利率为 4%，则因素组合 1 的风险补偿为 $10\%-4\%=6\%$，因素组合 2 的风险补偿为 $12\%-4\%=8\%$。

现在来看任意一个充分分散化的投资组合 A，它对两个宏观因素的 β 值分别是 $\beta_{A1}=0.5$ 和 $\beta_{A2}=0.75$。多因素的套利定价理论指出，投资组合 A 的总风险补偿应当是投资者承受这两种宏观因素的系统性风险所应得到的风险补偿的和。而每种宏观因素的系统性风险的补偿等于相对于该因素的 β 值乘以因素组合的风险补偿，即有

$$\beta_{A1}[E(r_1)-r_f]+\beta_{A2}[E(r_2)-r_f]=0.5\times6\%+0.75\times8\%=9\%$$

于是，投资组合 A 的预期收益率就是无风险利率加上总的风险补偿，为 13%。

如果投资组合 A 的预期收益率不等于 13%，例如是 12%，则可以构建如下组合头寸：权重为 50% 的因素组合 1，权重为 75% 的因素组合 2，再加上权重为 -25% 的无风险证券（以无风险利率借入），构成一个新的组合。这个组合的预期收益率为 13%，同时构建这个组合的多头和组合 A 的空头，到期套利组合多头的收益为 $13\%+0.5\times F_1+0.75\times F_2$，到期组合 A 的空头需要支付 $12\%+0.5\times F_1+0.75\times F_2$，净利润为 1%。所以这是零投资组合能够获取无风险利润的情形。

从这个简单的例子中我们可以发现，套利组合是这样构建的，对于任意一个暴露在 F_1 和 F_2 这两个宏观因素的系统性风险下的投资组合 P，分别以其 β 值 β_{P1} 和 β_{P2} 为权重选取因素组合 1 和 2，再加上权重为 $1-\beta_{P1}-\beta_{P2}$ 的无风险证券（若 $1-\beta_{P1}-\beta_{P2}<0$，表示卖空无风险证券或以无风险利率借入资金）。这一套利组合实际上复制了组合 P，所以组合 P 可由此套利组合给出定价：

$$E(r_P) = \beta_{P1}E(r_1) + \beta_{P2}E(r_2) + (1-\beta_{P1}-\beta_{P2})r_f \tag{3-30}$$
$$= r_f + \beta_{P1}[E(r_1)-r_f] + \beta_{P2}[E(r_2)-r_f]$$

最后，套利定价理论的结果是把上述多因素模型推广到单个证券的情况，有

$$E(r_i) = r_f + \beta_{i1}[E(r_1)-r_f] + \beta_{i2}[E(r_2)-r_f] \tag{3-31}$$

所以，如果有一证券相对于两个宏观因素的 β 值分别为 $\beta_{i1}=0.5$ 和 $\beta_{i2}=0.75$，则它的均衡定价的预期收益率就一定是 13%。

习题

1. 运用指数模型估计股票 A 和股票 B 得到以下结果。

$$R_A = 0.3 + 0.7R_M + e_A$$
$$R_B = 0.01 + 0.9R_M + e_B$$
$$\sigma_M = 0.35$$
$$\sigma(e_A) = 0.20$$
$$\sigma(e_B) = 0.10$$

那么股票 A 和股票 B 的收益率的协方差为多少？

2. 如何理解指数模型中的 β 和资产的标准差，以下选项正确的是_____。
   A. β 度量非系统性风险，标准差度量总风险
   B. β 度量系统性风险，标准差度量总风险
   C. β 度量系统性风险和非系统性风险，标准差度量非系统性风险
   D. β 度量系统性风险和非系统性风险，标准差度量系统性风险

3. β 的预测值 = 0.047 + 0.088×当前 β 值 + 6.3×每股收益的预期增长率 - 0.4×负债比率。假设某公司当前的 β 值等于 1.23，每股收益的预期增长率为 0.053，负债比率等于 0.74，那么该公司的预测 β 值为多少？

4. 根据以下数据，对单指数模型中的市场模型 $E(r_i - r_f) = \alpha_i + \beta_i E(r_m - r_f)$ 的参数进行估计，并解释估计结果。如果明年的预期市场收益率为 20%，利用上述模型预测股票组合 P 的预期收益率（$r_f = 6\%$）。

年份	市场组合的年均收益率（%）	股票组合 P 的年均收益率（%）
1	20	22
2	27	27
3	12	15
4	13	16
5	5	9
6	28	27
7	32	31
8	17	19

参考文献

[1] BANZ R W. The relationship between return and market value of common stocks [J]. Journal of financial

economics, 1981, 9 (1): 3-18.
- [2] CHAN K C, CHEN N, HSIEH D A. An exploratory investigation of the firm size effect [J]. Journal of financial economics, 1985, 14 (3): 451-471.
- [3] CHEN N F. Financial investment opportunities and the macroeconomy [J]. Journal of finance, 1991, 46 (2): 529-554.
- [4] CHEN N F, ROLL R R, ROSS S A. Economic forces and the stock market [J]. Journal of business, 1986, 59 (3): 383-403.
- [5] FAMA E F, FRENCH K R. The cross-section of expected stock returns [J]. Journal of finance, 1992, 47 (2): 427-465.
- [6] FAMA E F, FRENCH K R. Common risk factors in the returns on stocks and bonds [J]. Journal of financial economics, 1993, 33 (1): 3-56.
- [7] FAMA E F, FRENCH K R. Multifactor explanations of asset pricing anomalies [J]. Journal of finance, 1996, 51 (1): 55-84.
- [8] FAMA E F, MACBETH J D. Risk, return, and equilibrium: empirical tests [J]. Journal of political economy, 1973, 81 (3): 607-636.
- [9] FISCHER B. Capital market equilibrium with restricted borrowing [J]. Journal of business, 1972, 45 (3): 444-455.
- [10] FRENCH F, KENNETH R. Size and book-to-market factors in earnings and returns [J]. Journal of finance, 1995, 50 (1): 131-155.
- [11] GIBBONS M R, ROSS S A, SHANKEN J. A test of the efficiency of a given portfolio [J]. Econometrica, 1989, 57 (5): 1121-1152.
- [12] JAFFE J, DONALD B K, WESTERFIELD R. Market values and stock returns [J]. Journal of finance, 1989, 44 (1): 135-148.
- [13] JENSEN M C. Capital markets: theory and evidence [J]. The bell journal of economics and management science, 1972, 3 (2): 357-398.
- [14] JENSEN M C, BLACK F, SCHOLES M. The capital asset pricing model: some empirical tests [J]. social science electronic publishing, 1972, 94 (8): 4229-4232.
- [15] LINTNER J. The valuation of risk assets and the selection of risky investments in stock portfolios and capital budgets [J]. The review of economics and statistics, 1965, 47 (1): 13-37.
- [16] MARKOWITZ H. Portfolio selection [J]. Journal of finance, 1952, 7 (1): 77.
- [17] MARSHALL E B, IRWIN F. A new look at the capital asset pricing model [J]. Journal of finance, 1973, 28 (1): 19-34.
- [18] MERTON R C. An intertemporal capital asset pricing model [J]. Econometrica, 1973, 41 (5): 867-887.
- [19] MERTON R C. On estimating the expected return on the market: an exploratory investigation [J]. Journal of financial economics, 1980, 8 (4): 323-361.
- [20] MOSSIN J. Equilibrium in a capital asset market [J]. Econometrica, 1966, 34 (4): 768-783.
- [21] PRATT J W. Risk aversion in the small and in the large [J]. Econometrica, 1964, 32 (1): 122-136.
- [22] ROLL R, ROSS S A. An empirical investigation of the arbitrage pricing theory [J]. Journal of finance, 1980, 35 (5): 1073-1103.
- [23] ROSS S A. The arbitrage theory of capital asset pricing [J]. Journal of economic theory, 1976, 13 (3): 341-360.
- [24] SHARPE W. A simplified model for portfolio analysis [J]. Management science, 1963, 9 (2):

277-293.

[25] SHARPE W. Capital asset prices: a theory of market equilibrium under conditions of risk [J]. Journal of finance, 1964, 19 (3): 425-442.

[26] STATTMAN D. Book values and stock returns [J]. The Chicago MBA: a journal of selected paper, 1980, 4 (1): 25-65.

[27] TREYNOR J L, BLACK F. How to use security analysis to improve portfolio selection [J]. Journal of business, 1973, 46 (1): 66-86.

[28] 张宝春. 资产定价模型与套利定价模型的应用比较 [J]. 湖北财经高等专科学校学报, 2005, 1: 47-50.

第 4 章

无风险套利下的 MM 定理

4.1 企业价值的度量

企业的价值就是企业总的资产的价值。对于资产的价值,有两种基本的度量方法:一种是会计上度量的账面价值,一种是金融/财务上度量的市场价值。整个企业在会计上的账面价值是由所有资产的账面价值加总得出的,是根据资产所发生的历史成本减去损耗(折旧)后所剩的净价值核计的。在金融/财务上的价值则是将所有的资产合到一起后(合到一起会产生某种组合效应),能够创造的未来收入现金流。这种现金流是企业总的资本成本(即加权平均资本成本)折现后的现值,即将该项资产未来创造的收入现金流用资产的预期收益率(资本成本)折现后的现值作为资产的价值,而这实际上也就是市场对这项资产价值的评价,即资产的市场价值。因此,会计的账面价值的度量是面向过去的,金融/财务的市场价值的度量则是面向未来的。对于任何企业(个人或其他组织)来说,下述关系式恒成立:

$$V = B + S \tag{4-1}$$

V 为公司价值,B 为公司负债,S 为公司权益。在会计上,这个关系是靠复式计账("有借必有贷,借贷必相等")来保持的。在金融/财务上,这个恒等关系意味着企业的价值(即其总资产价值)是由其负债和权益在金融市场上的总市值来度量的。因此,金融市场的存在,使企业的市场价值得以度量和评定。这里我们提到的价值都是指市场价值,即由金融市场上的均衡价格所反映的价值。

资产价值的最大化不能简单地等同于权益价值(所有者掌握的企业净价值)的最大化。经典的公司财务理论认为,企业财务管理的目标在于使所有者的财富最大化。对于股份公司来说,只有每股权益价值的最大化才真正反映了股东的财富最大化。例 4-1 说明了使企业价值最大化的资本结构对股东最有利。

例 4-1 负债与公司价值

假设 JJP 公司的市场价值是 1 000 美元,目前公司没有负债,流通在外的股票有 100 股,每股市价为 10 美元。类似于 JJP 这样无任何负债的公司被称为无杠杆公司。假设 JJP 公司计划借入 500 美元，向股东支付 5 美元/股的额外现金股息（股票回购）。债务发行后，公司变为杠杆公司。公司的投资不因这项交易而改变。当这项调整计划被实施后，公司价值将会发生怎样的变化？

公司管理层认为，公司资本结构调整后，公司价值只会产生以下三种结果中的一种：①高于初始的 1 000 美元；②等于初始的 1 000 美元；③低于初始的 1 000 美元。经与投资银行家商议后，公司管理层认为，资本结构的调整不会使公司价值的变化超过 250 美元。因此，他们把 1 250 美元、1 000 美元和 750 美元视为公司价值的恰当范围。初始资本结构和新资本结构下的三种可能结果如表 4-1 所示。

表 4-1 资本结构 （单位：美元）

	无债务 （初始资本结构）	股息支付后的债务与权益价值		
		结果 I （高于初始价值）	结果 II （等于初始价值）	结果 III （低于初始价值）
债务	0	500	500	500
所有者权益	1 000	750	500	250
公司价值	1 000	1 250	1 000	750

在这三种情况下，权益的价值都低于 1 000 美元，由于额外现金股息的支付，股东所拥有的公司价值将会减少，且未来债权人的清算顺序先于股东，债券作为一种偿付责任减少了权益的价值。股东盈利情况如表 4-2 所示。

表 4-2 股东盈利情况 （单位：美元）

	股息支付后的债务与权益价值		
	结果 I	结果 II	结果 III
资本利得	−250	−500	−750
股息	500	500	500
股东的净收入或净损失	250	0	−250

在这三种情况下，虽然股东获得的股息是相同的，但只有在第一种情况下股东的净收入为正，这时公司的价值将提高 250 美元。相反，在第三种情况下，公司价值减少 250 美元，股东损失 250 美元。因此，管理者应选择能使公司价值提高的资本结构，使得公司价值最大化的资本结构即为使股东财富最大化的资本结构。

因此，股票价格的变动确实反映了股东所拥有的财富的变动情况。

4.2 MM 定理

20 世纪 50 年代后期，莫迪利安尼和米勒在研究企业资本结构和企业价值的关系（即著名的 MM 定理）时提出的无套利分析方法是金融工程的基本原理，也是现代金融学的基石。无套利分析方法的基本思想是：当市场处于供求不均衡状态时，价格偏离价值，此时就出现了无风险套利机会。而套利力量将推动市场恢复均衡。市场一旦恢复均衡，套利机会就消失。套利机会消除后的均衡价格与市场风险因素无关，是市场的真实价格。MM 定理曾经极大地震惊了金融学术界，莫迪利安尼和米勒为此先后荣获诺贝尔经济学奖。他们的理论成果中所含有的无套利分析方法在后来产生了当时没有预见到的巨大影响。

MM 定理的基本假设包括以下两个方面。

（1）无摩擦环境假设。在这个假设下，企业不缴纳所得税。企业发行证券不需要交易成本。企业的生产经营信息对内和对外来说是一致的，即信息披露是公正的。与企业有关者可以无成本地解决彼此之间的利益冲突问题。

（2）企业发行的负债无风险。因此，购买企业的负债（即购买企业发行的债券或给企业贷款）的收益率是无风险利率（在实践中，一般采用短期国债利率作为无风险利率）。

在以上假设条件下，MM 定理得出了以下两个结论。

结论一：在 MM 定理下，企业价值与其资本结构无关。即：

$$V_L = V_U \tag{4-2}$$

其中 V_L 为无负债公司价值，V_U 为有负债公司价值。

结论二：有负债的公司的权益资本成本等于同一风险等级的无负债公司的权益资本成本加上风险补偿，风险补偿的比例因子是负债权益比。即：

$$R_S = R_0 + \frac{B}{S}(R_0 - R_B) \tag{4-3}$$

其中 R_S 为有负债的公司的权益资本成本，R_0 为无负债公司的权益资本成本，R_B 为负债成本。

MM 定理揭示了在一定的条件下，企业的资本结构（企业负债和权益的比例结构）与企业的价值无关。这一结论与人们的直觉相去甚远。而且，由此可以推导出企业的金融活动本质上并不创造价值的结论。实际上，人们也正是由这个结论出发，继续深入研究，才更为明晰地了解了企业的价值究竟是如何创造的，企业的金融/财务活动又是通过什么途径来创造企业价值的。

我们用例 4-2 来说明 MM 定理是如何推出其结论的，并由此学习无套利均衡分析的技术。

例 4-2 无套利均衡分析

假定有两家公司 A 和 B，它们的资产性质完全相同，但资本结构不一样。两家公司每年创造的息税前利润都是 1 000 万元。

公司 A 的资本全部由股本权益构成，共 100 万股，即公司当前的资本结构中没有任何债务。根据公司未来收入现金流的风险性质，金融市场对于该公司股票的预期收益率是 r_A = 10%，这也就是公司 A 的资本成本。这样，公司 A 的企业价值就可以以资本成本对收益现金流贴现来算出：

$$PV = \sum_{t=1}^{\infty} \frac{EBIT}{(1+r_A)^t} = \sum_{t=1}^{\infty} \frac{1\,000}{(1+10\%)^t} = \frac{1\,000}{10\%} = 10\,000（万元） \tag{4-4}$$

公司 A 的股票的每股价格应当是 10 000 万元/100 万股 = 100 元/股。

公司 B 的资本中有 4 000 万元负债，可以认为是公司发行的债券，年利率为 8%。由负债无风险假设可知，这也就是市场的无风险利率。企业负债的市场价值就是 4 000 万元，每年要支付利息 4 000×8% = 320 万元。并且假设公司的债务是无限期的（因为可以通过发行新债来顶替旧债）。但现在我们还不知道公司 B 的权益价值究竟是多少，因为现在暂时还不知道公司 B 的股票的预期收益率应该是多少。在无税条件下，企业的收益也必须先付利息，剩余的收益才能分给股东。因此，股东每年可以分到的收益应当是 EBIT-320 万元。

下面，我们假定公司 B 的股份数是 60 万股。在上述条件下，公司 B 的股票价格应该是 100 元/股。如果公司 B 的股票价格不是 100 元/股，比如说是 90 元/股（小于 100 元/股），则采取以下策略就可以进行无风险套利。

在进行无套利均衡分析时，一般要求市场允许"卖空"。所谓卖空是指交易者即使不持有某种资产，也可以先卖出（做"空头"），以后再买进，盈亏就会通过卖出买进的差价实现。我们把某种资产的持有方称为"多头头寸（或长头寸）"，短缺方则称为"空头头寸（或短头寸）"。"做多头（或称处于多头地位）"和"做空头（或称处于空头地位）"分别是指持有多头头寸和持有空头头寸。投资者可以做下述交易来套利：卖空 1% 的公司 A 的股票（1%×100 万股＝1 万股），同时买进 1% 的公司 B 的债券（价值为 1%×4 000 万元＝40 万元）和股票（1%×60 万股＝6 000 股）。交易产生的现金流如表 4-3 所示。

表 4-3 交易产生的现金流

头寸情况	即时现金流	未来每年的现金流
1%公司 A 股票的空头	+10 000 股×100 元/股＝100 万元	−EBIT 的 1%
1%公司 B 债券的多头	−1%×4 000 万元＝−40 万元	1%×320 万元＝3.2 万元
1%公司 B 股票的多头	−6 000 股×90 元/股＝−54 万元	1%×(EBIT−320 万元)
净现金流	6 万元	0

这样，这位投资者既不花费成本（至少在理论上），又不承担风险，可以套取 6 万元现金的净利润。这说明公司 B 的股票价值在市场上被低估，未达到均衡价位。因套利行为所产生的供求不均衡的市场力量将推动其价格上升，直至均衡价位出现，即达到每股 100 元的均衡价位。

显而易见，如果公司 B 的股票价格高于 100 元/股（比如说是 110 元/股），投资者可以反向构建头寸（即做公司 A 股票的多头和公司 B 证券的空头），照样获得无风险套利机会。套利产生的市场力量也会推动其价格回落到均衡价位。无风险套利机会的出现，说明市场处于不均衡状态，而套利力量将会推动市场重建均衡。市场一旦恢复均衡，套利机会就会消失。在市场均衡时无套利机会，这就是无套利均衡分析的依据。市场的效率越高，重建均衡的速度就越快。

因为公司 B 的股票价格也是 100 元/股，所以公司 B 的权益市值应为 100 元/股×60 万股＝6 000 万元。公司 B 的企业价值就应为 4 000 万元（负债市值）+6 000 万元（权益市值）＝10 000 万元，与公司 A 的企业价值相等。由此得出 MM 定理的结论：企业价值与其资本结构无关。

这就是 MM 第一命题。事实上，"企业价值与其资本结构无关"被视为现代财务管理研究的起点，在此之前，人们认为财务杠杆对公司价值的影响复杂难解，而莫迪利安尼和米勒提出一个简单的结论：如果杠杆公司的定价过高，理性投资者将只以个人账户借款来购买无杠杆公司的股票，通常将这种替代成为自制财务杠杆，只要投资者个人能以与公司相同的条件借入或贷出，他们就只能靠自己来复制公司财务杠杆的影响。因此，公司的财务杠杆并不影响公司的价值，资本结构的变化不影响股东财富。无套利均衡分析实际上是用另一组证券来复制某项或某一组证券。在上例中，我们是用公司 B 的股票和债券的组合来复制公司 A 的股票。无套利均衡分析的要点是使复制证券的现金流特性与被复制证券的现金流特性完全相同。要注意以下两点：首先，在未来任何情况下，二者的现金流特性都应该相同。在上例中，EBIT 的数值可以是变化的（每年 1 000 万元仅仅是平均数）。但无论怎么变化，公司 B 的"复制证券"在未来产生的现金流都会与公司 A 的股票产生的现金流相同。也就是说，复制证券的多头（或空头）和被复制证券的空头（或多头）相互之间应该实现完全地"对冲"。不能只在数学期望（即概率平均）的意义上实现无套利。其次，构建复制证券的工作至少在理论上是可以在市场中实现的，因此需要一定的市场条件（如容许卖空）。脱离市场的实际进行无套利均衡分析会导致错误的结论。

在我们上面的分析中，因为选取公司 B 的股份数为 60 万股，从而两个公司的股票价格也相等，这说明这两个公司每份股票的现值（即市值）是相等的。但是这两个公司股票的收益/风险特性是不一样的。我们假设 EBIT 会出现好、中、坏三种情况。对应这三种情况的两个公司的收益/风险表现如表 4-4 所示。

表 4-4　公司 A 和公司 B 的收益/风险表现

情况	公司 A 净收益（万元）	公司 A 每股收益（元）	公司 B 净收益（万元）	公司 B 每股收益（元）
好	1 500	15	1 180	19.67
中	1 000	10	680	11.33
坏	500	5	180	3.00
平均	1 000	10	680	11.33
标准差		4		6.81

由表 4-4 可见，公司 B 的股票的风险比公司 A 的股票的风险高（高标准差等于价格波动高），预期收益也高（含有更高的风险补偿），但这两种股票的市场价值即现值是相同的。公司 A 股票的预期收益率是 10 元/100 元 = 10%，公司 B 股票的预期收益率是 11.33 元/100 元 = 11.33%。在公司财务理论中，负债/权益被称为财务杠杆。对于公司 B 来说，由于存在财务杠杆，放大了权益的收益，同时也加大了权益收益的波动。

MM 定理揭示了在一定的条件下，企业的资本结构与企业的价值无关。它对财政、金融的意义在于，我们可以得出这样的结论：资本的成本取决于资本的使用而不是来源。因此，在通常采用贴现现金流计算资产的市场价值时，如果产生这个现金流的资产是在金融市场上交易的有价证券或有价证券组合，则其均衡价格必定与其市场价值相等，从而交易这项资产的活动所创造的净现值一定为零。金融市场上的交易都是零现值的行为，这就是无套利均衡定价理论的雏形。无套利均衡分析的关键之处在于互相复制的头寸在未来的现金流能够完全对冲。如果目前市场中互相复制的头寸的价格不一样，就会产生套利机会。只要存在无风险的套利机会，从理论上说，套利者会倾向于构建无穷大的套利头寸来套取无穷大的利润。这种巨大的套利头寸马上就成为推动市场价格变化的市场力量，并会迅速消除这种机会。

MM 定理的一个关键假设是个人能够以与公司相同的条件融资。投资者如果想要购买股票并借入资金，他们能通过与股票经纪人建立保证金账户来做到这一点。在这样的安排下，经纪人把购买价的一定比例借给投资者。例如投资者可以用 6 000 元的自有资金和从经纪人处借入的 4 000 元购买 10 000 元的股票，如果第二天股票的价值为 9000 元，那么投资者个人账户上的净值或权益将是 5 000(9 000－4 000) 元。经纪人担心股票价格的突然下跌将导致投资者个人账户上的资产为负值，这意味着经纪人可能无法收回全部贷款。为了预防这种可能，股票交易规则要求投资者在股票价格下跌时存入额外的现金（补充其保证金账户）。这是因为经纪人持有股票作为抵押，经纪人所承受的违约风险小。特别是如果保证金没有及时到账，经纪人可以通过卖出股票来偿还贷款,因此,经纪人通常索取低利息率,通常仅略高于无风险利率。相反地,公司通常用流动资产(如厂房和设备)作为借款的抵押。与贷款者的最初交涉和后续监督的成本以及出现财务危机时进行协调的成本是相当大的。因此,虽然很难证明个人的贷款利率必定会高于公司借入资金的利率,但个人能够与公司以相同的利率借入资金是可能的。

实际上,股东的风险是随着财务杠杆的提高而增加的,杠杆公司相对于无杠杆公司每股收益变动的范围更大,风险更高。换而言之,在公司经营良好的时期,杠杆公司股东获得的收益要高于无杠杆公司股东,在公司经营糟糕的时期,情况则相反。鉴于杠杆权益有较大风险,作为补偿,它应该具有较高的预期收益率。以这样的逻辑可以得出权益的预期收益率和财务杠杆正相关,因为权益持有者的风险随财务杠杆的提高而增加。

4.3 加权平均资本成本

企业的加权平均资本成本 R_{WACC} 按式(4-5)计算。

$$R_{WACC}=R_S\frac{S}{S+B}+R_B\frac{B}{S+B} \tag{4-5}$$

其中,B 和 S 分别是企业负债和权益的市场价值,R_B 是利率,即债务资本成本;R_S 则是权益或股票的预期收益率,也称权益资本成本或权益预期收益率;R_{WACC} 为企业的加权平均资本成本。式(4-5)很直接地表示出企业的加权平均资本成本等于加权平均债务成本及加权平均权益成本的和。涉及债务的权重是债务在资本结构中的比例,涉及权益的权重是权益在资本结构中的比例。因为企业的市场价值是用企业的加权平均资本成本为贴现率对企业的未来收益现金流贴现以后得到的现值。由 MM 定理自然可以推出,企业的平均资本成本与企业的资本结构无关。在前面的例子中,公司 B 的加权平均资本成本就与公司 A 的加权平均资本成本相等,即 $R_{WACC}=10\%$。而由式(4-5)可以推导出公司 B 的权益资本成本:

$$R_S=R_{WACC}+(R_{WACC}-R_B)B/S \tag{4-6}$$

求得 $R_S=11.33\%$。

以上公式表示的是 MM 第二命题:有负债的公司的权益资本成本等于同一风险等级的无负债公司的权益资本成本加上风险补偿,风险补偿的比例因子是负债权益比。我们注意到,如果加权平均资本成本 R_{WACC} 超过债务利率 R_B,权益的成本随着负债-权益比的增加而提高。一般来说,R_{WACC} 应超过 R_B,无杠杆权益也有风险,应具有比无风险债务更高的预期收益率。随着公司提高负债权益比,每一单位的权益用额外的负债来平衡,这就增加了权益的风险,从而提高了权益的预期收益率 R_S。

这还导致一条非常重要的金融/财务学原理:资本的成本取决于资本的使用而不是取决于来源。这个原理使我们认识到,在通常采用贴现现金流计算资产的市场价值(即现值)时,贴现现金流公式为

$$PV=\sum_{t=1}^{n}\frac{C_t}{(1+r)^t} \tag{4-7}$$

如果产生这个现金流的资产是在金融市场上交易的有价证券或有价证券组合,则其均衡价格 P_0 必定与其市场价值(现值)相等,即有 $P_0=PV$。从而交易这项资产的活动所创造的净现值一定为 $NPV=0$。于是又引出一条基本的金融学原理:在金融市场上的交易都是净现值行为。

对于企业的非金融性资产而言，由于资产组合到一起会产生组合效应，所以对于投资项目的评估要求净现值 NPV>0。而企业的价值，不是其各项资产的市场价值的加总，而是用其负债和权益的市场价值来度量。企业的价值减去其各项资产的市场价值的加总后的差，就是企业的资产组合起来所创造的净现值。

于是，对于在金融市场交易的金融工具即有价证券来说，如果其收益现金流是 C_t，$t=1,\cdots,n$，则计算现值时所采用的贴现率 r 取决于现金流 C_t，$t=1,\cdots,n$ 的性质，而不管其来源于金融市场的何处。如果有两个现金流 $C_t^{(1)}$，$t=1,\cdots,n$ 和 $C_t^{(2)}$，$t=1,\cdots,n$ 的现金流特性完全相同而它们的贴现率不同，则它们的市场价值（现值，表现为价格）就会不相等，这时候对价格高者做空头并同时对价格低者做多头（低买高卖），就能套取无风险利润。推动市场走向均衡的供求力量一定会使它们的收益率变得相等。因此，在金融市场上，获取相同资产的资本成本一定相等。而从金融/财务的角度看，产生完全相同的现金流的两项资产可以被认为是完全相同的（即它们是互相复制的）。可以互相复制的两项资产如果在市场上交易，一定应该有相同的均衡价格，否则套利就会发生。这和经济学中的一价定律的含义是一致的。

这由此也就给我们带来一个基本的启发：如果对于市场上现有的一项或一组金融工具，能够用现有的另一组金融工具来"复制"（产生相同的现金流），如果复制者和被复制者（可以认为是互相复制）二者的市场价格不等（必须把所有发生的交易成本计算在内），就会出现套利的机会。实际上这是采用金融工程技术发掘市场套利机会的基本做法。

4.4 MM 定理的应用

LM 公司是一家全权益公司，每年的永续预期收益为 1 000 万元。公司将全部收益作为股息支付，因此这 1 000 万元也可视为股东的预期现金流，流通在外的股票有 1 000 万股，每股的预期年现金流为 1 元。该无杠杆公司的资本成本是 10%，此外，公司近期将投资 400 万元新建工厂，预期工厂每年可产生额外现金流 100 万元。

项目的净现值是 -400+100/0.1=600 万元，假设该项目以与整个公司相同的贴现率贴现。在市场了解该项目之前，公司旧资产为 1 000/0.1=10 000 万元，权益为 10 000 万元。由于每年的现金流为 1 000 万元，资本化率为 10%，公司的价值为 10 000 万元，因流通在外的股票有 1 000 万股，每股可售 10 元。

公司将发行 400 万元的股票或债务，两个选择哪个会更好呢？

股票融资：假设公司宣布近期将增发 400 万元的权益用来新建一个工厂，股票价格及公司价值将增加以反映工厂的正净现值，依据有效资本市场假设，这一增加是立刻发生的，也就是说，股票价格的上涨是在公告日，而不是在工厂建设开始日或即将到来的股票增发日。这时公司资产负债表变化如下：公司资产增加 -400+100/0.1=600 万元，公司总资产为 10 600 万元，权益为 10 600 万元。

由于目前新股还未发行，流通在外的股票数为 1 000 万股，现在每股价格受到有关新工厂消息的影响而涨至 10.6 元。不久之后，400 万元的股票发行上市流通。由于股票以每股 10.6 元的价格出售，共发行了 377 358 股（=4 000 000/10.6）。假设资金在用于新建工厂之前存入银行。此时公司资产新增 400 万元，属于新股发行的收益，目前存在银行。此时总资产和总权益都是 1.1 亿元，股份数为 10 377 358 股，每股价格为 10.6 元（110 000 000/10 377 358）。这时应注意到公司的股票价格没有变化，这与有效资本市场的假设相一致，因为股票价格的变动应当仅由新的信息引起。将银行中存入的新股收益立刻建工厂后,公司总资产、总权益不变,来自公司的预期现金流是 1 100 万元,其中的 1 000 万元来自旧资产,100 万元来自新资产,股东的预期收益率为 R_S = 11/110 = 0.10,因为企业为全权益公司,因此 $R_S = R_0$ = 10%。

债务筹资:假设公司宣布在近期新建工厂,以 6% 的利率借入 400 万元,这意味着每年所支付的利息为 240 000 元(= 4 000 000×6%)。作为对工厂的正净现值的回应,股票价格立即上涨,因此公司资产负债情况如表 4-5 所示。

表 4-5 资产负债情况(一) (万元)

旧资产	10 000	权益	10 600
工厂的净现值	−400+100/0.1=600		
总资产	10 600		

公司价值与采用股票融资时的情形相同,这证明了 MM 定理,即债务融资与股票融资的结果相同。在某时点,公司发行 400 万元的债务,资金暂时存入银行,这时资产负债情况如表 4-6 所示。

表 4-6 资产负债情况(二) (万元)

旧资产	10 000	债务	400
工厂的净现值	600	权益	10 600
债券发行的收益(目前存于银行)	400		
总资产	11 000	债务加权益	11 000

这时股票的价格仍为 10.6 元,最后建造工厂后,公司的资产负债情况如表 4-7 所示。

表 4-7 资产负债情况(三) (万元)

旧资产	10 000	债务	400
工厂的净现值	1 000	权益	10 600
总资产	11 000	债务加权益	11 000

股东预期的年现金流为
$$10\ 000\ 000 + 1\ 000\ 000 - 240\ 000 = 10\ 760\ 000(元)$$

也就是,旧资产的现金流+新资产的现金流−利息=权益年现金流

股东期望的收益率为 10 760 000/106 000 000×100% = 10.15%,可见杠杆股东的收益率 10.15% 高于无杠杆股东的收益率 10%,这个结果是切合实际的,正如我们前面所讨论的,杠杆权益具有较大风险。事实上,10.15% 的收益率是 MM 第二命题所预计的,将数值带入式(4-8)中可以检验这个预测结果:

$$R_S = R_{WACC} + (R_{WACC} - R_B)B/S \tag{4-8}$$

我们可以得到:
$$10.15\% = 10\% + 4\ 000\ 000/106\ 000\ 000 \times (10\% - 6\%)$$

我们可以得出以下两点结论。

第一,无论是股票融资还是债务融资,公司的价值都是 1.1 亿元,股票价格都是 10.6 元。

第二,债务融资使得股东的预期收益率提升,这是因为杠杆股东所面临的风险高于无杠杆股东。

MM定理的相关结论暗示了管理者无法通过重新包装公司的证券来改变公司的价值。这个观点在20世纪50年代最初发表时被视为革命性的观点。相关模型和套利证明自此之后得到了广泛的承认。MM定理认为如果用债务替代股票，公司的总资本成本不会降低，即使债务资本显得比权益资本便宜。原因在于当公司增加债务资本时，剩余的权益资本的风险变得更高。随着风险的增加，权益资本的成本也随之增加。剩余权益资本的成本增加与公司融资中更高比例的低成本债务资本相抵消。事实上，MM定理证明了这两种作用恰好能够相互抵消，因此企业的价值和企业总资本成本与财务杠杆无关。

莫迪利安尼和米勒用一个例子做了有趣的类比，他们以一位面临两种选择策略的奶牛场农场主为例。农场主有两种策略。一种策略是农场主卖出全脂奶，另一种策略是农场主对全脂奶进行提炼，然后卖出奶油和低脂奶。虽然农场主能以更高的价格卖出奶油，但只能以低价卖出低脂奶，这意味着净收益为零。事实上，假设"全脂奶"策略的收益低于"奶油和低脂奶"策略的收益，套利者会买进全脂奶，自己完成提炼操作，然后再分别出售奶油和低脂奶。套利者之间的相互竞争将抬高全脂奶的价格，直至两种策略获得的收益相等。因此，农场主的奶品价值与奶品是否提炼分割无关，莫迪利安尼和米勒指出资本结构是无关紧要的。他们暗示了公司的负债权益比可以是任意一个数值，借入多少债务和发行多少股票的管理决策所造成的影响相同。但是，某些行业如银行业，公司都选择高的负债权益比。相反地，在其他行业如制药业，公司则选择低的负债权益比。几乎所有的行业都有该行业所遵守的负债权益比。因此，公司选择其财务杠杆程度的方式并不显得轻率和随意，这是因为税收及破产成本的因素被忽视了。由于利息可以抵税，而股息只能税后支付，不能抵税，因此财务杠杆会降低公司的税收支出，在有税的情况下，公司的价值与财务杠杆呈正相关。但这并不意味着所有公司都应该选择最多的债务，债务给公司经营带来了较大压力，一旦债务利息和本金没有及时支付，公司可能会面临财务危机以及破产风险，而这部分风险会转移给股东，破产成本会降低杠杆公司的价值。

4.5 税收条件下的MM定理

现考虑破产成本及税收，企业的现金流流向股东、债权人、政府以及破产过程中的律师（及其他），相关数学表达式为：现金流＝支付给股东的部分＋支付给债权人的部分＋支付给政府的部分＋支付给律师的部分。

因此，在税收效应和困境成本的综合作用下，当公司由完全权益结构移向少量债务结构时，公司价值也随之上升。这里，由于公司陷入困境的概率很小，财务困境成本的现值最小。然而，随着越来越多债务的增加，这些成本的现值以一个递增的比率上升。在某一点A，额外债务引致成本现值的增加等于税盾现值的增加。这是使公司价值最大化的债务水平。在A点之后，破产成本的增长快于税盾，意味着公司价值因财务杠杆的进一步增加而减少。加权平均资本成本随着负债的增加而下降。达到A点后，加权平均资本成本开始上升。最优的负债量带来最低的加权平均资本成本。这意味着公司在进行资本结构决策时，会权衡税盾的好处与财务困境成本。事实上，这种方法一般被称为资本结构的权衡理论或静态权衡理论。这意味着对于任何一个公司而言，都存在着一个最优的负债量。这一负债量就是公司的目标负债水平。

⊙ 案例 4-1

瑞幸咖啡的融资

瑞幸咖啡出身于神州系，是目前中国最大的连锁咖啡品牌。2018年4月，瑞幸宣布获得天使轮融资金额为1.899亿美元，资金来自董事长陆正耀控制的家族公司；2018年7月，瑞幸完成了2亿美元的A轮融资，投资者是大川资本、快乐资本、新加坡政府投资公司（GIC）、君联资本，A轮融资后估值10亿美元；2018年12月，瑞幸宣布完成2亿美元的B轮融资，大川资本、快乐资本、新加坡政府投资公司（GIC）继续投资，中金公司成为该轮融资的新投资者，B轮融资后估值为22亿美元；2020年1月8日，大川资本减持3 840万股，持股比例从14.06%跌至12.15%；2019年4月，瑞幸在B轮融资的基础上宣布获得1.5亿美元额外融资，其中贝莱德资本管理的私募基金投资1.25亿美元，此后，瑞幸估值达29亿美元；2019年5月17日晚，瑞幸咖啡在美国纳斯达克上市，融资规模达到6.95亿美元，成为当年纳斯达克IPO规模最大的亚洲公司。从第一家门店2017年10月开业到在美国成功上市，短短不到2年的时间内，瑞幸咖啡已在中国开设了4 507家门店，并计划继续实行市场扩张策略，大幅增加门店数量。瑞幸咖啡品牌定位为新零售专业咖啡运营商，采用移动互联网和大数据技术的新零售模式，并打算进军智能无人零售行业。

虽然估值一直在暴涨，然而瑞幸咖啡一直在巨亏。瑞幸咖啡2018年净收入为8.41亿元，亏损为16.19亿元，这一年它共卖出9 000万杯饮品，简单测算一下，一杯咖啡平均收入9.34元，带来亏损17.99元，相当于卖一杯亏两杯。在美国做空机构浑水公司的操作下，瑞幸咖啡于2020年4月2日被曝财务造假，虚增交易额22亿元，财务造假的理由包括以下几点。

第一，虚增销售收入：①浑水公司动用1 510名员工，广撒网探访瑞幸近千家门店，收集上万张购物小票，在这巨额的资金、人力投入中发现了瑞幸通过人为控制取餐码，夸大订单销量的虚假事实，这使得2019年第三季度门店销售收入夸大了69%，第四季度营业收入虚增89%。②浑水公司收集了25 843张顾客收据，发现瑞幸夸大了其每件商品的净售价至少1.23元人民币，以人为地维持商业模式。真实情况下，门店层面的亏损高达24%~28%。排除免费产品，实际的销售价格是上市价格的46%，而不是管理层声称的55%。③25 843个顾客收据及其报告的增值税数字显示，瑞幸在2019年第三季度来自"其他产品"的收入贡献仅为6%左右。

第二，虚增广告支出：瑞幸夸大其2019年第三季度广告支出费用逾150%。据年报显示第三季度广告费用为3.82亿元，而实际评估后仅为4 600万元，仅占披露费用的12%。瑞幸公司通过夸大广告费用支出使现金转出，而后把虚增的广告费又转回门店收入中，进而大幅度提高了销售收入。

第三，存在隐含关联方交易：瑞幸在2019年3月通过收购宝沃汽车，将1.37亿元转移给关联方王百因，而后从王百因公司购买咖啡机，存在通过此方式将1.37亿元再转回瑞幸的可能。

2020年5月19日，瑞幸咖啡被要求退市，申请举行听证会。在产品同质化程度、市场进入壁垒较高的企业中，融资能力成为其经营绩效的调节变量之一。融资能力强的企业融资轮次多，能够用于企业经营的流动资金就多。根据搜集到的数据，融资轮次、融资规模越多的企业往往财务绩效越高。滴滴作为出行行业的代表企业，一共成功进行了21轮融资，其竞争对手神州专车仅有6轮融资。滴滴的融资能力为企业的市场拓展提供了有效支撑，对经营绩效也有显著影响。

假设瑞幸是一家全权益公司，每年的永续预期收益为1亿元。公司将全部收益作为股息支付，因此这1亿元也可视为股东的预期现金流，流动在外的股票有200 000股，每股的预期年现金流为1美元。该无杠杆公司的资本成本为10%，此外，公司近期将投资400万元用来投放广告，预期广告投放每年可产生额外现金流100万元，公司的近50亿元的IPO融资金额是否合理？

⊙案例4-2

雷曼兄弟公司破产

1. 雷曼兄弟公司简介

雷曼兄弟公司是为全球公司、机构、政府和投资者的金融需求提供服务的一家全方位、多元化投资银行。雷曼兄弟公司雄厚的财务实力支持其在所从事的业务领域的领导地位，并且是全球最具实力的股票和债券承销交易商之一。同时，公司还担任全球多家跨国公司和政府的重要财务顾问，并拥有多名业界公认的分析师。公司为在协助客户走向成功过程中与之建立起的长期互利的关系而深感自豪。

由于公司的业务能力受到广泛认可，因此拥有包括众多世界知名公司的客户群，如阿尔卡特、华纳媒体、戴尔、IBM、英特尔、强生、乐金电子、默沙东医药、摩托罗拉、NEC、百事、壳牌石油、三井住友银行及沃尔玛等。这个历史悠久的投资银行是华尔街的"巨无霸"之一，同时还享有"债券之王"的美誉。但是公司在2008年的金融海啸中，走向了破产的地步。

2. 破产过程简介

雷曼兄弟在2008年6月16日发布的财务报告中披露，2008年第二季度（至5月31日）公司亏损28.7亿美元，是公司1994年上市以来首次出现亏损。时任雷曼兄弟首席执行官的理查德·福尔德（Richard Fuld）马上采取相应措施。通过发行新股募得60亿美元资金，并且撤换了公司首席财务官和首席营运官，6月16日雷曼兄弟的股票价格有所反弹，但已经累计下跌了60%。9月9日韩国产业银行（KDB）收购雷曼兄弟的谈判中止，雷曼兄弟股价重挫45%。9月10日，雷曼兄弟公布了第三季度财务报告以及数项重组战略方案，雷曼兄弟在第三季度巨亏39亿美元，创下该公司成立158年以来最大季度亏损。第三季度雷曼兄弟已减持高达78亿美元的房地产抵押证券头寸，全年总计减持172亿美元，占相关资产总额的31%。财务报告公布之后，雷曼兄弟股票价格应声下挫7%。雷曼兄弟股票价格从2008年年初超过60美元，跌至7.79美元，短短9个月狂泻近90%，市值仅剩约60亿美元。在从外部投资者获取资金的努力失败后，雷曼兄弟正式宣布将出售其所持有的英国市场上的房地产抵押证券的投资组合，并期待交易将在几周内完成。同时，雷曼兄弟计划在2009年第一季度剥离250亿~300亿美元的商业房地产（commercial real estate）投资组合，使其独立为一家公开交易的公司，以期在这场金融危机中生存下来。9月14日，由于美国政府拒绝为收购提供保证，美国银行、巴克莱银行等潜在收购者相继退出谈判，拥有158年历史的雷曼兄弟面临破产。9月15日，雷曼兄弟宣布将申请破产保护。雷曼兄弟声称，破产的仅是母公司，旗下的经纪业务和投资银行部门均不在破产之列。公告称，雷曼兄弟依照美国银行破产法第十一章，向纽约南部的联邦破产法庭提起破产保护。雷曼兄弟所有从事经纪业务的分支机构及雷曼兄弟的子公司，包括 Neuberger Berman 等子公司，均不受此影响，将继续正常交易和营业。

3. 破产的背景环境分析

雷曼的破产产生于次贷危机导致的美国金融危机，反过来又加剧了这场动荡。要分析雷曼破产的原因，就要了解美国的次贷危机，而资产证券化又被喻为次贷危机的"温床"。

（1）资产证券化带来的潜在风险。

资产证券化是将缺乏流动性但具有稳定现金流的资产汇集起来，通过结构性重组及信用增级将其转变为可以在金融市场上出售和流通的证券。然而随着资产证券化的衍生层次越来越多，信用链条被越拉越长。例如从最初的住房抵押贷款证券到最后的担保债务凭证（CDO）等衍生产品，中间经过借贷、打包、信用增级、评级、销售等复杂阶段，整个过程设计有数十个不同机构参与，信息不对称的问题非常突出。一旦市场情况逆转，将会给中间参与各方带来重大损失。

（2）次贷危机导致的金融动荡。

从 2000 年起，美国政府利用低利率及减税政策，鼓励居民购房，以此来拉动经济增长，从而带动美国房地产市场大涨。在激烈的竞争面前，金融机构不惜降低住房信贷者准入标准，大量发放次级贷款。随后，金融机构将这些贷款出售给投资银行，投资银行把这些贷款打包成次级住房抵押贷款证券进行出售。房价上涨时，风险不会显现，然而随着美国联邦利率上升，房地产市场逆转，房价开始下跌。利率大幅攀升使很多贷款人无法按期偿还借款；同时，住房市场持续降温也使购房者出售住房或通过抵押住房再融资变得困难。于是，这引发了出售次级抵押贷款证券的机构的亏损或破产，相关投资基金被迫清盘，股市剧烈震荡。

4. 破产内在原因分析

除了受宏观经济环境影响，美国独立投资银行的运营模式和雷曼经营的主要业务，资产结构都是导致其破产的原因。

（1）高杠杆经营。

不同于商业银行，投资银行不经营储蓄业务，也就没有稳定的资金来源，投资银行主要的资金来自债券市场和银行间拆借市场。2008 年 9 月 15 日，雷曼申请破产保护时，其杠杆率高得令人咋舌。雷曼提交给美国证券交易委员会的报告显示，2007 年年底之前，其杠杆率为 30.7 倍。这个比率在之前的几年持续攀升，2006 年为 26.2 倍，2005 年为 24.4 倍，2004 年 23.9 倍。这导致的直接后果就是使银行陷入经营险境，尤其是在与住房相关的市场中，因为住房相关的市场中存在大量的住房抵押贷款支持证券。

（2）高风险业务占主导地位。

在华尔街，虽然美国大型证券公司和投资银行都经营债券业务，但五大投资银行各有分工，雷曼以债券和债券衍生品为主要业务方向。2006 年，雷曼居次级债券承销商之首，大约占到全美抵押债券市场份额的 11%，2007 年上升到 12.1%，成为华尔街打包发放住房抵押贷款证券最多的银行。次贷危机爆发后，由于次级抵押贷款违约率上升，次级债金融产品的信用评级和市场价值直线下降。雷曼持有的债券总额在 2008 年第一季度是 6 394 亿美元，占总资产的比重达到 82.4%，第二季度是 5 167 亿美元，占总资产比重达到 80.8%。雷曼为这类资产计提的减值大幅影响到了雷曼的利润。最终，这一曾经是雷曼主要收入来源的业务拖垮了雷曼。

对固定收益类业务的过分依赖使得雷曼在整个金融环境对自身极为不利的情况下难以脱身。

(3) 难于消化的"垃圾资产"。

首先,让我们了解一下什么是第三级资产。第三级资产是最难估价的资产,因为这类资产基本上是无法在市场上进行交易的,所以它的市场价值是根据一系列假设建立的模型计算出来的,通常是一些经过多次打包和分割后的衍生产品。雷曼在 2008 年第二季度末持有的第三级资产有 413 亿美元,其中房产抵押和资产抵押债权共 206 亿美元。这 400 多亿的第三级资产在市场总体情况恶化、信用降低的情况下价值下跌,给雷曼带来减值损失,影响到了雷曼的利润,同时因为在市场上难以找到买家,又无法变现,雷曼的股东权益仅有 263 亿美元,第三级资产成为无法消化的"垃圾资产"。

5. 从 MM 定理角度的启示和总结

企业价值向来是投资者关注和试图分析的关键指标,根据有税的 MM 定理,负债可以通过税盾等途径增加一部分企业价值。静态权衡理论认为企业是存在最优的资产结构的,其关键点在于权衡,如果只考虑税盾和融资成本问题,很多企业可以选择 100%债务融资,然而其高杠杆也面临着巨大的风险。财务困境成本大致可以分为两大类——破产成本和债务融资代理成本。

破产成本是指企业因陷入破产程序而产生的费用以及无形资产损失,包括了直接破产成本和间接破产成本。财务杠杆放大了企业破产的可能性,也就增加了破产成本。直接破产成本是指企业因进入破产过程而产生的会计和法律费用,包括律师费用、仲裁费用、审计成本、重组成本等,直接破产成本只有在企业宣布进入破产程序时才会发生。间接破产成本是指当一个企业濒临破产时,间接发生的成本,例如客户、供应商等会因为对企业前景的担忧而减少合作,优秀员工会因为对前景信心不足而流失、商誉会减少等。雷曼兄弟的例子就是一个较为显著的,间接破产成本巨大从而造成投资者信心受到打击,进而加剧企业直接破产的案例。从权衡的角度看,企业价值还应该考虑破产成本,即企业价值 $V_L = V_U + PV_{(利息税盾)} - PV_{(财务困境成本)}$,从企业角度来讲,不应该为了不确定性的收益盲目提高杠杆率,从而造成财务困境的风险;从投资者角度来讲,在关注企业的盈利能力的同时也应该关注企业的风险,内部和外部因素,在内部因素中应该关注杠杆率,做好风险和收益的权衡。

习题

1. 下列关于 MM 定理的说法中,正确的有_____。(多选)
   A. 在没有企业和个人所得税的情况下,任何企业的价值,不论其有无负债,都等于息税前利润除以适用于其风险等级的收益率
   B. 在没有企业和个人所得税的情况下,风险相同的企业,其价值不受有无负债及负债程度的影响
   C. 有税的 MM 定理认为,有债务企业的价值等于有相同风险等级但无债务企业的价值加上债务的利息抵税收益的现值
   D. 在考虑企业和个人所得税的情况下,由于存在税额的庇护利益,负债越多,企业价值也越大

2. 甲公司以市值计算的债务与权益比率为 2。假设当前的债务税前资本成本为 65,权益税前资本成本为 125。公司发行股票并用所等集的资金偿还债务,此举措将使公司的债务与权益比

率降为1，同时企业的债务税前资本成本下降到5.55，假设不考虑所得税，并且满足MM定理的全部假设条件。则下列说法正确的有_____。（多选）

A. 无负债企业的权益资本成本为85
B. 交易后有负债企业的权益资本成本为10.55
C. 交易后有负债企业的加权平均资本成本为85
D. 交易前有负债企业的加权平均资本成本为85

3. 一家公司每年的息税前利润是1 000万元，有无风险负债4 000万元，利率是8%，所得税税率是33%，流通在外的股票共100万股，权益资本成本为11.33%。现在公司决定增发股票来减少1 000万元负债，问应增发多少股股票？

4. 某公司生产一种产品，其一年后的价格在经济繁荣的情况下为20元，在经济萧条的情况下为10元。若该公司生产375万件该产品，则不需要任何成本；若该公司再投入15 000万元，则可多生产1 500万件该产品。已知$r_f=5\%$，某交易商愿以15元的远期价格提供收购所有这种产品的一年期远期合约。该公司的所得税率为20%。试求该公司的税后价值。若该公司目前为全权益公司，流通中的普通股数为100万股，该公司现在想发行4 000万元的无风险负债来回购价值4 000万元的股票，实际应该回购多少股的股票？

参考文献

[1] ALEXANDER A R, STEWART C M. Problems in the theory of optimal capital structure [J]. Journal of financial and quantitative analysis, 1966, 1 (2): 1-35.

[2] ALIBER R Z. Foreign exchange guarantees and the dollar: comment [J]. The American economic review, 1962, 52 (5): 112-1116.

[3] BRADLEY M, JARRELL G A, KIM E H. On the existence of an optimal capital structure: theory and evidence [J]. Journal of finance, 1984, 39 (3): 857-878.

[4] BRIGHAM E F, GORDON M J. Leverage, dividend policy, and the cost of capital [J]. Journal of finance, 1968, 23 (1): 85-103.

[5] DEANGLO H, MASULIS R W. Optimal capital structure under corporate and personal taxation [J]. Journal of financial economics, 1980, 8 (1): 3-29.

[6] DOUGLAS V. The cost of capital and the structure of the firm [J]. Journal of finance, 1970, 25 (1): 35-46.

[7] EZRA S. Leverage and the cost of capital [J]. The journal of finance, 1963, 18 (2): 273-279.

[8] FERRY B A. Does going into debt lower the "cost of capital" [J]. The analysts journal, 1954, 10 (4): 57-61.

[9] FRANCO M. Debt, dividend policy, taxes, inflation and market valuation [J]. The journal of finance, 1982, 37 (2): 255-273.

[10] GORDON M J. Corporate finance under the MM theorems [J]. Financial management, 1989, 18 (2): 19-28.

[11] HITE G L. Leverage, output effects, and the M-M theorems [J]. Journal of financial economics, 1977, 4 (2): 177-202.

[12] JOHN L. Distribution of incomes of corporations among dividends, retained earnings, and taxes [J]. The American economic review, 1956, 46 (2): 97-113.

[13] KANE A, MARCUS A J, MCDONALD R L. How big is the tax advantage to debt [J]. Journal of finance, 1984, 39 (3): 841-853.
[14] LANG L, OFEK E, STULZ R. Leverage, investment, and firm growth [J]. Journal of financial economics, 1996, 40 (1): 3-29.
[15] MERTON H M, FRANCO M. Dividend policy, growth, and the valuation of shares [J]. The journal of business, 1961, 34 (4): 411-433.
[16] MILTON H, ARTUR R. Corporate control contests and capital structure [J]. Journal of financial economics, 1988, 20: 55-86.
[17] MILTON H, ARTUR R. Capital structure and the informational role of debt [J]. Journal of finance, 1990, 45 (2): 321-349.
[18] MILTON H, ARTUR R. The theory of capital structure [J]. Journal of finance, 1991, 46 (1): 297-355.
[19] MODIGLIANI F, MILLER H M. The cost of capital, corporation finance and the theory of investment [J]. The American economic review, 1958, 48 (3): 261-297.
[20] MODIGLIANI F, MILLER H M. Corporate income taxes and the cost of capital: a correction [J]. The American economic review, 1963, 53 (3): 433-443.
[21] MYRON J G, ELI S. Capital equipment analysis: the required rate of profit [J]. Management science, 1956, 3 (1): 102-110.
[22] STAPLETON R C. Taxes, the cost of capital and the theory of investment [J]. The economic journal, 1972, 82 (328): 1273-1292.
[23] STERIE T B, GARDNER P. Foreign exchange guarantees and the dollar [J]. The American economic review, 1961, 51 (3): 381-385.
[24] STERIE T B, GARDNER P. Foreign exchange guarantees and the dollar: reply [J]. The American economic review, 1962, 52 (5): 1117-1118.
[25] STEWART C M. Taxes, corporate financial policy and the return to investors: comment [J]. National tax journal, 1967, 20 (4): 455-462.
[26] STEWART C M. The capital structure puzzle [J]. Journal of finance, 1984, 39 (3): 574-592.
[27] STIGLITZ J E. A re-examination of the Modigliani-Miller theorem [J]. The American economic review, 1969, 59 (5): 784-793.
[28] WALTER A M. The structure of the capital market and the price of money [J]. The American economic review, 1954, 44 (2): 440-454.
[29] 崔春. MM 理论——资本结构理论 [J]. 中国城市金融, 1998, 7: 55.
[30] 向德伟. 默顿·米勒及其"MM 理论" [J]. 财务与会计, 2000, 10: 55-57.

远期和期货

5.1 现金流与时间价值

一个公司、企业、机构或投资者在投资或经营过程中的支出和收入的货币或款项称为现金流，一般用 $C_1, C_2 \cdots C_t$ 来表示，其中 C_t 表示在时间 t 的现金流。对一个具体的现金流，除了明确每笔支出或收入现金的具体数额之外，我们还需要知道每笔现金 C 支付的具体时间，或者每两笔现金收入或支付之间的时间跨度（也称时间周期），现金流可以用图 5-1 表示。

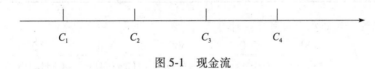

图 5-1 现金流

在不同时间支付相同数量的现金流，它们的价值是不一样的。例如现在的 100 元现金和一年后的 100 元现金，它们的经济价值或效用是不一样的。以简单的例子来说，假如你把现在的 100 元钱存入银行，存款利率为 5%，一年后 100 元钱成了 105 元，这就是现金流的时间价值。为比较不同现金流的价值，需要确定现金流在某一特定时间的价值，常用于现金流比较的指标有现金流的现值（present value，PV）和现金流的将来值（future value，FV）。要计算一个现金流的现值或将来值，首先需要知道折现率，又称利率（interest rate）或机会成本（opportunity cost）。折现率是一个用于对所作投资的收益率进行比较的基准收益率，一般常用一种无风险资产如国债的收益率作为折现率。

5.1.1 现金流现值的计算

设 $C_1, C_2, \cdots, C_t$ 为一现金流，其中 C_t 表示第 t 次（第 t 年末）支付的现金流，共有 T 次支付。已知年利率（年折现率）为 r，则该现金流的现值为

$$PV = \sum_{t=1}^{T} d_t C_t = \sum_{t=1}^{T} \frac{C_t}{(1+r)^t} \tag{5-1}$$

其中

$$d_t = \frac{1}{(1+r)^t} \tag{5-2}$$

d_t 称为第 t 年的折现因子，$d_t C_t = \dfrac{C_t}{(1+r)^t}$ 表示第 t 笔现金流 C_t 的折现值，简称现值。

例 5-1

考察某个 5 年期票面利率为 5% 的债券的现金流，该债券每年付息一次，最后一次付息时同时返还本金，债券的面值为 10 000 元，则投资该债券获得的现金流为 500 元，500 元，500 元，500 元，10 500 元。

已知未来 5 年的折现率保持在 6% 的水平，表 5-1 给出了投资该债券每年的现金流，每年的折现因子，以及每笔现金流的现值，这里第 5 年末的现金流包括利息 500 元加上本金 10 000 元。

表 5-1 每年付息一次的现金流、折现因子和现值 （元）

年份	现金流	折现因子	现值
第 1 年	500	0.943 4	471.70
第 2 年	500	0.890 0	445.00
第 3 年	500	0.839 6	419.80
第 4 年	500	0.792 1	396.05
第 5 年	10 500	0.747 3	7 846.65
总现值			9 579.20

事实上，该现金流的总现值可直接计算为

$$PV = \frac{500}{1+0.06} + \frac{500}{(1+0.06)^2} + \frac{500}{(1+0.06)^3} + \frac{500}{(1+0.06)^4} + \frac{10\,500}{(1+0.06)^5}$$
$$= 471.70 + 445.00 + 419.80 + 396.05 + 7846.65$$
$$= 9\,579.20 \text{（元）}$$

也就是说现在投资 10 000 元所得现金流的现值仅为 9 579.20 元。如此看来，投资债券获得的未来现金流现值小于投资支出，故净现值小于 0，所以一般明智的投资者是不会选择用债券作为投资标的的。关于净现值的讨论将在后面详述。

在式（5-1）中，如果现金流的支付不是一年一次，而是 m 次（如 $m=2$ 为半年支付一次，$m=4$ 为每季度支付一次），则式（5-1）需改写为

$$PV = \sum_{t=1}^{T} d_t C_t = \sum_{t=1}^{T} \frac{C_t}{\left(1+\dfrac{r}{m}\right)^t}$$

这里 T 表示总的支付次数，如支付现金流的年数为 n，则 $r=nm$，C_t 还是表示第 t 次支付的现金流，但不一定在年末，其数值等于每年的利息除以 m，$d_t = \dfrac{1}{\left(1+\dfrac{r}{m}\right)^t}$ 为第 t 次支付现金的折

现因子。以例 5-1 为例，票面利率还是 5%，但每年支付两次，则每次支付的现金流为 500/2 = 250 元。

还是以例 5-1 为例，将债券的付息方式从每年付息一次改为每年付息两次，其他数据不变，则现金流、折现因子、现金流的现值由表 5-2 给出。计算其现值的表达式为

$$PV = \sum_{t=1}^{10} \frac{250}{(1+0.03)^t} + \frac{10\,000}{(1+0.03)^{10}} = 9\,753.489\,9$$

表 5-2　每年付息两次的现金流、折现因子和现值　　　　（元）

付款时间	现金流	折现因子	现值
第 1 次	250	0.970 874	242.718 5
第 2 次	250	0.942 596	235.649 0
第 3 次	250	0.915 142	228.785 5
第 4 次	250	0.888 487	222.121 8
第 5 次	250	0.862 609	215.652 3
第 6 次	250	0.837 484	209.371 0
第 7 次	250	0.813 092	203.273 0
第 8 次	250	0.789 409	197.352 3
第 9 次	250	0.766 417	191.604 3
第 10 次	10 250	0.744 094	7 626.963 5
总现值			9 573.489 9

5.1.2　现金流将来值的计算

现金流的将来值是指现金流在将来某个特定时间的价值，对于一项投资来说，通常是指该投资项目在投资期内所产生的现金流到投资期末的价值。例如有一笔总数为 V_0 的资金，在年初以年利率 r 存入一个银行户头，存期为 m 年，那么 m 年后户头内的资金有多少？这是一个典型的现金流将来值的问题。记第 1 年末户头内的现金为 V_1，由于利率为 r，因而有 $V_1 = V_0 + V_0 \times r = V_0 \times (1+r)$，其中 $V_0 \times (1+r)$ 为第一年的本金加利息。第 2 年其本金不再是 V_0，而是 V_1。复利的计算方式是每经过一个计息期，要将所生利息加入下期本金计算利息，由此可得第 2 年末户头内的现金为

$$V_2 = V_1 \times (1+r) = V_0 \times (1+r)^2 \tag{5-3}$$

由此计算此现金流的将来值的模型为

$$FV = V_0 \times (1+r)^m \tag{5-4}$$

假如每年年初都有资金 V_0 存入该账户，还是存 m 年，m 年后该账户内的资金（现金流的将来值）为

$$FV = V_0 \times (1+r)^m + V_0 \times (1+r)^{m-1} + \cdots + V_0 \times (1+r) = \sum_{t=1}^{m} V_0 \times (1+r)^t \tag{5-5}$$

对于一般情况，设现金流为 $C_1, C_2, \cdots, C_t$，年收益率（折现率）为 r，每年支付 1 次，总共支付 T 次，计算现金流在整个期末的价值。如果每次支付在每期期初发生，则该现金流在期末的价值为

$$FV = \sum_{t=1}^{T} C_t \times (1+r)^{T+1-t} \tag{5-6}$$

如果每次支付在每期期末发生，则该现金流的将来值为

$$FV = \sum_{t=1}^{T} C_t \times (1+r)^{T-t} \tag{5-7}$$

如果每年支付 m 次，则根据每次是在期初或期末支付分别由式（5-6）或式（5-7）计算，只不过分母中的 r 应由 r/m 代替。

5.1.3 净现值的计算

投资需要资本，即必须先期投入资金以获取收益，投资期内所收益的现金流的现值减去投资所付出资金的现值，称为现金流的净现值（net present value）。净现值反映了一项投资的实际效益。设投资某项目需初期投资资金为 C_0（取负值），项目在包括今年在内的 T 年内每年的收益或支出的现金流为 C_t（假设收益或支出都在年末发生，收益时 C_t 为正，支出时 C_t 为负），如果年平均折现率为 r，则该项目投资的净现值为

$$NPV = C_0 + \sum_{t=1}^{T} \frac{C_t}{(1+r)^t} \tag{5-8}$$

例 5-2

考察某个期限为 5 年的项目投资，期初需投入资金 8 000 万元，其后 5 年内每年末收益的现金流分别为：500 万元，1 000 万元，2 000 万元，3 000 万元和 4 000 万元。另一方面，已知投资 5 年期国债的到期收益率为 7%，以此作为该项投资收益现金流的折现率，可得该项目投资的净现值为

$$NPV = -8\,000 + \frac{500}{1.07} + \frac{1\,000}{1.07^2} + \frac{2\,000}{1.07^3} + \frac{3\,000}{1.07^4} + \frac{4\,000}{1.07^5} = 113.954\,6(万元)$$

年金（annuity）是现金流计算中一种最为简单的特例，所谓年金，是在整个期限内（设为 n 年），每年支付固定数额的现金流，每次的现金流包括利息和部分本金的偿还，由于每次支付的现金流相同，现金流现值和将来值的计算就成为一个等比数列的有限项求和，利用等比数列的求和公式，计算相对要简单。设年金每次的支付额为 C，每年 m 次，期限为 n 年，每年的折现率相同，为 r。如果每次在每期的期末支付，则该年金的现值为

$$PV = \sum_{t=1}^{nm} C\left(1+\frac{r}{m}\right)^{-t} = C \times \frac{1-\left(1+\frac{r}{m}\right)^{-nm}}{\frac{r}{m}} \tag{5-9}$$

如果每次的支付发生在期初，则该年金的现值为

$$PV = \sum_{t=1}^{nm} C\left(1+\frac{r}{m}\right)^{-(t-1)} = C\left(1+\frac{r}{m}\right) \times \frac{1-\left(1+\frac{r}{m}\right)^{-nm}}{\frac{r}{m}} \tag{5-10}$$

如果支付发生在期末，则该年金的将来值为

$$FV = \sum_{t=1}^{nm} C\left(1+\frac{r}{m}\right)^{t-1} = C \times \frac{\left(1+\frac{r}{m}\right)^{nm} - 1}{\frac{r}{m}} \tag{5-11}$$

如果支付发生在期初,则该年金的将来值为

$$\mathrm{FV} = \sum_{t=1}^{nm} C\left(1+\frac{r}{m}\right)^t = C\left(1+\frac{r}{m}\right) \times \frac{\left(1+\frac{r}{m}\right)^{nm}-1}{\frac{r}{m}} \tag{5-12}$$

对于无到期日的永续年金(perpetual annuity),由于支付没有到期日,因而计算该现金流的现值是一个收敛的无穷级数之和,公式为

$$\mathrm{PV} = \sum_{t=1}^{\infty} C\left(1+\frac{r}{m}\right)^{-t} = \frac{m}{r} \times C \tag{5-13}$$

5.1.4 收益率的计算

对于不同的投资,如何比较它们的收益显得至关重要。例如一个投资500万元1年后收益为45万元的项目,以及一个投资8万元1年后收益为0.9万元的一个项目,究竟哪一个投资项目的收益高。单纯从收益的多少来看,显然第1个项目收益高。如果不考虑投资的风险,单纯从投资的总额来看,第1个项目所需的投资要比第2个项目的投资也多得多。收益率是用于衡量投资收益好坏的指标,它表示每单位资金的投资收益,即收益值占投入资金的百分比。

1. 单期收益率

对于一个投资期为 T 的投资,其单期收益率可用下式计算

$$r = \frac{V_T - V_0}{V_0} \tag{5-14}$$

其中 V_0 为期初用于投资的资金,V_T 为到投资期末(包括投资期内)从投资所获收益资金的总和,r 表示整个投资期内的投资收益率,对于存入银行的存款,利率就是其年收益率,一年期债券的票面利率就是该类债券投资的年收益率。而对于股票,证券等市场流通性强的金融投资产品,根据投资期的长短,可以有日收益率,周收益率,月收益率等不同期限的收益率。以某股票价格为例,设其相邻两工作日的收盘价为 P_t,P_{t+1},则该股票第 $t+1$ 日的日收益率为

$$r_{t+1} = \frac{P_{t+1} - P_t}{P_t} \tag{5-15}$$

如果 P_t,P_{t+1} 表示的是该股票相邻两周周末的收盘价,则 r_{t+1} 就是该股票第 $t+1$ 周的周收益率。由式(5-14)可知,如果已知单期投资收益率 r,则对于期初为 V_0 的投资,其期末的现金流(包括收益和本金)为

$$V_T = V_0 \times (1+r) \tag{5-16}$$

2. 多期收益率

一个长的时间期限是由多个短的时间期限组成的,例如5年期的投资包括5个1年期限,1年的期限可以包括4个季度的期限,每个季度的期限包括3个月的期限。对某个资产的一个收益率,我们可以计算若干个短期的单期收益率,也可以计算一个包含整个周期的单期收益

率，即多期收益率。记某资产在 k 个连续周期内的每个单期的收益率分别为 $r_{t-1,t}(t=1,2,\cdots,k)$。

这里 $r_{t-1,t}$ 表示第 t 期的单期收益率。设资产在起始时间的价格为 P_0，则反复应用式（5-16）可得资产在整个期末的价格为

$$P_k = P_0(1+r_{0,1})(1+r_{1,2})\cdots(1+r_{k-1,t}) = P_0(1+r_k) \qquad (5\text{-}17)$$

其中 r_k 表示包含这 k 个期限的多期收益率。由此可得单期收益率与多期收益率之间的关系。

$$r_k = \prod_{t=1}^{k}(1+r_{t-1,t}) - 1 \qquad (5\text{-}18)$$

尽管可以对长短不同的期限计算资产的收益率，但我们日常所说的收益率，如利率、票面利率等都是以年为一个周期的年收益率（即每单位资金一年的投资收益），并利用式（5-18）在年收益率和不同时间期限的收益率之间进行转换。例如年收益率 R 和月收益率 r（假设每月收益率相同）之间的转换为

$$R = (1+r)^{12} - 1 \qquad (5\text{-}19)$$

例如，已知年收益率为 6%，由式（5-19）可求得月收益率为 0.49%。反之，如果已知月收益率为 0.8%，则由式（5-19）可得年收益率为 10%。当单期收益率比较小时，通常对式（5-18）取一阶泰勒展开作为近似，即有

$$r_k = \sum_{t=1}^{k} r_{t-1,t} \qquad (5\text{-}20)$$

这时式（5-19）可近似为

$$R = 12r \qquad (5\text{-}21)$$

这就是为什么在很多的金融计算中取短期收益率为多期收益率的平均值的原因。

对于一个由 n 个资产组成的投资组合，如果已知各资产在同一时间期限内的收益率为 r_i，$i=1,2,\cdots,n$，每个资产在该组合中所占比例为 x_i，$i=1,2,\cdots,n\left(\text{满足}\sum_{i=1}^{n}x_i=1\right)$，则该资产组合在该时间期限内的收益率为

$$r_x = \sum_{i=1}^{n} x_i r_i \qquad (5\text{-}22)$$

5.2 远期利率

远期利率是资金的远期价格，与其他商品的远期价格有类似的特性，所以我们先讨论一般的远期价格。对于一种商品的交易来说，如果买卖双方现在订约，在将来某个指定的时间按预定的价格交割预定数量（并指明规格和质量要求）的商品，这样的交易称为远期交易，预定的价格称为远期价格。

远期价格就是未来的交割价格。在订立远期合约时，买卖双方都不用支付，合约的面值则是合约预订的数量乘以远期价格。显然，在合约中同意买进的一方称为远期合约的多头，同意卖出的一方则称为空头。

到到期日（即交割日）时，如果当时市场的（即期）价格高于合约的远期价格，则多头获利而空头亏损；如果当时市场的（即期）价格低于合约的远期价格，则反之。它们的盈亏状况如图 5-2 所示。

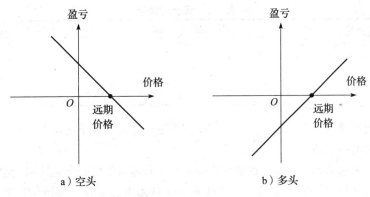

图 5-2 盈亏状况图

现在我们来讨论远期价格的定价问题。

假定有一股票,准备持有 1 年,期间不分红,到期出售可获得资本收益(即买进卖出的差价),该股票的预期收益率(年化收益率)是 15%,目前的市场价格是 $S_0 = 100$ 元。如果现在来订立买卖这种股票的 1 年期远期合约,远期价格为 F,F 的大小应该是多少?

如果简单地认为远期价格是 100 元×(1+15%) = 115 元,那就错了!我们必须严格地采用无套利均衡分析来估值和定价。我们这样来"复制"这份股票的头寸。

假设购买 1 份到期面值就等于 F 的无风险折现债券,同时建立这份股票的远期多头。到期时兑现债券得到数额为 F 的现金用来履行远期合约买入股票。如果再出售股票的话可以获得完全一样的收入现金流。因为无风险债券加上股票远期多头完全复制了持有股票的未来现金流,所以复制证券和被复制证券二者现在应当具有相同的市场价值,否则将出现无风险套利机会。因此无风险债券现在的市场价格也应该是 $S = 100$ 元。如果无风险债券的利率是 r_f,则应有

$$S_0 = \frac{F}{1+r_f}$$

即有

$$F = S_0(1+r_f) \tag{5-23}$$

如果 $r = 5\%$,则远期价格应为 100 元×(1+5%) = 105 元。

这里很容易产生疑惑,市场预期 1 年后股票的价格应当是 115 元,而远期价格却只有 105 元。这是怎么回事呢?

1 年后市场上股票的实际价格可能会高于或低于 115 元,115 元仅仅是数学期望值,股票的收益率是有风险的。一位投资者如果购买复制证券(无风险债券+远期多头),到时候可以以 105 元的远期价格买进股票,但此时股票的市场价格通常不会是 105 元,而是 S(其预期是 115 元),所以投资者将得到 115 元-105 元=10 元的预期风险补偿。原来投资于无风险债券有 5 元的无风险收益,总的预期收益将是 5 元+10 元=15 元。所以,投资于复制证券的预期收益率也是 15%。

为了分析得更为清楚,我们按照无套利均衡分析再做一个数量化的分析。

假如远期价格不是 105 元,例如是 106 元,则同时建立股票的多头(出售股票)和复制证券的空头(这意味着卖空无风险债券同时出售远期合约),就可以获得套利机会。现金流情况如表 5-3 所示。

表 5-3　现金流情况

套利头寸	即时现金流（元）	一年后现金流（元）
卖空无风险债券	+100	-105
出售远期合约	0	106-S
购买 1 份股票	-100	S
净现金流	0	1

这样就能无风险地套取利润。由此我们得到重要的结论。对于风险资产而言，远期价格不是未来即期价格的市场预期。

但是，对于无风险资产来说，远期价格确实是未来即期价格的市场预期。这一点可以从以上的无套利均衡分析中清楚地看出。远期利率是针对无风险证券（如国债）的，所以确实是未来市场的无风险利率的预期。远期利率是指远期无风险利率。

为了搞清楚远期利率的期限，我们定义以下记号。

$_if_j$ 表示从第 i 段单位时间（可取年、季、月等）期初开始到第 j 段时间期初结束这段时期的远期利率，远期利率当然仍然都表示为年利率。我们看图 5-3 中的时间轴（0～1 时间段称为第 0 段）。

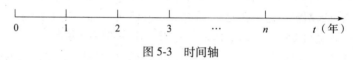

图 5-3　时间轴

例如，$_1f_2$ 表示从第 1 段单位时间期初开始到第 2 段单位时间期初结束这段时间的远期利率，$_1f_3$ 表示从第 1 段单位时间期初开始到第 3 段单位时间期初结束这段时间的远期利率，而 $_2f_3$ 则表示从第 2 段单位时间期初开始到第 3 段单位时间期初结束这段时间的远期利率。显然必须有 $i>0$（0 是指现在时刻），不然利率变成了即期利率而不是远期利率了。

和即期利率一样，如果在第 j 段单位时间中，要计算时间间隔 t 短于 1 年的远期利率的实际收益率，就应该是 $_{j-1}f_j \times t$。

如果时间间隔 t 是从第 i 段单位时间期初开始到第 j 段单位时间期初结束而又长于 1 年的话，则该段期间的远期利率的实际收益率是 $(1+_if_j)^t-1$。零息票利率集是不同期限的即期无风险利率的集合。零息票利率和远期利率之间存在互相包含的关系，下面我们来讨论这种关系。

假如一位投资者准备进行为期 2 年的无风险投资，他可以有多种不同的投资方法。我们先来看这样两种不同的投资策略。一是直接购买 2 年期的国债，二是先购买 1 年期的国债，同时按照市场的远期价格购买从第二年年初起的 1 年期国债。为了简单起见，假定所有的国债都不带息票。

（1）采用第一种投资策略，现在每 1 元钱的投资，2 年后的市场价值为 $(1+r_2)^2$；

（2）采用第二种投资策略，现在每 1 元钱的投资，2 年后的市场价值应为 $(1+r_1)(1+_1f_2)$。

如果市场上 1 年后的 1 年期折现型国债的远期价格是 $\overline{S}_1$，国债的面值是 Par，则远期利率为 $_1f_2 = \dfrac{\text{Par}-\overline{S}_1}{\overline{S}_1}$。

这两种投资策略都是无风险的，由无套利均衡条件可知，两者的结果应当相等，即有 $(1+r_2)^2 = (1+r_1)(1+_1f_2)$。

这个关系式可以推广到任意年，有

$$(1+r_n)^n = (1+r_1)(1+{}_1f_2)(1+{}_2f_3)\cdots(1+{}_{n-1}f_n) \tag{5-24}$$

从而

$$(1+r_n) = \sqrt[n]{(1+r_1)(1+{}_1f_2)(1+{}_2f_3)\cdots(1+{}_{n-1}f_n)} \tag{5-25}$$

进而得到：

零息票利率是相应期限的远期利率的几何平均值。

如果不是每年发生一次利息现金流（按年计息），而是每年发生 m 次利息现金流（如按月计息，$m=12$），那么，上述公式转变为

$$1+\frac{r_n}{m} = \sqrt[mn]{\left(1+\frac{r_{1/m}}{m}\right)\left(1+\frac{{}_{1/m}f_{2/m}}{m}\right)\cdots\left(1+\frac{{}_{n-1/m}f_n}{m}\right)} \tag{5-26}$$

简化起见，我们把 $r_{1/m}, {}_{1/m}f_{2/m}, \cdots, {}_{n-1/m}f_n$ 简记为 $f_1, f_2, \cdots, f_{mn}$，上式简化为

$$1+\frac{r_n}{m} = \sqrt[mn]{\prod_{j=1}^{mn}\left(1+\frac{f_j}{m}\right)} \tag{5-27}$$

请注意 $f_1, f_2, \cdots, f_{mn}$ 都是期限为 1 单位时间（例如一年）的远期利率。采用完全类似的无套利均衡分析方法，可以容易地推出：

$$(1+{}_if_j)^{i-j} = (1+{}_if_{i+1})(1+{}_{i+1}f_{i+2})\cdots(1+{}_{j-1}f_j) \tag{5-28}$$

因此，只要知道所有单位时间段的远期利率，就可以算出任意时间段的远期利率。

如果每年发生 m 次现金流，期限为 n 年的折现现金流就变成

$$PV = \sum_{j=1}^{mn} v_j C_j \tag{5-29}$$

其中 C_j 是未来第 j 期发生的现金流，v_j，$j=1,\cdots,mn$ 是各期的折现因子。所有的 v_j 都可以按下式从期限为 1 个单位时间段的远期利率 $f_1, f_2, \cdots, f_{mn}$ 递归地推出：

$$v_0 = 1 \tag{5-30}$$

$$v_{j+1} = \frac{v_j}{\left(1+\dfrac{f_{j+1}}{m}\right)}, \quad j=0,\cdots,mn-1 \tag{5-31}$$

反过来，如果知道了所有的 v_j，$j=1,\cdots,mn$，当然可以倒算出期限为 j 个单位时间段的远期利率 $f_1, f_2, \cdots, f_{mn}$

$$f_j = \left(\frac{v_{j-1}}{v_j}-1\right)m, \quad j=1,\cdots,mn \tag{5-32}$$

由此我们得出结论，可以根据零息票利率集（可以按照市场实际的均衡价格推算出来）算出折现因子集（如果市场上没有相应期限的国债，则采用插值法），折现因子和单位时间段的远期利率集是可以互相换算的。从折现因子当然也可以倒算出零息票利率集（即可以算出国债的收益曲线）。计算公式如下所示。

若 $t \leqslant 1$ 年，则 $r_t = \dfrac{1}{t}\left(\dfrac{1}{v_t}-1\right)$

若 $t > 1$ 年，则 $r_t = \sqrt[t]{\dfrac{1}{v_t}}-1$

三者之间的关系以折现因子为纽带，如图 5-4 表示。

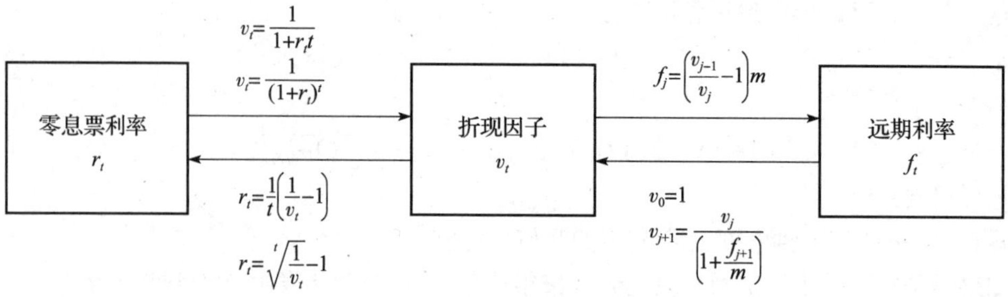

$$v_t = \frac{1}{1+r_t t}$$
$$v_t = \frac{1}{(1+r_t)^t}$$

零息票利率 r_t → 折现因子 v_t → 远期利率 f_t

$$f_j = \left(\frac{v_{j-1}}{v_j} - 1\right) m$$

$$r_t = \frac{1}{t}\left(\frac{1}{v_t} - 1\right)$$
$$r_t = \sqrt[t]{\frac{1}{v_t}} - 1$$

$$v_0 = 1$$
$$v_{j+1} = \frac{v_j}{\left(1 + \frac{f_{j+1}}{m}\right)}$$

图 5-4 关系图

5.3 股票的远期合约

一种比较简单的衍生产品是远期合约，它是在将来某一特定时刻，以约定价格买入或卖出某一产品的合约。远期合约可以与即期合约对照，即期合约是指立刻就要买入或卖出资产的合约。远期合约交易通常发生在金融机构之间或金融机构与客户之间，并且在场外市场进行。

股票的远期合约是指在将来某一特定日期按特定价格交付一定数量的某只股票或一揽子股票的协议。在远期合约中同意在将来某一时刻以约定价格买入资产的一方，被称为持有多头头寸，远期合约中的另外一方同意在将来某一时刻以同一约定价格卖出资产，这一方被称为持有空头头寸。

5.3.1 远期合约的收益

假设某投资者想通过经纪人卖空公司 X 的 500 股股票，经纪人往往是通过借入其他客户的股票，并将股票在市场上卖出来执行投资者的指令，只要经纪人可以借到股票，投资者想要持有这笔卖空交易的时间可以灵活安排，投资者将来需要从市场上买入 500 股公司 X 的股票来对自己的头寸进行平仓。这些买入的股票是用于偿还在此之前借入的股票。当股票价格下跌时，投资者将会盈利，当股票价格上涨时，投资者会亏损。当在卖空交易平仓之前，如果经纪人不能再借到股票，此时，无论投资者是否愿意都必须对其头寸进行平仓，也就是说，此时投资者必须马上偿还所借的股票，有时投资者为了卖出股票和其他证券需要支付一定的费用。在卖空交易中持有空头头寸的投资者必须向经纪人支付被卖空资产的所有收入，例如股票的股息，其经纪人会将这些收入转入证券借出方的账户。假设某投资者在 4 月股票价格为 120 美元时卖空 500 只股票，在 7 月当价格为 100 美元时，对头寸进行平仓。假设投资者在 5 月支付了 1 美元/股的股息，在 4 月交易开始时，投资者收到 $500 \times 120 = 60\,000$ 美元，在 5 月，投资者支付 $500 \times 1 = 500$ 美元，在 7 月，交易平仓时，投资者要支付 $500 \times 100 = 50\,000$ 美元，投资者的净收益为 $60\,000 - 500 - 50\,000 = 9\,500$ 美元。

一般来说，在金融中多头方是指看涨方，标的资产价格的上涨将会给其带来收益，而下降会带来损失，空头方则相反（见图 5-5）。如果以 S_T 代表到期日标的

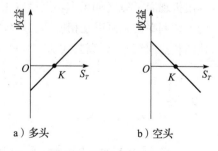

a) 多头 b) 空头

图 5-5 远期合约的收益

资产的价格，K 代表交割价格，对于远期合约多头方来说，远期合约在到期日的收益为 S_T-K，而空头方的收益为 $K-S_T$。

如果在远期合约到期日，标的资产的价格高于远期合约规定的交割价格，多头方就会获得正收益，而空头方则会承担同等金额的负收益；相反，如果在到期日，标的资产的价格低于远期合约规定的交割价格，多头方的收益为负，而空头方的收益为正。即多头方的收益就是空头方的损失，反之亦然。远期合约的这个特点使得远期合约在签订日的价值一定为零。远期合约价值为零的交割价格称为远期价格。此时交割价格等于远期价格，但远期合约签订之后，交割价格不再变动，而标的资产的市场价格却在不确定地变化着，远期价格也随之发生改变，除了偶然因素之外，远期价格和交割价格不再相同。

5.3.2 远期价格和即期价格

为了描述远期价格和即期价格之间的关系，考虑现价为 60 美元的无股息股票。假定借入和借出一年期现金的利率为 5%，一年期的远期价格是多少呢？

60 美元以 5% 的增长速度增长，一年后即为 63 美元，如果股票的远期价格大于 63 美元，比如为 67 美元。投资者可以借入 60 美元资金，买进股票，然后以远期合约的价格在一年后以 67 美元卖出股票。扣除融资成本，你可以得到 4 美元的盈利。如果股票的远期价格小于 63 美元，比如为 58 美元。在投资组合中持有股票投资者可以卖出股票而获得 60 美元资金，然后签订在一年后以 58 美元买进股票的远期合约。将卖出股票所得资金以 5% 进行投资后，可以得到 3 美元的利息，一年后，以 58 美元的价格买回股票。相比一直持有股票，这样做会使投资者最终多得到 5 美元。

5.4 期货合约

与远期合约类似，期货合约（futures contract）也是在将来某一指定时刻以约定价格买入或卖出某一产品的合约。与远期合约不同的是，期货合约的交易通常是在交易所进行的。为了能够进行交易，交易所对期货合约做了一些标准化处理。期货合约的交易双方并不一定知道他们的交易对手，交易所设定了一套机制来保证交易双方会履行合约承诺。

世界上最大的期货交易所是芝加哥期货交易所（CBOT）和芝加哥商业交易所（CME），这两个交易所已经合并成为 CME 集团。在这两个交易所以及世界各地其他的交易所中，期货交易的标的资产包括各种商品和金融资产。其中商品包括猪肉、活牛、糖、羊毛、木材、黄铜、铝、黄金和锡，金融资产包括股票指数、货币和国债。交易所会定期公布期货价格。假定在 9 月 1 日，12 月黄金期货的价格为 1 380 美元，该价格为（除佣金外）交易员同意买入或卖出在 12 月交割的黄金价格。同其他资产价格一样，这一价格是由资产的供求关系来决定的：如果想买入资产的交易员比卖出资产的交易员多，价格将会上涨；在相反的情况下，价格将会下跌。

5.4.1 期货交易流程

期货交易流程分为开户、下单、竞价、结算、平仓或交割，如图 5-6 所示。

图 5-6　期货交易流程

1. 市场指令类型

投资者向经纪人所发的指示中最简单的是市场指令（market order），这是以市场上可以得到的最好价格马上进行交易的指令。在市场上还有许多其他形式的指令，我们在这里讨论较为常用的几种指令形式。

限价指令（limit order），指定一个价格，只有在达到该价格时或比这个价格更优惠时才能执行这一指令。因此，如果一个投资者想买入资产的限价指令为 30 美元，这一指令只有在价格为 30 美元或更低时才能执行。当然，如果限定的价格一直没有达到，这一指令就根本不会被执行。

停止指令（stop order）或止损指令（stop-loss order），也是指定一个价格，当买入价或卖出价达到这一价格或价格更不利时指令才会被执行。假定一个止损指令为在 30 美元时卖出资产，当前资产价格为 35 美元。在价格跌到 30 美元时，止损指令就成为卖出的指令。事实上，先前指定的价格被达到时，止损指令就会成为市场指令。止损指令的目的是在不利价格发生后对头寸进行平仓，目的是控制损失的幅度。

限价止损指令（stop-limit order）是一个止损指令与限价指令的组合。当买入价或卖出价等于止损价格或比限定价格更糟时，这一指令就变为了限价指令。限价止损指令必须指明两个价格：限价价格（limit price）和止损价格（stop price）。假定，当市场价格为 35 美元时，一个买入资产的限价止损指令指明其止损价格为 40 美元，限价为 41 美元。当市场上出现买入价或卖出价为 40 美元时，这一限价止损指令变为限价为 41 美元的限价指令。如果限价价格和止损价格相同，这种指令有时也被称为止损和限价指令（stop-and-limit order）。

触及市价指令（market-if-touched order，MIT）是指当价格达到指定水平或者比指定水平更有利的价格时才执行交易的指令。当市场价格达到指定水平后，MIT 就成了市场指令。MIT 也被称为挂盘指令（board order）。假定某交易员持有期货的多头，并向经纪人发出对合约进行平仓的指令。止损指令的目的是在价格朝不利方向变动时，保证损失锁定在一定范围内。与止损指令比较，触及市价指令的目的是如果价格朝有利方向变动，当盈利足够高时能够马上兑现盈利。

自行裁定指令（discretionary order）或不为市场所限指令（market-not-held）是一种市场指令，但是这种指令允许经纪人自行决定延迟交易以便得到更好的价格。

有些指令限定执行交易的时间。除非特别说明，当天指令（day order）在交易日当天结束时会自动取消。限时指令（time-of-day order）只能在一天内的某一段时间内才能执行。

开放指令（open order）或一直有效直至成交指令（good-till-canceled order）是只有在成交后或合约停止交易的情况下才被取消的指令。顾名思义，成交或取消指令（fill-or-kill order）要求要么立即执行指令，要么将永不执行指令。

2. 交易所与结算保证金

在期货交易中，交易所起着中介的作用，它保证交易双方会履行合约。交易所拥有一定数量的结算会员，不是交易所会员的经纪人必须通过会员来开展业务，并在会员处注入保证金。交易所的主要任务是记录每天的交易，以便计算每一个会员的净头寸。

交易所要求会员提供初始保证金，有时也被称作结算保证金（clearing margin），其数量反映了所要结算合约的总数量。交易所对会员没有维持保证金的要求。每天结算会员处理的交易都要经过交易所来进行。如果会员处理的交易总和出现了亏损，会员需要向交易所提供追加保证金；如果交易总和出现了盈余，会员将从交易所收到追加保证金。当价格或头寸有剧烈变化时，交易所也许会向会员要求日内（intraday）追加保证金。

在计算保证金时，未平仓合约的数量一般是按净持仓来计算的，这意味着在合约总数的计算过程中，会员持有的空头合约数量会抵消该会员所持有的多头合约数量。假定某交易所的会员共有两个客户：一个客户持有20份合约的多头，另一个客户持有15份合约的空头，这时最初保证金数量的计算是基于5份合约的。通常在保证金计算方法的设计上，交易所要做到在某会员违约而被清算出场的情况下，保证金要足够填补损失。交易所会员需要向交易所提供担保基金（guaranty fund）。当会员需要提供追加保证金却没能做到时，担保基金可以用来填补会员的头寸在平仓时所出现的亏损。

3. 实物交割与现金结算

对于商品期货，接受交割通常意味着在接收仓库收据后马上付款。接受交割的一方要负责所有的仓储费用，对于活牲畜，还会有动物的喂养费用。对于金融产品期货，交割一般是通过电子汇款的形式来实现的。对于所有的合约，多头方所支付的价格应当为最新的结算价格。根据交易所规定，价格还要根据产品级别、交割地点等加以调整。

从发出通知到最后资产的支付，整个交割过程一般需要2~3天的时间。合约中有3个至关重要的日期：它们是第一交割通知日、最后交割通知日以及最后交易日。第一交割通知日（first notice day）是可以向交易所递交交割意向的第一天，最后交割通知日（last notice day）是可以向交易所递交交割意向的最后一天，最后交易日（last trading day）通常是最后交割通知日的几天前。为了避免接受交割的风险，持有多头头寸的投资者应该在第一交割通知日之前将期货平仓。

有些金融期货（比如股指期货）的结算采用现金的形式，这是因为直接交割标的资产非常不方便。例如，对于标的资产为标准普尔500指数的期货，交割标的资产会包括交割一个500种股票的组合。当合约以现金结算时，所有未平仓的合约都在某个预先指定的日子平仓，最后的结算价格等于标的资产在这一天开盘时或收盘时的即期价格。例如，在CME集团交易的标准普尔500指数期货合约，事先约定的日期为交割月的第三个星期五，最终结算价为开盘价。

5.4.2 保证金的运作

交易所存在的重要好处就是将期货交易中会员公司的交易风险转移到交易所。但是，当人们将期货交易量及其代表的相应资产都考虑在内时，潜在的损失额是巨大的。交易所不得不思考采取一些保护措施，以防止会员公司发生违约时承担巨大的风险。必要的保护是通过"保证金制度"来提供的。对于每一类期货合约，交易所要求会员公司必须将一定水平的保证金存在交易所。例如，在目前，在CME集团交易的欧洲美元期货合约每份缴纳保证金500美元。如果一家会员公司买进100份合约，它必须将50 000美元现金或等值证券存放在交易所。若卖出100份合约，也会缴纳相同的保证金。保证金并不是支付相应的商品价值的"定金"。期货合约很少最终能实现相应的商品的实物交割，因此要求缴纳保证金就不太适合。期货的保证金与用保证金买股票或债券相当不同，后者的保证金如同存款。相反，期货保证金的作用是在会员公司出现违约情况时，提供给交易所财务上的保证。当会员公司清仓时，保证金还会被归还给会员公司。

为使保证金制度有效，一个不可缺少的步骤是采用"逐日盯市"（marking-to-market）的办法。在每个交易日结束后，期货交易所就会公布每天的"清算价格"，即当天的正式收市价。每份未清仓的合约按收市价进行定价。任何当天计算出来的损失都会记入会员公司的保证金账户的借方，并且在第二天早上，会员公司需要将损失补上；任何盈利会记入会员公司保证金账户的贷方。由于每天都按"盯住市场"的办法来记账，这样就出现了"初始保证金"和"追加保证金"之间的区别，前者是指在持仓时就缴纳的保证金，后者的数额可能是正的，也可能是负的。

因此，每个交易日，会员公司都得向保证金账户补充资金，会员公司的潜在损失就仅限于一天内市场价格波动的最大数额，而不是整个合约期限内的市场价格波动而招致的损失。

描述一下保证金制度的日常运作有助于我们更加清晰地了解这一过程。假定一位会员公司在交易所购买了一张FTSE 100股票指数期货合约。每一指数点定义为25英镑，初始保证金为2 500英镑。进一步假定该合约于周一购买，价格为2 575英镑，从周一到周四的每日清算价格是2 580英镑、2 560英镑、2 550英镑、2 555英镑。周五，该合约以2 565英镑的价格清仓。表5-4说明了由此产生的保证金变动情况。

表5-4 保证金变动情况

日期	收市价	价格波动	保证金账户（英镑）	保证金变动（英镑）	说明
周一	2 580	+5	2 500	−2 375	初始保证金2 500英镑减去125英镑的利润
周二	2 560	−20	2 500	−500	通知追加保证金500英镑
周三	2 550	−10	2 500	−250	通知追加保证金250英镑
周四	2 555	+5	2 625	0	会员公司选择将125英镑的利润留在保证金账户中
周五	空缺	+10	0	+2 875	归还的2 625英镑保证金加上250英镑的利润

注：保证金变动均发生在第二天上午。

从表5-4中可以看出，会员在周一只需将2 375英镑存入保证金账户，因为按市价获利的125英镑记入保证金贷方，保证金余额正好是2 500英镑。周二和周三的亏损则要求会员公司必须分别追加500英镑和250英镑的保证金，这笔钱必须在第二天到位。周四，该合约赚了125英镑，周五上午会员公司就可以从保证金账户中把这些利润提走。

但是，会员公司没有这样做，而是选择将这笔钱继续留在保证金账户内，保证金的余额为2 625英镑。这样，当损失最大达到125英镑时，在收到交易所的追加保证金通知之前，会员公司就自动地将这笔损失补充在保证金中。周五的利润是10（周四的清算价格与卖价之差），这也被记入保证金账户的贷方，下个周一时，交易所就可以将保证金归还给会员公司了。

将所有的保证金变化数相加，我们可以知道，会员公司共支付3 125英镑，而得到2 875英镑，净损失250英镑，即初始的购买价2 575与最后的出售价2 565之间的10个指数点的价值（$25.0 \times 10 = 250$）。

支付保证金通常是通过在会员公司和交易所之间的资金划拨实现的。然而，在缴纳初始保证金时，大多数期货交易所也接受特定的证券以代替现金。通过将证券存放在交易所内，会员公司可以获得利息。另一方面，追加保证金通常只能以资金划拨的方式支付。记住，交易所对于每一张合约通常是零仓位，因此一家会员公司的盈利一定等于另一家会员公司的亏损。既然保证金制度允许会员公司按照"盯住市场"的方法以现金的形式取得收益，交易所通常也会坚持用现金来支付追加保证金。

保证金制度的运作能带来有用的效果，每日的损失或盈利都可以用现金的形式实现。这一点与所谓的现货市场是不同的，在现货市场上，每日按市价计算出的损失只在账面上反映出来。现货市场上的损失只在账面上积累，投资者一直到交易完成后才最终清算这些损失。相反，在期货市场上，投资者所持头寸一旦出现亏损，就会必须不断地支付追加保证金，最终的现金支付将促使每个期货投资者遵守财务规则。

追加保证金通过运用当晚的清算价格在每天的交易日结束时计算出来，会员公司通常得在第二天上午的某个特定时间内补上相关资金。在会员公司不能支付充足的追加保证金的情况下，交易所有权在市场上将其持有的头寸变现，以弥补追加的保证金数额，然后将剩余的资金返还给会员公司。只有在那一天，期货合约价格波动（损失）超出了保证金账户的余额，这时交易所就会出现损失了。在这种情况下，交易所的损失就从所有会员缴纳的担保基金中支付。

5.4.3 利率期货

利率期货是指标的资产价格依赖于利率水平变动的期货合约，主要用于管理利率风险，是继外汇期货之后产生的又一类重要的金融期货。

1. 欧洲美元期货

欧洲美元是指储户在美国以外的商业银行存入的美元定期存款。欧洲美元存款起源于欧洲，伦敦为其最大的交易中心。这个市场的利率通常基于伦敦银行间同业拆借利率（LIBOR），也是各家公司融资的主要参考利率。

欧洲美元期货是以欧洲美元作为合约标的资产的期货合约。美国市场最流行的短期利率期货为 CME 集团的 3 个月期欧洲美元期货。CME 集团在 1981 年首次推出了欧洲美元期货合约，其合约标的资产为伦敦银行之间的三个月期美元定期存款，合约面值为 100 万美元。相应的欧洲美元存款实际上只是名义上的，其存款的起始日为期货合约的到期日，也就是说，这里的 3 个月期存款是从期货合约的到期日起算的。买入一份欧洲美元期货合约相当于在未来存入一笔欧洲美元存款，而卖出一份欧洲美元期货合约则相当于在未来吸收一笔欧洲美元存款。因此投资者可利用这些合约锁定未来 3 个月期，对应于 100 万美元面值的利率。期货合约的到期月为 3 月份、6 月份、9 月份及 12 月份，此类期货的期限可达 10 年。这意味着在 2009 年某投资者可采用欧洲美元期货锁定 2019 年之前某 3 个月期的利率。

目前，欧洲美元期货是国际上交易最活跃的短期利率期货品种，2003 年其交易量更是连续两年突破 3 亿手，每日未平仓合约超过 400 万手。CME 集团的欧洲美元期货合约的交易信息如表 5-5 所示。

表 5-5 CME 集团的欧洲美元期货合约的交易信息

条款名称	具体规定
交易品种	3 个月期欧洲美元定期存款
交易单位	100 万美元
报价单位	指数点
最小变动价位	即将到期合约：0.002 5 个指数点，即 1/4 个基本点，相当于每份合约 6.25 美元；其他合约：0.005 个指数点，相当于 12.5 美元
合约交割月份	交割月是 3 月、6 月、9 月和 12 月，有效期最长为 10 年
交易时间	美国中部时间，7:20—14:00
最后交易日	交割月的第 3 个星期三之前的第 2 个伦敦银行营业日，伦敦时间 11:00
最后结算价	最后交易日伦敦时间 11:00 时，英国银行家协会公布的 3 个月期的 LIBOR，最后结算价将四舍五入到小数点后 4 位，即 0.000 1
结算方法	现金结算
交易代码	ED

资料来源：CME 集团网站 www.cmegroup.com。

2. 欧洲美元期货报价

欧洲美元期货的特别之处在于它的报价方式。它的报价不是直接的利率水平，而是短期利率期货的指数点。指数点是 100 减去年利率的 100 倍，即 $P=100(1-i)$，市场称之为"IMM 指数"。

如果利率为 9.750%，那么欧洲美元期货的报价为 90.250；反过来，如果欧洲美元期货合约的报价为 94.275，那么对应的利率为 5.725%。可以看到，由于 IMM 指数与市场利率反方向变动，如果要规避利率上升风险，投资者应进入欧洲美元期货的空头头寸，而一个规避利率下跌风险的投资者应进入欧洲美元期货的多头头寸。这样一来，使得投资者重新按照常规的低买高卖逻辑进行交易。

在对欧洲美元期货进行每日结算时，关键在于计算 IMM 指数的变动量。而合约规定最小价格变动为 0.002 5 个指数点，根据指数价格的定义，价格变动 0.002 5 个指数点相当于利率变动 0.002 5%，这将导致一份期货合约的价格（3 个月期 100 万欧洲美元存款的利息）变化 6.25 美元（=1 000 000×0.0025%×3/12）。

给定指数报价 P，交易所定义相应的欧洲美元期货合约的价格为 $10 000[100-0.25(100-P)]$。这是因为欧洲美元期货合约的标的资产为面值 100 万美元的三个月期欧洲美元定期存款单。欧洲美元期货合约是在到期月的第三个星期三之前的第 2 个伦敦银行营业日用现金来结算的。最后的逐日盯市使合约的价格等于 $10 000[100-0.25R]$ 美元。

R 为当时报出的欧洲美元利率的 100 倍，且欧洲美元利率的报价是按季度计复利的 3 个月期欧洲美元存款的实际利率。它不是贴现率，这是与短期国债期货的重要区别。

这里请注意：在最小变动价值以及交割额的计算中，无论 3 个月的实际天数是多少，名义存款的期限都规定为 1/4 年。这样规定的目的是方便期货的交易与结算，增强价格的直观性。而且欧洲美元期货的交割发生在名义存款的期初，不像现货债务工具的利息那样在期末交付，也不像远期利率协议那样把期末的利息贴现到期初。在使用欧洲美元期货合约（或其他短期利率期货）进行风险管理时，必须把它的这个特点考虑进去。

3. 欧洲美元期货的定价与隐含利率

如果我们忽略期货的保证金制度，那么欧洲美元期货的 IMM 指数报价实际上隐含着 3 个月期的远期利率。例如，如果欧洲美元期货的报价为 98.25，那么意味着从交割月的第 3 个星期三之前的第 2 个工作日开始的 3 个月期的远期利率为 1.75%。因此，欧洲美元期货的定价就是要确定和 IMM 指数对应的 3 个月期的远期利率。而这 3 个月期的远期利率又是由欧洲美元期货的一系列即期利率决定。如果欧洲美元期货隐含的远期利率大于欧洲美元的实际即期利率隐含的远期利率，则意味着期货价格偏低，可以进行多头套利。反之，如果欧洲美元期货隐含的远期利率小于欧洲美元的实际即期利率隐含的远期利率，则意味着期货价格偏高，可以进行空头套利。

4. 长期国债期货合约

长期国债期货合约是以长期国债为交易对象的利率期货，它在将来以特定债券的交割为基础。长期国债是财政部为筹集长期资金而向公众发行的，其本质与中期国债一样，两者的区别仅在于期限的长短不同。中期国债的期限从 1 年到 10 年不等，而长期国债的期限从 10 年到 30 年不等。从 1981 年起，美国 20 年期的国债每季度出售一次，30 年期的国债每年不定期出售 3 次。

美国的长期国债由于具有竞争性的利率、保证及时还本付息的信誉、市场流动性强等特点，因此每一次拍卖都可从国内外筹集到数千亿美元的巨额资金。最常见的长期国债期货合约是 1977 年 8 月 22 日 CBOT 最早推出的长期国债利率期货，此后一直被认为是最成功的利率期货产品之一。这种期货合约的标的债券是票面利率为 6%，15 年内不得回购的国债。但 CBOT 允许期限为 15 年以上票面利率不等于 6% 的任何国债用于交割，但由于各种债券票面利率不同、期限不同，交易所必须公开调整的方法，该方法调整空头方交割特定长期国债时可接受的价格。CME 集团交易的长期国债期货的主要规定如表 5-6 所示。

表 5-6 CME 集团交易的长期国债期货的主要规定

条款名称	具体规定
交易单位	到期日面值为 100 000 美元、票面利率为 6% 的美国政府长期国债
可交割等级	从交割月的第一天起，剩余期限长于（包括等于）15 年且在 15 年内不可赎回的美国国债
报价单位	100 美元
最小变动价位	1/32 美元
合约交割月份	3、6、9、12 月
交易时间	芝加哥时间周一至周五，7:20—14:00
最后交易日	交割月最后一个工作日之前的第 7 个工作日，芝加哥时间 12:01
交割日期	交割月的任何工作日，由卖方选择
最后交割日	交割月的最后一个工作日
交易代码	US

资料来源：CME 集团网站，www.cmegroup.com。

5. 长期国债现货与期货的报价

长期国债现货与长期国债期货的报价一样，都是以美元和 1/32 美元报出的。所报价格是相对于面值为 100 美元的债券的价格。因此，90-25 的报价意味着 10 万美元面值的债券的价格为 90 781.25[＝1 000×(90+25/32)] 美元。

不论是现货还是期货，长期债券的报价与购买者所支付的现金价格是不同的。报价通常称为净价，而购买者所支付的现金价格又被称为全价或带息价格。二者的关系为

$$\text{现金价格} = \text{报价} + \text{上一个付息日以来的累计利息} \tag{5-33}$$

上一个付息日以来的累计利息是以实际过去的天数与两次息票支付期间实际天数的比率为基础计算出来的，具体公式为

$$\text{累计利息} = \text{每次应付利息} \times \frac{\text{上次付息日到现在实际过去的天数}}{\text{上次付息日到下次付息日的实际天数}} \tag{5-34}$$

6. 交割券与标准券之间的转换因子

长期国债期货与短期利率期货由于基础资产不同，导致它们的交割方式也不同。短期利率期货以现金结算为主，而长期国债期货则用债券的现货进行交割。这就带来一个问题，如果期货市场对应的同样票面利率的现货债券的数量有限，而不足以给期货空方用于交割时，就可能出现期货多方对空方进行"逼仓"的现象，即由于没有现货交割，空方只能买进期货平仓，而此时多方故意抬高价格赚取巨额利润，而空方不得不接受并遭受重大损失。我国国债市场的"327 事件"就是典型的例子。由于"逼仓"会严重损害期货市场的有效性，所以 CBOT 长期国债期货合约规定空方可以选择从交割月第一天起剩余期限在 15 年以上且 15 年内不得回购的任何美国长期国债进行交割。由于各种债券的票面利率与期限各不相同，对买卖双方的价值也就不一样。为了使不同的可交割债券价值具有可比性，交易所设计了转换因子，并规定其他券种均须按转换因子折算成标准券。

假定所有期限的年利率均为 6%（每半年计复利一次），则某债券的转换因子定义为交割月第一天具有 1 美元面值的债券的价值，即转换因子等于面值为 100 美元的各债券的未来现金流按 6% 的年利率贴现到交割月第一天的价值，扣掉该债券累计利息后的余额再除以 100，亦即转换因子是在收益率为 6% 的假设利率水平下，面值为 1 美元的可交割国债在交割月第一天的价格。

$$\text{CF} = \left(\sum_{i=1}^{n} \frac{C}{1.03^i} + \frac{100}{1.03^n} - \text{AI} \right) / 100 \tag{5-35}$$

式 (5-35) 中，C 是每半年付息时收到的票息，n 是剩余的付息次数，AI 是累计利息。在计算转换因子时，债券的剩余期限采用去尾法取 3 个月的整数倍。如果取整数后，债券的剩余期限为半年的倍数，就假定下一次付息是在 6 个月之后，否则就假定下一次付息在 3 个月后。在此基础上，CBOT 会在每一个交割日之前根据具体债券公布一个转换因子表。

7. 最便宜的交割债券

交易所设计转换因子体系的目的是减少采用不同期限、不同票面利率的可交割国债进行交割的差异，降低交割品种选择权的价值。但转换因子体系并不是完美无缺的，比如 CBOT 在计算转换因子时，把债券的期限精确到季度；而且转换因子在一段时期内是保持不变的，但期货和现货的价格每天都在变化等。转换因子的这种固有缺陷和市场定价的差异决定了它不能完全消除交割品种选择权的价值。因此，采用何种国债用于交割实际上是存在差异的，那么应该把交割品种选择权赋予空头方还是多头方呢？考虑到期货运作机制的要求，交易所规定把交割国

债品种的选择权赋予空头方。

这样，空头方必然从这些债券中选择对其最便宜的债券用于交割。空头方在交割时收到的现金为

$$期货报价 \times 交割债券的转换因子 + 累计利息 \tag{5-36}$$

而购买交割债券的成本为

$$交割债券报价 + 累计利息 \tag{5-37}$$

因此最便宜的交割债券就是使空方购买交割债券的成本与收到的现金之差最小的那个债券，即使得

$$交割差距 = 债券报价 - (期货报价 \times 转换因子) \tag{5-38}$$

这也就是说，空头方可以通过对每一个可交割债券进行计算来确定最便宜的交割债券。

5.4.4 股指期货

股指期货是以股票价格指数为标的物的期货合约。股票指数（stock index，简称股指）跟踪一个虚拟股票组合的价值变化，每个股票在组合中的权重等于股票组合投资于这一股票的比例。在很短的一段时间区间中，股指上升的百分比被设定为该虚拟组合价值变化的百分比。在计算中，通常不包括股息，因此股指被用于跟踪在这一组合上投资的资本增值/亏损（capital gain/loss）。

如果虚拟股票投资组合保持不变，组合中每个股票的权重不一定不变。当组合中某只股票的价格比其他股票的涨幅要大得多时，这只股票的权重就会自动增大。有些指数的建立是在一些股票中各取1股，这时股票的权重与其市场价格呈正相关，当股票分股时做适当调整。另一些股指的构造使得权重与股票的市场资本总价值（股票价格×发行的数量）呈正相关，这时股票组合会对股票的分股、股票形式的股息和新股发行自动进行调整。

1. 股指

道琼斯工业平均指数（Dow Jones Industrial Average）是基于30个美国蓝筹（bluechip）股票所组成的股票组合，权重与股票价格呈正相关。CME集团有两种关于这个指数的期货合约：一种期货的标的资产是10美元乘以指数值；另一种期货的标的资产是5美元乘以指数值，后者是道琼斯工业平均指数的Mini合约在市场上交易最活跃。

标准普尔500指数是基于一个包括500种股票的组合，这500种股票的组成为：400种工业股、40种公共事业股、20种交通股以及40种金融股。在任何时刻，股票的权重与该股票的总市值呈正相关。这些股票都是在纽约证券交易所或纳斯达克证券交易所上市。CME集团有两种关于标准普尔500指数的期货合约：一种的标的资产是250美元乘以指数值；另一种的标的资产是50美元乘以指数值，后者是标准普尔500指数的Mini合约，在市场上交易最活跃。

纳斯达克100指数是基于一个包括100只股票所组成的组合。CME集团有两种与这个指数有关的合约：一种的标的资产是100美元乘以指数值；另一种的标的资产是20美元乘以指数值，后者是纳斯达克100指数的Mini合约，在市场上交易最活跃。

其他指数的期货合约也有很活跃的交易。例如，沪深300指数是由300只中国股票通过市值加权平均设计的指数。中国金融期货交易所（China Financial Futures Exchange）有关于这个

指数的期货交易介绍。

股指期货合约采用现金交割（而不是实际交割标的资产）。在最后一个交易日，所有的合约必须以最后一个交易日的开盘价或收盘价结算。例如，对于标准普尔500指数期货的平仓是按标准普尔500指数在交割月第3个星期五的开盘价结算。

2. 股票组合的对冲

股指期货可用于对冲风险。定义以下两个变量。

V_A：股票组合的当前价值。

V_F：一份期货的当前价值（定义为期货价格乘以250美元?）。

如果组合是为了跟踪股指，这时的最优对冲率 h^* 为1.0，需要持有的期货空头合约数量为

$$N^* = \frac{V_A}{V_F} \tag{5-39}$$

例如，某股票组合的价值为5 050 000美元，组合跟踪的是一个风险分散能力很好的股指。期货的目前价格为1 010，每份期货合约的价值是250美元乘以期货价格。这时，V_A = 5 050 000 美元，V_F = 1 010×250 = 252 500 美元。因此，对冲者应该持有20份期货空头合约来对冲这个股票组合。

当股票组合不跟踪股指时，我们可以采用资本资产定价模型。资本资产定价模型中的参数 β 是将组合超过无风险利率的收益与指数超过无风险利率的收益进行回归所产生的最佳拟合直线的斜率。当 β = 1 时，组合收益往往跟踪市场收益；当 β = 2 时，组合超过无风险利率的收益等于股票市场超过无风险利率的收益的两倍；当 β = 0.5 时，组合超过无风险利率的收益等于股票市场超过无风险利率的收益的一半。

一个 β 值等于2.0的组合对市场的敏感度是一个 β 值等于1.0的组合的两倍。因此，为了对冲这一组合，我们将需要两倍数量的合约。类似地，一个 β 值等于0.5的组合对市场的敏感度是一个 β 值等于1.0的组合的一半，因此我们只需要一半数量的合约来对冲风险。一般来讲有

$$N^* = \beta \frac{V_A}{V_F} \tag{5-40}$$

在式（5-40）中，我们假设期货合约的到期日与对冲期限很近。

我们通过下面的例子来说明利用这个公式做对冲时的良好效果。假设利用4个月期的期货合约来对组合在今后3个月内的价值进行对冲。我们对以下几个指标做出假设。

$$股指当前价格 = 1\ 000$$

$$期货价格 = 1\ 010$$

$$组合价值 = 5\ 050\ 000\ 美元$$

$$无风险利率 = 4\%/年$$

$$股指股息收益率 = 1\%/年$$

$$组合的\ \beta = 1.5$$

一份期货合约的价值是250美元乘以期货价格，因此，V_F = 250×1 010 = 252 500。由式（5-39）得出对冲组合所需要持有的空头期货合约数量为 $1.5 \times \dfrac{5\ 050\ 000}{252\ 500} = 30$。

假设股指价格在3个月后为900，期货价格为902，期货空头的收益为

$$30\times(1\,010-902)\times250=810\,000(美元)$$

股指的亏损为 10%。股指每年支付 1% 的股息收益率，或每 3 个月支付 0.25%。因此，将股息考虑在内时，股指在 3 个月里的收益率为 −9.75%。由于组合的 β 是 1.5，由资本资产定价模型得出

$$组合的预期收益率-无风险利率=1.5\times(股指收益率-无风险利率)$$

3 个月期的无风险利率大约为 1%，因此，组合在 3 个月内的预期收益率为

$$1\%+[1.5\times(-9.75\%-1\%)]=-15.125\%$$

组合在 3 个月后价值的预期值（包括股息）为

$$5\,050\,000\times(1-0.151\,25)=4\,286\,187(美元)$$

在考虑对冲收益后，对冲者头寸价值的预期值为

$$4\,286\,187+810\,000=5\,096\,187(美元)$$

3. 股指期货价格

股指期货是管理股票组合非常有用的工具，我们现在考虑如何确定股指期货价格。通常可以将股指看成支付股息的投资资产，投资资产为构成股指的股票组合，股息等于构成资产所支付的现金流。通常假定股息为已知收益率（而不是现金收入）。如果 q 为股息收益率，期货价格 F_0 为

$$F_0=S_0\mathrm{e}^{(r-q)T} \tag{5-41}$$

这说明期货价格按 $r-q$ 的速度随期限增长。

例如，考虑以标准普尔 500 指数为标的资产的 3 个月期的期货合约。假定构成股指的股票提供 1% 的年收益率（按连续复利计算），股指的当前价格为 1 300，按连续复利计算的无风险利率为每年 5%。这时，$r=0.05$，$S_0=1\,300$，$T=0.25$，$q=0.01$，因此期货价格的计算公式如下所示。

$$F_0=1\,300\times\mathrm{e}^{(0.05-0.01)\times0.25}=1\,313.07(美元)$$

4. 股指套利

如果 $F_0>S_0\mathrm{e}^{(r-q)T}$，我们可以通过以即期价格买入构成股指的股票，并且同时进入股指期货合约空头而获利。如果 $F_0<S_0\mathrm{e}^{(r-q)T}$，我们可以通过相反的操作，即卖空或卖出构成股指的股票，并且同时进入股指期货的多头而获利。这种交易策略就是股指套利（index arbitrage）。当 $F_0<S_0\mathrm{e}^{(r-q)T}$ 时，股指套利常常由拥有股指中股票组合的养老金实现。当 $F_0>S_0\mathrm{e}^{(r-q)T}$ 时，持有短期货币市场资产的银行或企业可能会进行股指套利。

对于一些包含很多股票的股指而言，股指套利有时是通过交易数量相对较少但具有代表性的股票来进行的。我们选取这些股票以使其变化与股指变化非常接近。股指套利通常是通过程序交易（program trading）来进行的，即通过一个计算机系统来产生交易指令。

5.4.5 期货的交易策略

期货交易者参与交易的目的主要是保值或获利。因此，期货交易的主要策略有套期保值策略和投机策略。

1. 套期保值策略

（1）套期保值的基本原理。

套期保值者是指那些把期货市场当作转移价格风险的场所，利用期货合约的买卖，对其现在已拥有或将来会拥有的金融资产的价格进行保值的投资者。套期保值策略是指利用期货头寸为现货市场的多头或空头头寸进行保值，保值者在现货市场某一笔交易的基础上，在期货市场上做一笔资产数量相当、期限相同但方向相反的交易，以期保值。从定义可以看出，套期保值不是在期货市场上通过交易对期货合约进行保值，而是对与期货合约标的资产相应的现货进行套期保值。

套期保值者之所以能够利用期货交易对现货进行套期保值，其基本原理有两个。

第一，同一品种的商品，其期货价格与现货价格受到相同经济因素的影响和制约，虽然波动幅度会有所不同，但价格的变动趋势和方向有一致性。

第二，随着期货合约到期日的临近，期货价格和现货价格逐渐聚合。在到期日，基差（即现货价格减去期货价格的差）接近于零，两者价格大致相等。

基于这两个基本原理，在某段时间内，同一品种的现货价格和期货价格走势一致，一旦保值者在期货市场上建立了与现货市场相反的头寸，则无论市场价格朝哪一方向变动，均可避免风险，实现保值。不过，在套期保值中，保值者一般只能做到保值，而不能获利。因为保值者在一个市场上获得的利润将被另一市场的损失所抵消。

具体来说，套期保值按其操作手法，可以分为卖出套期保值、买进套期保值和交叉套期保值。

卖出套期保值是指当现货市场上持有多头头寸时，则在期货市场上卖出期货进行套期保值。卖出套期保值一般适用于持有商品的交易者担心商品价格下跌的情况，以及适用于预测资产的未来销售情况。例如，一个公司决定要在未来某一时刻进行借贷，借贷等同于发行债券，如果利率在借贷之前上涨了，贷款成本就增加了。与之类似的风险是公司发行浮动利率负债，由于利率是阶段性重新确定的，实际上公司是以不确定的利率签订了一系列贷款合同，面对这样的风险，公司可以做利率期货空头。如果利率上涨，期货交易将产生利润，这一利润至少会部分地抵消由于利率上涨所造成的贷款损失。

买进套期保值是指当现货市场上持有空头头寸时，则在期货市场上买进期货进行套期保值。买进套期保值通常适用于以下的场合：投资者准备在将来某一时刻购买商品却担心商品涨价，或者投资者在资产上做空头时，可用多头套期保值策略进行风险管理，这种应用并不广泛却十分有效。

交叉套期保值是指将期货合约用于不可交割资产的套期保值。在实务中，许多情况都是交叉套期保值，比如在甲地的小麦持有者可能拥有可交割的小麦期货，但由于运输到交割地点的成本高昂使其成为不可交割期货合约。这就意味着在甲地和乙地的小麦价格不收敛，而且由于两个市场不确定的需求状况导致甲地和乙地两地小麦价格差也可能不确定。这就需要使用交叉套期保值。交叉套期保值包括：①使用黄金期货对白金头寸进行套期保值。②使用股指期货对单个股票头寸或股票组合头寸进行套期保值。③使用国债期货对公司债进行套期保值。④使用甲地小麦期货对储存于乙地的小麦进行套期保值。⑤外汇的套期保值。当需要套期保值的资产与期货合约标的资产不可交割时，保值者同样面临资产价格风险。如果用来套期保值的资产不可交割，现货价格与期货价格在期货合约到期时不一定收敛，那么商品的价格风险就不能彻底消除。这时就要注意相关头寸价格变化的比例关系。如果在某种程度上这种关系是稳定的，保值者就可以调整套期保值的规模，使用交叉套期保值。

无论是哪种类型的套期保值，其基本操作可分为以下两步。

第一步，交易者根据现货交易情况，通过买进或卖出期货合约建立第一个期货头寸。

第二步，在期货合约到期前，通过建立另一个相反的头寸将先前的合约平仓。

套期保值只是通过减少风险以使最终结果更加确定，但并不能完全消除风险，其原因主要包括以下几个方面。

- 需要避险的资产与避险工具的标的资产不完全一致。
- 套期保值者可能并不能确切地知道未来拟出售或购买资产的时间。
- 需要避险的期限与避险工具的期限不一致。

在这些情况下，我们就必须考虑期货合约的基差风险、合约的选择、套期保值比率、久期等问题。

（2）基差风险。

在套期保值的情况下，基差需要重新定义为

$$基差 = 拟套期保值资产的现货价格 - 所使用合约的期货价格$$

事实上，无论是哪种方式的套期保值，其本质都是利用期货的价差来弥补现货的价差。在不保值状况时，投资者面对并承担现货市场价格的波动，而在保值状况时，投资者面对并承担的是两个市场基差的波动。而两个市场间基差的波动往往会小于现货市场价差的波动，这样就可以利用期货降低风险，即以基差风险取代现货市场价差风险。

套期保值后，投资者所承担的是与基差相关的不确定性，这被称为基差风险。我们假设 t_1 表示进行套期保值的时刻，t_2 表示套期保值期限结束的时刻，S_1 表示 t_1 时刻拟保值资产的现货价格，S_1^* 表示 t_2 时刻期货标的资产的现货价格，F_1 表示 t_1 时刻期货价格，S_2、S_2^* 和 F_2 分别表示 t_2 时刻拟保值资产的现货价格、标的资产的现货价格及其期货价格，b_1、b_2 分别表示 t_1 和 t_2 时刻的基差。根据基差的定义，我们有

$$b_1 = S_1 - F_1$$
$$b_2 = S_2 - F_2$$

对于空头套期保值来说，套期保值者在 t_1 时刻知道将于 t_2 时刻出售资产，于是在 t_1 时刻卖出期货合约，并于 t_2 时刻买进平仓，同时出售资产。因此该套期保值者出售资产获得的有效价格为

$$S = S_2 + F_1 - F_2 = F_1 + b_2 = F_1 + (S_2^* - F_2) + (S_2 - S_2^*) \tag{5-42}$$

$S_2^* - F_2$ 和 $S_2 - S_2^*$ 分别代表基差的两个组成部分。当打算进行套期保值的资产与期货合约中的资产一致时，相应的基差为 $S_2^* - F_2$。而当两个资产不同时，$S_2 - S_2^*$ 就是由于两个资产不一致时产生的基差。

因为基差可能为正值也可能为负值，所以基差风险可以使套期保值的效果得以改善或更加糟糕，即利用期货套期保值的效率可能大于100%，也可能小于100%。考虑一个空头套期保值，如果基差意想不到地扩大，则套期保值的效果就会得到改善；相反，如果基差意想不到地缩小，则套期保值的效果就会恶化。对于多头套期保值来说，情况则相反，如果基差意想不到地扩大，则套期保值的效果会恶化；而当基差意想不到地缩小时，套期保值的效果就会改善。

（3）合约的选择。

影响基差风险的一个关键因素是套期保值所选用的期货合约。期货合约的选择包括两个方

面：①选择合约的标的资产；②选择合约的交割月份。

如果打算套期保值的资产正好是期货合约的标的资产，通常确定合适的期货合约是非常容易的。在其他的情况下，套期保值者必须仔细分析才能确定一个合适的期货合约。期货价格与标的资产现货价格的相关性越高，基差风险就越小。因此选择期货合约的标准是使得期货价格与打算保值的资产价格的相关性达到最高。

在选择合约的交割月份时，要考虑是否打算实物交割。如果打算进行实物交割，则通常应尽量选择与套期保值到期日相一致的交割月份，这时 $S_2^* - F_2$ 将等于零，从而使基差风险最小。

如果不打算实物交割或实物交割很不方便甚至不可行的话，最好的方法是选择比所需的套期保值交割月份略晚但最接近的期货品种，原因有两个：一是当套期保值的到期日与交割月份之间的差距增加时，基差风险增加，因此，应选择最接近套期保值到期的那个交割月份；二是到期月的期货价格常常很不稳定，如果保值者在交割月份中持有合约，则他面临着不得不接收实物交割的风险，这会使成本很高并且极不方便。而期货合约可以用提前平仓的方式来方便地结清头寸，避免不必要的风险敞口。因此，为了避免发生期货到期现货尚未到期的现象的发生，交割月份要设在套期保值到期日之后。

整体上看，在套期保值结束时，要么现货与期货头寸同时到期，要么现货到期的同时期货平仓结清。假定某个特定合约的交割月份是 3 月、6 月、9 月、12 月，套期保值的到期日如果是 12 月份、1 月份和 2 月份时，则应选择 3 月份的期货合约；如果套期保值的到期日为 3 月份、4 月份和 5 月份，则应选择 6 月份的期货合约，依此类推。这一方法假定所有合约都有很强的流动性，能满足套期保值者的要求。实际上，到期期限短的期货合约的流动性最强。因此，在有些情况下，保值者可能倾向于使用到期期限短的合约，并不断将合约进行展期。

（4）最佳套期保值比率的确定。

确定了用何种金融期货合约作为套期保值工具后，还必须确定套期保值所需的期货合约的规模，即用多少张这样的合约才能达到预期的套期保值目的，这就是最佳套期保值比率的确定。

套期保值比率是指保值者持有期货合约的头寸大小与需要保值的标的资产大小之间的比率，实际上就是每一单位现货头寸保值者所建立的期货合约单位。在传统的套期保值交易中，交易者为了减少在现货市场上的价格风险，就在期货市场上持有与现货市场方向相反、数量相等的交易头寸，套期保值比率是 1。现代套期保值的理念则是从组合投资的概念来理解套期保值。套期保值者在现货与期货两个市场拥有的两个头寸形成一个投资组合，其目标是在风险一定的条件下，追求投资收益的最大化，或在收益一定的条件下，追求风险的最小化。使投资组合的风险最小或收益最大的套期保值比率就是最佳套期保值比率，它可能大于、小于或等于 1。最佳套期保值比率的确定方法主要有最小方差法、最小二乘法和历史数据估值法等。下面我们主要介绍最小方差法。

最小方差法可以用来估计套期保值比率，要达到套期保值者的收益最大化或风险最小化的目的，套期保值比率为 1 并不是最佳选择。

假定 S_1、S_2 分别表示 t_1、t_2 时刻拟保值资产的现货价格，F_1、F_2 分别表示 t_1、t_2 时刻期货价格，h 表示套期保值比率，则有 $\Delta S = S_2 - S_1$，$\Delta F = F_2 - F_1$。由于 S_2、F_2 的不确定性，可以将 ΔS、ΔF 看作随机变量，设 σ_S 代表 ΔS 的标准差，σ_F 代表 ΔF 的标准差。

可以得到

$$h^* = \rho \frac{\sigma_S}{\sigma_F} \tag{5-43}$$

式中，h^* 表示最佳套期保值比率，ρ 表示 ΔS 与 ΔF 之间的标准差。

如果 $\rho=1$，$\sigma_F=\sigma_S$，则期货价格完全反映了现货价格，最佳套期保值比率 h^* 为 1；如果 $\rho=1$，$\sigma_F=2\sigma_S$，则此时期货价格的变化幅度是现货价格变化幅度的 2 倍，最佳套期保值比率 h^* 为 0.5。这样的结果正是我们所预期的。实践中，如果能通过历史数据估计出 ρ、σ_F 和 σ_S，则可求出基于历史数据的最佳套期保值比率 h^*。如果 $\rho>0$，则 $h^*>0$，它表明投资者在期货市场持有的头寸方向与现货市场相反，否则相同。一般情况下，由于 S、F 变化方向基本一致，所以 $h^*>0$。

有了最佳套期保值比率，我们就可以计算出套期保值所采用的最优合约数量。设 Q_S 表示需要保值的标的资产大小、Q_F 表示合约的规模、N^* 表示用于套期保值的最优合约数量，则应采用的期货合约的面值为 h^*Q_S，所需的期货合约数量为

$$N^*=\frac{h^*Q_S}{Q_F} \tag{5-44}$$

（5）股指期货与套期保值。

套期保值是期货产生的根源，套期保值策略也是股指期货最根本的策略之一，它将股指期货交易与构成稳定明确的股票现货组合进行对冲，并且保值交易涉及的期货、现货交易均实际发生并相互匹配，能够消除大部分系统性风险。

由于股指期货的标的物即股票指数是由成百上千只股票组成的参数，所以它能基本消除股票价格的不规则变动，仅反映股市走势，使投资者可以专心应对系统性风险。例如，当投资者准备在将来特定时刻投资股票，但担心实际购买股票时大盘整体上扬而赚不到钱，便可通过预先进入股指期货多头的方式消除系统性风险；当投资者看好手中所持有的股票不愿轻易卖出，同时又担心大盘下跌给自己带来损失，就可以通过进入股指期货空头来对冲系统性风险。另外，对于预备发行股票但担心大盘下跌的筹资者来说，也可以通过进入股指期货空头消除系统性风险。从这里可以看到，股指期货的套期保值操作中较多存在交叉套期保值的现象，股指期货的标的资产是特定的市场指数，而被保值的对象则可以是市场中的特定股票、股票组合或市场指数组合等。

运用股指期货可对一个高度分散化的股票组合进行套期保值。由资本资产定价模型可知，股票组合的收益率与市场收益率之间的关系由参数 β 来描述，它是组合超过无风险利率的超额收益率对股票市场超过无风险利率的超额收益率进行回归所产生的最佳拟合直线的斜率。当 $\beta=1$ 时，组合收益率往往模拟了市场收益率；当 $\beta=2$ 时，组合收益率超过无风险利率的收益率等于股票市场收益率超过无风险收益率的 2 倍；当 $\beta=0.5$ 时，组合的收益率为市场收益率的一半，依此类推。

利用股指期货进行套期保值的核心是对套期保值比率的评估和确定，常用资本资产定价模型中的参数 β 来决定适当的套期保值比率，最终决定期货合约的数量。我们知道，一个 β 值等于 2 的组合对市场的敏感度是一个 β 值等于 1 的组合对市场敏感度的 2 倍。因此，为了对冲这一组合，我们将需要 2 倍数量的合约。类似地，一个 β 值等于 0.5 的组合对市场的敏感度是一个 β 值等于 1 的组合对于市场敏感度的 1/2，因此我们只需要 1/2 数量的合约就能对冲风险。

一般来讲 $h^*=\beta$，因此由式（5-44）得

$$N^*=\beta\frac{P}{F} \tag{5-45}$$

式中，P 表示股票组合的当前市场价值；F 表示股指期货的当前市场价值。

当然，式（5-45）的成立还要假定期货合约的到期日与需要保值的到期日较为接近，并且忽略了期货合约逐日盯市的结算性质。

股票现货组合与股指期货组合在一起，可形成新的资产组合，通过改变资产组合的 β 系数来调整资产组合的风险敞口并获取利润。在这种情况下，投资者可用期货合约来调整所持资产组合的系统性风险使其具有新的 β 值，当新 $\beta=0$ 时，就是完全的套期保值，投资者可根据需要形成任意大小的 β，构成任意风险/收益的新组合，既可以在趋势不明时形成低风险的头寸，也可以在趋势明朗之时形成高风险、高收益的头寸。

设定股票组合的原 β 系数为 β，目标 β 系数为 β^*，则套期保值比率就应该为 $\beta^*-\beta$，需要交易的股指期货份数为

$$N^* = (\beta^*-\beta)\frac{P}{F} \tag{5-46}$$

虽然有些交易所交易单一股票的期货，但在大多数情况下对于单一股票的风险敞口的套期保值只能通过交易股指期货来完成。采用股指期货来对单一股票的风险进行套期保值与采用股指期货对股票组合的风险保值类似。卖出期货的数量应等于 $\beta P/F$，其中 β 为单一股票的 β 值，P 为持有的单一股票价格，F 为股指期货的价格。注意，虽然计算期货数量的公式与对股票组合保值时计算期货数量的公式相同，但对单一股票的保值效果要差得多。这种股指期货保值仅规避了单一股票的系统性风险，而这一风险仅占单一股票价格变动风险中的很小一部分。当保值者认为股票表现会好于市场表现，但对于市场表现又不太确定时，采用此类保值较为合理。投资银行在进行新股票承销时可以采用这一办法，以应对市场变化。

2. 投机策略

期货合约一向被认为是投机工具。由于这种交易采取保证金方式，吸引了大量只想赚取价差、根本没有套期保值需求的投资者。一般来说，人们把在期货市场上进行的广义投机分为两类，一类是正常的单项式投机，即普通的买空卖空活动，纯粹利用单个期货品种价格的波动进行的投机交易；另一类是利用期货合约之间、现货与期货之间反常的价格关系进行的投机，也就是套利。与单项式投机相比，套利风险较小，因为在市场价格的变化下，交易者在一种期货合约交易上的亏损，会在相当程度上被另一种期货合约或现货交易的盈利弥补。

（1）单项式投机策略。

单项式投机策略是指人们根据自己对金融市场的价格趋势的预测，通过看涨时买进，看跌时卖出而获利的交易行为。它直接通过期货价格的变动进行获利，主要是利用期货的杠杆作用，获取风险收益。这种策略不仅操作简单，而且其流动性高、成本低、多空运作方便。特别是利用股指期货进行投机，对于中小规模的资金来说，远比融资融券更有优势。利用股指期货投机在各国股指期货交易份额中占有 50%～70% 不等的份额。根据不同的标准，单项式投机策略有多种不同的分类方法。

按持仓时间的长短，投机者可分为一般头寸投机者、当日投机者和短线帽客，即抢帽子者。一般头寸投机者持仓时间较长，通常关注几天或几周的市场行情，利用较长时间的价差来获利，交易量较大。当日投机者试图掌握一个交易日内的行情走势，只进行当天平仓期货交易，一般不会持有隔夜头寸。交易对象为他们认为有利可图的各种期货品种，希望利用较大价差获利。短线帽客的交易时间最短，他们交易一次持续的时间可能仅有几秒或几分钟，随时买进或卖出，赚取很小的差价，往往一天内买卖合约数次，其交易的期货品种较单一，但交易量

一般较大，对增强市场流动性具有十分重要的意义。

按具体的操作手法不同，投机又可分为多头投机和空头投机。空头投机是指投机者预期某期货合约的市场价格将下跌，从而先行卖空合约，并于合约到期前伺机平仓，以从价格下跌中获取利润的交易策略。多头投机是指投机者预期期货合约的市场价格将上涨时买进期货合约，在合约到期前平仓获利的交易策略。多头投机在期货市场上处于多头部位。与空头投机的盈亏特征相反，若市场价格上涨，则投机者将获利，市场价格上涨越多，投机者获利也越多；若市场价格下跌，则投机者将受损，市场价格下跌越多，投机者受损也就越多。

与套期保值策略相比，基于期货合约的单项式投机策略具有以下几个特点。

第一，单项式投机单纯以获利为目的。投机者制定投机策略，试图在期货市场上低价买进高价卖出或高价卖出低价买进来赚取利润，他们的根本目的是获利，这一点也是投机与套期保值的根本区别。

第二，投机不需要实物交割，只做买空卖空操作。投机策略只关注期货合约的买卖价差，频繁买进卖出合约以赚取价差，并没有什么商品需要保值，也不关心实物交割。

第三，投机者承担价格风险，结果有盈有亏。期货市场中的风险是客观存在的，套期保值需要转移价格风险，投机则必须承担风险。投机者大量介入，使期货市场的流动性大大增加，又使套期保值成为可能。买空卖空的风险是很大的，因而投机交易有盈也有亏。

第四，投机主要利用对冲技术，加快交易频率，活跃市场。期货投机的操作条件在于期货合约的对冲性，投机者在发现价格变化有利时，可以方便地对冲已有头寸，以获取价差带来的收益；在价格发生不利变化时也可以方便地对冲已有头寸，迅速退出市场避免更大损失。另外，对冲技术的应用方便投机者加快交易频率，加速资金周转，从交易量的增加中获得更多的收益。

第五，交易量较大，交易较频繁。投机者为市场提供了大量交易资金，同时降低了市场的交易成本。这样又吸引新的投机者加入，从而市场的交易量大为增加，交易较频繁，使市场具有更高的流动性。

此外，单项式投机还有交易时间短、信息量大、覆盖面广等特点，这些为投机交易的迅速发展奠定了基础，也为期货市场的发展创造了条件。

（2）基于期货合约的套利策略。

基于期货合约的套利策略是指利用市场暂时存在的不合理价格关系，通过同时买进和卖出相同或相关的标的资产或期货合约而赚取其中的价差收益的交易行为。套利以盈利为目的。基于期货合约的套利通常需要同时建立多头头寸和空头头寸，这两个头寸通常与相关性很高的合约或标的资产有关。因此，当市场价格发生变化时，通常一个方向的亏损会被另一个方向的盈利所抵消。由于套利交易利用的是市场的价格失衡关系，因此当市场价格关系向正常状态回归时，投资者就可以通过买卖对冲头寸而赚取一定的净利润。

价差交易是指利用远近不同月份合约之间的价差变动来获利的交易行为。它在套利中较为常见，又称为跨期套利。基本做法是在同一时间内进行相反的交易，即购入一份合约并同时卖出相同数量的另一月份合约，然后择期再反向做一次买卖进行平仓。在价差交易中，投资者所关注的并不是某一月份合约的绝对价格变化，而是有关两个月份之间的相对变化。

价差交易又可简单地分为买近卖远交易和卖近买远交易两种形式。买近卖远交易是指入市时买进近期月份期货合约，同时卖出远期月份合约的交易形式。比如，在价格看涨的市场上，若预期同一种商品不同时间的期货合约之间的价格差距缩小，也就是说，近月合约的价格上涨幅度大于远月合约的价格上涨幅度,则对冲手中的合约便会获利;在价格看跌的市场上,近月合约的价格下跌幅度小于远月合约的价格下跌幅度,则对冲手中的合约也会获利。卖近买远交易是指入市时卖出近期月份期货合约,同时买进远期月份合约的价差交易形式。与买近卖远交易相反,投资者预期价差会扩大,即在价格看涨的市场上,远月合约价格的上涨幅度大于近月合约价格的上涨幅度;在价格看跌的市场上,远月合约价格的下跌幅度小于近月合约价格的下跌幅度。

在进行价差交易时,价差交易者应综合考虑各种因素,选择恰当的入市机会。首先,要选择好合约;其次,分析价格和价差的变化趋势;最后,灵活选择机会,若预测价差将缩小,采用买近卖远交易策略,若预测价差将扩大,则采用卖近买远交易策略。不论采用哪种交易策略,以价差交易为代表的套利为投资者提供了较单项式投机策略风险更低的获利机会,并为期货市场增加了流动性。

5.4.6 远期与期货合约的比较

1. 合约的区别

表 5-7 总结了远期合约与期货合约的区别。两种合约均是在将来特定时刻以某种价格买入或卖出某种资产的协议。远期合约的交易在场外市场进行,并且没有标准的合约规模与交割安排,这种合约通常会指定一个交割日期,并且一般会持有至到期日,然后进行交割。期货合约是在交易所交易的标准合约,交割日期通常为一段时间,这种合约每天结算,并且一般在到期日之前会被平仓。

表 5-7 远期合约与期货合约的比较

远期合约	期货合约
私下交易	在交易所内交易
定制化	标准化
通常指明一个交割日	有一系列的交割日
在合约到期时结算	每日结算
通常会发生实物交割或现金交割	合约通常在到期前会被平仓
有信用风险	有再投资风险

2. 盈利的区别

假定英镑的 90 天远期汇率为 1.500 0(每英镑所对应的美元数量),这一汇率也正好是在 90 天后交割的外汇期货价格。这两个合约的损益区别如下所示。

在远期合约中,全部的损益均在合约到期时实现。在期货合约中,由于每日结算,损益每天被实现。假设投资者 A 承约了 90 天期限、价值 100 万英镑的远期合约多头,而投资者 B 承约了 90 天期限、面值也为 100 万英镑的期货合约多头(因为 1 份英镑期货合约的标准价值为 62 500 英镑,所以 100 万英镑的价值所对应投资者 B 应持有 16 份合约)。假定在 90 天后,即期汇率为每英镑 1.700 0 美元,投资者 A 在 90 天后收入 200 000 美元;投资者 B 也有收益,但其收益分散在 90 天中。在某些天投资者 B 可能会有损失,而在其他天会有收益。但是总体来讲,将损失和收益相抵后,投资者 B 在 90 天内的总收益为 200 000 美元。

5.5 远期利率合约

远期利率合约（FRA）是一种场外交易，这种交易的目的是锁定在将来一段时间借入或借出一定数量资金时的利率。在签订 FRA 时，所指定的利率通常等于远期利率，所以合约的价值为零。

远期利率，是指现在时刻的将来一定期限的利率，它是与即期利率对应的一个概念，即期利率是指当前时刻起一定期限的利率。假设今天为 2015 年 9 月 1 日，图 5-7 给出了 9 月 1 日这一天远期利率与即期利率的示意。因为远期利率合约不像期货合约那样标准化，交易商可在更宽的利率范围里报价。在远期利率协议市场的报价习惯是确认存款开始的时点和存款结束的时点。图中 1×2 远期利率，即表示 1 个月之后开始的期限为 1 个月的远期利率；1×3 远期利率，则表示 1 个月之后开始的期限为 2 个月的远期利率。

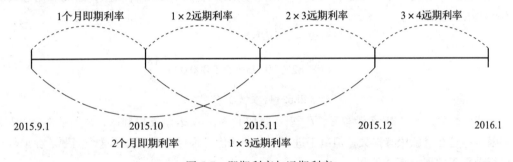

图 5-7 即期利率与远期利率

大多数 FRA 基于 LIBOR。需要在将来某段时间按 LIBOR 借入一定数量资金的交易员可以签订如下 FRA：在 FRA 中，在将来的时间段上收取所需资金的 LIBOR，并支付预先指定的固定利率。这样可以将不确定的 LIBOR 浮动利率转换成固定利率。如果到时 LIBOR 高于（低于）固定利率，FRA 的收益为正（负）。

在将来某段时间收取 LIBOR 的交易员可以类似地通过签订 FRA 来锁定利率：在 FRA 中，在将来的时间段上支付 LIBOR，并收取固定利率。因为借入的利息是滞后支付的，所以 FRA 的收益时间也是在时间段末。但通常在时间段开始会将合约结算，支付的数量是收益的贴现值。

担心利率可能上升的一方应该"购买"FRA。这一方有时称为购买方（多头方）。担心利率可能下降的一方应该"出售"FRA。这一方有时称为出售方（空头方）。请注意，这里 FRA 的头寸与使用期货进行套期保值时的头寸是相反的。

我们现在可以解释在计算 FRA 结算总量时贴现的目的了。不像应付而未付的现金结算（即在期末结算）的其他合约（包括互换合约），远期利率协议是在期限开始时进行现金结算的。例如，如果某个交易商和某个客户签订一项以 LIBOR 为基准的 3 个月对 9 个月（3×9）的 FRA，现金结算将在 3 个月末实施，对应于 6 个月期限的开始。为了使得在期限开始实施的现金结算在价值上等于在期末实施的现金结算，期末值必须贴现到期初值。

假设一家美国银行需要锁定 3 个月后开始的 500 万美元、期限为 6 个月的基于 LIBOR 的融资利率，即 3 个月后，该银行将贷出 6 个月期的 500 万美元给客户。然而，客户需要立即从银行处确定利率。另一方面，银行自己不能给出利率承诺，除非银行能锁定其融资成本。银行与某个 FRA 交易商联系得知,当时,6 个月期的 LIBOR(即期)报价为 8.25%。银行向交易商询问 3 个月对 9 个月期的 LIBOR 远期报价。交易商报出 8.32%,即 FRA 交易商报出在 3 个月后开始的 6 个月期 LIBOR 的利率为 8.32%。这家美国银行(作为合约的买方)接受了这个报价。基于这个利率,这家美国银行向它的客户报出 8.82% 的利率。银行根据自身内部制定的对最优信用等级客户的贷款规则,将 LIBOR 利率上浮 50 个基点,从而完成了这笔交易。也就是说,银行在融资成本(LIBOR)的基础上加上 50 个基点,以实现自身的利润,并抵消所承担的信用风险。

现在假设利率大幅度上升以至于在 FRA 结算(3 个月后)时,6 个月期 LIBOR 为 8.95%。于是银行在欧洲货币市场以 8.95% 的利率获得 500 万美元的存款,并将这些资金贷给公司客户。显然,银行在实际的贷款中有损失。

"6 个月期"的期限计算方法为 182/360,理由是 LIBOR 按货币市场基准报价。按照货币市场基准,利率假设一年有 360 天计算,但它按期限的实际天数支付利息,因此有时也称为"实际天数对 360 天"。

$$\begin{aligned} PL &= (R_R - R_P) \times P \times T \\ &= (8.82\% - 8.95\%) \times 5\,000\,000 \times \frac{182}{360} \\ &= -3\,286.11(美元) \end{aligned} \tag{5-47}$$

在式(5-47)中,PL 表示盈亏,R_R 表示收取利率,R_P 表示支付利率,P 表示本金,T 表示期限。尽管在贷款中有损失,但由于进行了套期保值,银行也就解决了这个问题。套期保值给银行带来正的现金流(盈利)。

$$\begin{aligned} HPL &= D \times (RR - CR) \times NP \times T \\ &= 1 \times (8.95\% - 8.32\%) \times 5\,000\,000 \times \frac{182}{360} \\ &= 15\,925(美元) \end{aligned} \tag{5-48}$$

在式(5-48)中,HPL 表示对冲的盈亏,RR 表示参考利率,CR 表示 FRA 利率,NP 表示名义本金,T 表示期限。D 是虚拟变量,如果交易对手是 FRA 的买方,D 为 1,如果交易对手是 FRA 的卖方,D 为 -1。虚拟变量的目的是使对冲的结果有正确的运算符号,即如果盈利就为"+",如果损失就为"-"。式(5-48)得到的结果,仍然需要贴现才能算得支付或接受的金额。贴现用式(5-49)来做,注意采用参考利率作为贴现率,并且必须调整以反映存款期限为 6 个月。

$$\begin{aligned} \frac{A}{P} &= \frac{HPL}{\left(1 + RR \times \frac{182}{360}\right)} \\ &= \frac{15\,925}{(1 + 0.045\,25)} \\ &= 15\,235.99(美元) \end{aligned} \tag{5-49}$$

在式(5-49)中,$\frac{A}{P}$ 表示接受/支付的金额,HPL 表示对冲的盈亏,将贷款的盈亏和对冲的盈亏相加,可得到银行的总盈利(亏损)。在这里,是 12 639 美元。请注意,我们是用对冲的盈亏(15 925 美元),而不是用在对冲中支付/接受的金额(15 236 美元)来计算银行总盈利。这一点很重要，因为贷款的盈亏和对冲的盈亏是在同一个时点（在现值的意义上）实现的，但贷款的盈亏和对冲支付/接受的金额是在不同时点（也是在现值的意义上）获得的。

在这个例子中，进行套期保值的银行是通过"购买"FRA 进行对冲的。如果这家银行想用期货做对冲，它将"出售"适当数量的期货合约。注意，在以上讲解的 FRA 例子中，购买 FRA 的银行并不实际收到存款。代替实际存款的办法是，银行和 FRA 交易商先以现金结算方式结清式（5-37）和式（5-38）表示的结算差额。然后银行在欧洲货币市场购买存款来满足它的存款要求。这一做法类似于通过冲抵交易（offsetting）脱离期货对冲，然后再在现货市场进行交易。然而，这与将远期合约作为实际交割工具的传统做法不同。这一现金结算的特性将 FRA 与一般的远期合约（如远期外汇协议）区别开了。

FRA 有许多用途。除了作为套期保值的对冲工具之外，银行还可利用 FRA 来套利，套取相关金融工具之间的利润。例如，银行可以套取 FRA 和期货之间，FRA 和互换之间或 FRA 与现货存款之间的利润。

5.5.1 现金流

考虑以下 FRA，其中公司 X 同意在 T_1 和 T_2 之间将资金借给公司 Y。定义以下几个变量。

R_K：FRA 中的约定利率。

R_F：由当前计算的介于时间 T_1 和 T_2 之间的 LIBOR。

R_M：在时间 T_1 观察到的 T_1 和 T_2 之间的真正 LIBOR。

L：合约的本金。

与以往不同，在这里我们将不采用连续复利的假设。我们假设 R_K、R_F 和 R_M 的复利频率均与这些利率相对应的区间保持一致。这意味着，如果 $T_2-T_1=0.5$，那么这些利率为每半年复利一次；如果 $T_2-T_1=0.25$，那么这些利率为每季度复利一次。

一般来讲，公司 X 由 LIBOR 贷款所得收益率应当为 R_M，但 FRA 会使其收益率为 R_K。签订 FRA 会使公司 X 得到额外利率（也可能为负），为 R_K-R_M。利率是在 T_1 设定并在 T_2 付出，因此对于公司 X 而言，额外利率会导致在 T_2 有以下数量的现金流。

$$L(R_K-R_M)(T_2-T_1) \tag{5-50}$$

与此类似，对于公司 Y 而言，在 T_2 的现金流为

$$L(R_M-R_K)(T_2-T_1) \tag{5-51}$$

由式（5-50）和式（5-51）我们可以得出对于 FRA 的另一种解释：在 FRA 中，公司 X 同意在 T_1 和 T_2 之间对本金收入固定利率 R_K，并同时付出在市场上所实现的 LIBOR，R_M。公司 Y 对本金在 T_1 和 T_2 之间付出固定利率 R_K，并同时收入 LIBOR，R_M。

通常 FRA 是在 T_1 时刻进行交割，因此必须将收益从 T_2 贴现到 T_1。对于公司 X，在时刻 T_1 的收益为

$$\frac{L(R_K-R_M)(T_2-T_1)}{1+R_M(T_2-T_1)} \tag{5-52}$$

而对于公司 Y，在时刻 T_1 的收益为

$$\frac{L(R_M-R_K)(T_2-T_1)}{1+R_M(T_2-T_1)} \tag{5-53}$$

5.5.2 定价

为了对 FRA 定价,我们首先注意当 $R_K=R_F$ 时,FRA 的价格是 0。当双方刚刚进入合约时,R_K 被设定为 R_F 的当前取值,因此对于交易双方而言,合约的价值为 0。随着时间变化,利率会有所变化,FRA 的价值也就不再为 0。

衍生产品合约在一个时刻的市场价值被称为是其逐日盯市的价值,为了计算一个收入固定利率合约的 FRA 的逐日盯市价值,我们考虑以下由两个 FRA 组成的投资组合。第 1 个 FRA 承诺在 T_1 和 T_2 之间收入的利率为 R_K,本金为 L;第 2 个 FRA 承诺在 T_1 和 T_2 之间收入的利率为 R_F,本金也为 L。第 1 个 FRA 在时刻 T_2 的收益为 $L(R_K-R_M)(T_2-T_1)$,第 2 个 FRA 在时刻 T_2 的收益为 $L(R_M-R_F)(T_2-T_1)$,投资组合的整体收益等于 $L(R_K-R_F)(T_2-T_1)$,该收益在今天为确定量,该投资组合是一个无风险投资组合,其价值等于在 T_2 时刻收益的贴现值,即

$$L(R_K-R_F)(T_2-T_1)e^{-R_2T_2} \tag{5-54}$$

其中 R_2 为 T_2 期限的无风险利率,因为在第 2 个 FRA 中支付 R_F,价值为 0。在第 1 个 FRA 中收入 R_K,其价值是

$$V_{FRA}=L(R_K-R_F)(T_2-T_1)e^{-R_2T_2} \tag{5-55}$$

与此类似,支付 R_K 的 FRA 价值是

$$V_{FRA}=L(R_F-R_K)(T_2-T_1)e^{-R_2T_2} \tag{5-56}$$

将式(5-55)和式(5-56)或式(5-50)和式(5-51)进行比较,我们可以采取以下过程为 FRA 定价。

- 假定在远期利率会被实现的前提下(即 $R_K=R_M$)计算收益。
- 将收益用无风险利率进行贴现。

值得一提的是,因为 FRA 不是采用变动保证金进行转移的逐日盯市操作,所以 FRA 的参与者承担的风险比期货交易的参与者要大。其结果是,FRA 市场只由信用很好的机构组成。当然,FRA 市场还是存在一些风险。然而,在任何时点,如果对方违约的话,所承受的风险至多也就等于重新签订一项远期合约的成本。即只相当于签约的手续费,数额就是 FRA 交易商应当赔付给遭受违约一方的金额,使之能够重新签订一项具有相同条款的 FRA。

⊙案例 5-1

从无套利定价理论看我国国债期货市场的过去与未来:
"327"国债期货事件的深层次原因分析

在利率频繁波动的今天,利率期货作为管理利率风险的工具,已成为世界期货市场上最重要的金融期货品种之一。国债期货是利率期货的一种主要形式。回顾我国国债期货交易的历程,分析国债期货市场的发展前景,有利于我们正确认识与发展我国的金融市场。

1. 国债期货与无套利定价原理

1977 年 8 月 22 日,美国长期国债期货合约在芝加哥期货交易所上市。这是国债期货发展历程上具有里程碑意义的重要事件。这一交易品种获得了空前的成功,成为当时世界上交易量

最大的一个金融合约。目前，国债期货在世界金融衍生品市场中仍然占有举足轻重的地位。

国债期货交易，是指国债买卖双方在有组织的交易所通过公开竞价的方式，就在将来某一时期按预定的成交价格交收标准数量的特定国债品种而达成的协议。国债期货交易的双方并不一定真正要购进和卖出某种国债，而是可以通过一种可反复交易的标准化合约——国债期货交易合约，来达到对冲利率风险或获取价格变动差额盈利的目的。

无套利定价理论是现代金融工程中的一个主要的定价理论，其基本含义是：如果金融市场不存在套利，那么复制任何一个随机现金流的成本，就应是这个随机现金流的价格。根据该原理的基本思想，在不存在套利机会的市场里，当市场均衡时，金融资产即期价格与其未来现金流一定存在某种必然的内在联系，这种内在联系正是金融资产（工具）定价的基本依据。

以国债期货的定价为例，投资人以现货和期货方式购买同一商品（国债）的总成本（价格加交易成本）应该是一样的（因为未来现金流是一样的）。因此，期货价格加期货交易成本（如交易手续费等）应等于现货价格加现货交易成本（如保管费用、借入资金的利息成本等）。一般来说，期货交易成本小于现货交易成本，因此，期货价格大于现货价格。通常把两者之差称为净交易成本，即：净交易成本等于现货交易成本减去期货交易成本。据此，我们可以得出：国债期货的理论价格等于国债现货价格加上净交易成本。如果忽略国债期货的交易成本，不考虑手续费、税费等其他方面的支出，国债期货交易的净交易成本实际上就是借入资金所支出的利息成本（融资成本）减去国债票面利息收入的差额，因此从理论上说，国债期货价格等于国债现货价格加上融资成本减去国债票面利息收入，用数学方程式表示如下：

$$F_{0,t} = S_0(1+I-\text{AI})$$

$F_{0,t}$ 为到期时间为 t 的国债期货合约目前（0 时刻）的价格，S_0 为国债现货价格，I 为融资成本率，AI 为债券应计利息的利率。

如果上述的价格关系不成立，套利者将立即进场赚取无风险的利润，直到套利机会消失为止。若现货相对于期货的价格太低，交易者可以借取资金而买进国债现货，同时放空国债期货合约，然后持有现货至期货合约到期而交割空头头寸。这笔交易可以在不需本金投资的情况下赚取无风险的利润。同样，如果现货相对于期货的价格太高，则反向操作同样可以获取无风险利润。一个有效率的完备市场不可能存在这类的套利机会，因为套利行为将使市场价格反向变动，直至套利机会消失为止。在有效率的国债期货交易市场上，供求双方通过公开、公平、公正的竞价，使国债价格水平在动态中形成具有竞争性"权威价格"，即通过竞争产生全社会公认的价格。这种价格具有很强的预期性，能够预先较准确地反映未来国债市场的供求情况，并且能对未来各个时期的潜在供求关系进行超前性的调节。

2. 对我国过去国债期货交易中出现问题的反思

根据无套利定价理论的基本原理，一个健康、有效率的国债期货市场，其产品定价必然是符合上面介绍的基本定价规律的。反之，若国债期货市场价格长期偏离理论价格，则说明这个市场是个低效率或者是受投机力量左右的市场。"327"国债期货事件表明我国的国债期货市场的效率有进一步提升的空间。

（1）"327"国债期货事件的过程及影响。

"327"国债期货合约对应的品种是 1992 年发行的 3 年期国债，该债券发行总量为 240 亿元，1995 年 6 月到期兑付，交易标的物是 9.5%的票面利息加上保值贴补率。"327"国债到期的基础价格已经确定，即票面价值 100 元加上 3 年合计利息 28.50 元，总计为 128.50 元。但到期的价格还要受到是否加息和保值贴补率高低的影响，市场对此看法不一。因此，对是否加息和通货膨胀率及保值贴补率的不同预期，成了"327"国债期货品种多空双方的主要分歧。1995年2月22日晚，财政部发出公告，公布了"327"国债期货品种具体的贴息办法，证实了"327"国库券到期还本付息时，将按同期银行储蓄存款利率计息并实行保值贴补。这对国债期货多头方来说是一个好消息，却使空头方面临巨额亏损。但是，空头方并不甘心承认失败。1995年2月23日下午4点22分后，在短短的8分钟之内，空头方的主要代表万国证券公司在并无交易保证金的情况下违规抛出大量的卖单。"327"国债期货收盘时价格被打到147.40元。为制止事态的进一步恶化，上海证券交易所做出了"最后8分钟交易无效"的决定，并随后宣布国债期货交易从2月27日开始休市，同时组织协议平仓。

"327"国债期货事件震撼了我国期货行业，也引起了管理层的极大关注。国务院责成中国证监会等部门对这一事件进行长达4个多月的调查。1995年9月20日，中国证监会等部门公布"327"国债期货事件查处结果，认定此事件是一起严重的蓄意违规事件，是在国债期货市场发展过快、交易所监管不严和风险管理滞后的情况下，由上海万国证券公司、辽宁国发（集团）股份有限公司等少数大户蓄意违规、操纵市场、扭曲价格、严重扰乱市场秩序所引起的金融风波。

"327"国债期货事件之后，证监会和财政部发布了《国债期货交易管理暂行办法》，随后又出台了《关于加强国债期货交易风险控制的紧急通知》《关于落实国债期货交易保证金规定的紧急通知》《关于要求各国债期货交易场所进一步加强风险管理的通知》等一系列通知。各交易所也采取了提高保证金比例，设置涨跌停板等措施以抑制国债期货的投机气氛。但从当时的情况来看，交易中仍然风波不断，并于当年的5月10日又酿出另一起风险事故。1995年5月17日，经国务院同意，中国证监会做出了暂停国债期货交易试点的决定。

（2）由"327"国债期货事件引发的思考。

1）保值还是投机：国债期货与利率风险。

作为固定利率债券之一，国债的价格与市场利率存在内在的、反向的变动关系。当市场利率变动时，国债的持有者承担利率风险，而国债期货正是为规避这种利率风险而产生的。根据无套利定价原理，国债期货的价格与货币或资本市场的利率之间存在一种内在的必然联系。国债期货价格与市场利率具有相反的走势：当市场利率由低向高变动时，国债期货的价格会下降，反之亦然。这就给投资者提供了规避利率风险的机会。通过计算出市场利率与国债期货价格的相关系数，并据此在两个市场上进行反向操作，保值者就可以使利率变动造成的盈亏与国债期货市场上的损益相互抵消，从而实际上将未来的利率锁定在确定的水平上。

规避利率风险的套期保值需求是推动国债期货产生与健康发展的原动力。然而在20世纪90年代前期和中期，我国利率尚未实现市场化，投资者不必承担利率风险，自然也就没有在国债期货市场中进行套期保值的现实需求。当时国债期货市场的参与者大都不是利率风险的保值者。

1992—1994年，中国面临一定的高通货膨胀压力。1994年10月以后，中国人民银行提高了3年期以上储蓄存款利率并恢复存款保值贴补。为了保证国债的顺利发行，国家对已经发行的国债的利率也实行保值贴补，保值贴补率由财政部根据通货膨胀指数每月公布。保值贴补率的不确定性为炒作国债期货提供了空间，大量机构投资者进入国债期货市场，国债期货市场行情火爆，成交额屡创新高，市场规模急速扩大。股票市场的低迷和钢材、煤炭、白砂糖等商品期货品种相继被暂停交易之后，大量游资云集国债期货市场。这一时期，由于国债期货市场中投机、炒作行为的普遍存在,几乎每一个国债期货品种的市场价格都偏离了其理论价格。

从国债期货市场交易情况来看,规模大小是当时国债期货市场的一个主要问题。这种规模太小表现在两个方面,一是国债现券的总体规模太小,可以上市流通的债券数量太少,1995年全年的国债现货交易总额仅770亿元左右,在国债期货市场暂时关闭前能在上交所流通的国债现券总量,折合成期货合约仅为220余万份,当年主要以个人投资为对象发行的1 000多亿元三年期凭证式国债均不可上市流通,而可上市的国债相当大一部分又为个人所持有,这样就大大减少了上市流通的国债数量;二是相对每一具体品种,现券的供应量则更少。没有合理的市场规模,就没有合理的市场价格。市场容量越小,越容易造成价格的人为操纵与人为控制。在市场容量很小的情况下,个别机构和个人凭借自身实力使价格涨跌在一定范围内,朝有利于自己的方向波动,助长了过度投机。

2) 利率期货还是通货膨胀率期货:国债期货与通货膨胀率和保值贴补率。

国债保值贴补率是根据通货膨胀水平加以确定的,由于通货膨胀水平是不断变化的,保值贴补率也就随之不断进行调整,而这种调整直接影响着相应国债收益率的高低,反映到国债期货市场上就是相关品种市场价格的相应变化。当时的国债收益率受到带有明显政策性因素的保值贴补率的左右,因此投资国债期货面临的风险主要是政策风险。

在高通货膨胀的情况下,实施保值贴补政策有一定的必要性。但每月公布一次的参照当期通货膨胀指数制订的保值贴补率实际成为国债期货市场上最为重要的价格变动指标,从而使我国的国债期货由利率期货演变成某种意义上的通货膨胀率或保值贴补率期货。于是标准意义上的国债期货的无套利定价规律在某种程度上失灵了,交易者通过各种方法得出各自的通货膨胀率和保值贴补率,并由此决定投资的方向和头寸,而整个市场的风险也随之不断加大。"327"国债期货事件中,保值贴补政策和国债贴息政策对债市气贯长虹的单边涨势起了决定作用。在多头、空头对峙时,"327"国债期货价格受到财政部公告的消息刺激而大幅飙升,在通货膨胀率及保值贴补率连续攀高的情况下,"327"国债的票面收益率大幅提高,这最终成为空头方失败的致命因素。

3) 监管还是放任:国债期货与风险控制。

"327"国债期货事件的产生虽有突发性的因素,但交易所风险监督管理系统和资金保障系统的不健全也是"违规操作"得逞的原因。尽管国债现货市场可流通债券规模很小,截至1994年底推出国债期货品种的交易场所却已达到14家。各交易场所互相分割,竞相在提高交易量和降低交易成本上下功夫,而普遍忽视了风险监管。

此次事件为我们敲响了警钟,提醒我们在推进金融市场创新的同时,必须更加注重风险管理和监管体系的建设,以确保市场的稳健运行和持续发展。

⊙案例 5-2
1993年德国金属公司石油期货交易巨额亏损案

案例综述

德国金属公司是一家已有113年历史的老牌工业集团,经营范围包括金属冶炼、矿山开采、机械制造、工程设计及承包等,在德国工业集团中排位约在第十三、第十四名,公司以经营稳健著称。德国金属公司为交易合约制定了一套套期保值的策略，试图将油品价格变动风险转移到市场上。一系列技术性的因素却造成了套期保值失败，使"德国金属"不仅没有达到规避或降低风险的目的，而且招致了灾难性的后果。

案例风险识别分析

1. 行情误判风险

德国金属公司亏损的直接原因在于，公司管理层对期货市场行情判断失误，认为石油期货市场在长时间内都是反向市场，做出了相反的决策，具体而言，公司没有预料到1993年底的石油价格会不升反降，市场方向发生反转，由反向市场变为正向市场。

2. 基差风险

石油价格下跌使得这些头寸出现新的风险——基差风险，即不同期限的期货或远期价格之间关系变化的非线性风险，比单纯的价格风险更难以预测，德国金属公司根本无法控制。

3. 保证金不足风险

1993年底，世界能源市场行情低迷、石油产品价格猛烈下跌时，德国金属公司在商品交易所和场内市场交易的用以套期保值的多头短期石油期货合同及互换协议形成了巨额的浮动亏损，按期货交易逐日盯市的结算规则，德国金属公司必须追加足量的保证金；对其更为不利的是，能源市场一反往常现货升水的情况而变成现货贴水，石油产品的现货价格低于期货价格，当德国金属公司的多头合约展期时，不仅赚不到基差，而且在支付平仓亏损外，还要支付现金以弥补从现货升水到现货贴水的基差变化。为了降低出现信用危机的风险，纽约商品交易所提出了把石油期货合约初始保证金加倍的要求，使德国金属公司骤然面临巨大的压力。此项保证金制度，进一步加剧了公司的财务负担。事后分析，1993年底世界石油价格正处于谷底，通过做空头对冲原来套期保值的多头期货合约所形成的亏损额最高，1993年12月，石油价格从低于13美元/桶的价格底开始缓慢回升，至1994年夏天，价格升到超过19美元/桶，高过原来多头建仓的18美元/桶的价格，也就是说，如果不忙着全部斩仓，而是给予资金支持，那么到1994年夏天公司就扭亏为盈了。保证金制度下，由于德国金属公司在当时情况下没有充足的资金做保障，只能在市场反弹之前强行平仓，从而失去了扭亏为盈的机会。

4. 投机风险

从德国金属公司签订的这份协议来看，出于其对自身在全球商品市场交易的丰富经验及在金融衍生品交易方面的技术能力的充分自信，投机的因素已经超过了套期保值的初衷。

德国金属公司在商品交易所和场内市场通过石油标准期货合约和互换协议建立起来的多头头寸不是套期保值，而是冒险，是一种一厢情愿地把全部赌注压在世界油品交易市场会长期呈现现货升水这样的假设上的投机。但事实并不是如此，德国金属公司的行情误判以及市场反转造成公司在石油期货市场上亏损13亿美元。

案例风险管理启示

1. 行情误判风险管理

对于行情的判断,是进行投资决策的成败关键。市场投资者不可能完全正确预测市场变化,也不可能对市场行情进行十分准确的把握。德国金属公司的高管没有准确预测行情,历史上名声显赫的美国长期资本管理公司也是由于市场反转,行情误判,最终面临破产。随着金融市场的发展,对于市场行情的判断越来越数字化、理论化。公司投资决策层可以使用各种技术指标,在一定误差范围内,预测市场方向,把握市场风险。公司投资决策层必须具备足够的专业知识或能依靠具有专业水准的技术人员,就任何对本公司造成实质性影响的衍生品交易的情况做出独立的判断。

2. 基差风险管理

利用金融衍生工具进行套期保值,往往涉及非常复杂的数学模型,其中最重要的是要精确地测定标的资产价格与所选择的衍生合约价格之间的相关性。这种相关性如果把握不准确,套期保值失败的可能性是相当大的。进行基差风险管理的关键在于公司能够获得准确的套期保值比率。套期保值比率是指为规避现货市场价格风险,根据所持有的现货头寸确定的期货合约的数量。成功的套期保值策略在很大程度上取决于恰当的套期保值比率。而且,套期保值的设计必须经过以统计数据加预测分析推导出的压力测试后才可用于实际操作。德国金属公司投资管理决策层所设计的套期保值方案在期限匹配、套期保值比率等关键技术参数上都存在缺陷,在市场走势没有按照公司预期发展的情况下,相关风险迅速增加,进而导致最后的巨额亏损。对风险的把握对公司决策层的要求较高,需要有高技术专业人才通过相关测算进行把握。

3. 企业内部风险控制管理

企业高级管理者要让投资者及债权人理解企业采用的套期保值策略,就处理融资和盈亏等问题达成共识。如果管理者、投资人或债权人光看见亏损的一面,就可能发生决策误判。目前传统的财务会计报表尚不能清晰完整地反映衍生品交易真实的盈亏和风险。德国金属公司的案例展现了管理者、投资人和债权人就长期石油合约的套期保值问题事先缺乏必要的沟通,最终在管理上发生冲突,酿成了灾难性的后果。

4. 投机风险管理

由于金融衍生品交易有很高的风险,金融衍生产品从设计、交易到清算、履约又都带有高技术因素,给生产和消费它们的企业提出了新的管理要求。金融衍生品交易既可以用于套期保值,转移人们不愿承担的风险;也可以用来投机,试图从承担风险中牟取超额的收益,金融衍生品交易的这种双重功能,给交易性质和风险的判断增加了难度。德国金属公司的套期保值是在经验分析的基础上进行的,带有很强的投机性质。公司管理层在进行决策时,不能过度贪图获得超额收益而进行投机,这样面临的风险很大,一旦出现问题,加上金融衍生工具的杠杆性,就会面临巨大损失。公司一定要了解自己的能力,例如交易执行的能力,基本面分析的能力,量化分析的能力,对主要技术人员进行专业培训,提高公司风险控制能力以及风险管理策略。在当下的金融市场上,公司不进行投资决策的风险管理,就意味着公司在进行风险极大的投机活动,这对于公司的成长是不利的。

习题

1. 一位基金经理管理着一个资产规模较大的资产组合，在标准普尔500指数为1 000时，他卖出了一份价值100 000美元的远期合约以对冲股市风险。当前指数为940，而在合约到期时指数为950。到期日该经理_____。
   A. 因为指数上升了1.052 63%，所以他将支付105 263美元
   B. 将收到500万美元
   C. 必须支付在合约期间指数的股息
   D. 将收到对方付款，金额相当于50乘以到期日合约的乘数
2. 一个交割价格为10元，交易量为100单位，距离到期日还有一年的远期合约，如果标的资产当前的市场价格为15元，市场无风险利率为10%，对于多头来说，该远期合约的价格为多少？
3. 假设市场完美且无摩擦，标的资产价格为35.5美元，远期价格为38.0美元，期限为一年。无风险利率为5%，则套利产生的收益为（　　）
   A. 0.725美元　　　B. -0.725美元　　　C. -0.5美元　　　D. 0.5美元
4. 7月1日，你以990美元的价格买了一份标准普尔500指数的期货合约，乘数是250美元。9月15日的期货价格是1 018美元。假设没有交易费用，如果平仓，收益或者损失是多少？
5. 一个投资者发现一种商品的套利机会，相关信息如下表所示。

商品现货价格	120美元
1年期的商品期货价格	125美元
年利率	8%

请问如何构造投资组合进行套利？并根据构建的投资组合计算套利收益。

参考文献

[1] ALMEIDA H, CAMPELLO M, WEISBACH M S. The cash flow sensitivity of cash [J]. The journal of finance, 2004, 59 (4): 1777-1804.

[2] BARTH M E, BEAVER W H, HAND J R, et al. Accruals, cash flows, and equity values [J]. Review of accounting studies, 1999, 4: 205-229.

[3] BESEMBINDER H, SEGUIN P J. Futures-trading activity and stock price volatility [J]. The journal of finance, 1992, 47 (5): 2015-2034.

[4] BUNN D W, CHEN D. The forward premium in electricity futures [J]. Journal of empirical finance, 2013, 23: 173-186.

[5] CHOW Y F, MCALEER M, SEQUEIRA J. Pricing of forward and futures contracts [J]. Journal of economic surveys, 2000, 14 (2): 215-253.

[6] CORNELL B, REINGANUM M R. Forward and futures prices: evidence from the foreign exchange markets [J]. The journal of finance, 1981, 36 (5): 1035-1045.

[7] COX J C, INGERSOLL J E, ROSS S A. The relation between forward prices and futures prices [J]. Journal of financial economics, 1981, 9 (4): 321-346.

[8] COX C C. Futures trading and market information [J]. Journal of political economy, 1976, 84 (6): 1215-1237.

[9] FLESAKER B. The relationship between forward and futures contracts: a comment [J]. The journal of futures markets (1986-1998), 1991, 11 (1): 113.

[10] FRENCH K R. A comparison of futures and forward prices [J]. Journal of financial economics, 1983, 12 (3): 311-342.

[11] GILCHRIST S, HIMMELBERG C P. Evidence on the role of cash flow for investment [J]. Journal of monetary economics, 1995, 36 (3): 541-572.

[12] HILL J, SCHNEEWEIS T. Forecasting and hedging effectiveness of pound and mark forward and futures markets [J]. Management international review, 1982, 43-52.

[13] HILL J, SCHNEEWEIS T. The hedging effectiveness of foreign currency futures [J]. Journal of financial research, 1982, 5 (1): 95-104.

[14] HILLIARD J E, REIS J. Valuation of commodity futures and options under stochastic convenience yields, interest rates, and jump diffusions in the spot [J]. Journal of financial and quantitative analysis, 1998, 33 (1): 61-86.

[15] HULL J. Options, futures, and other derivative securities [M]. Englewood Cliffs: Prentice Hall, 1993.

[16] KANE E J. Market incompleteness and divergences between forward and futures interest rates [J]. The journal of finance, 1980, 35 (2): 221-234.

[17] KAWAI M, ZILCHA I. International trade with forward-futures markets under exchange rate and price uncertainty [J]. Journal of international economics, 1986, 20 (1): 83-98.

[18] KHURANA I K, MARTIN X, PEREIRA R. Financial development and the cash flow sensitivity of cash [J]. Journal of financial and quantitative analysis, 2006, 41 (4): 787-808.

[19] LEVICH R M. FX counterparty risk and trading activity in currency forward and futures markets [J]. Review of financial economics, 2012, 21 (3): 102-110.

[20] LEWELLEN J, LEWELLEN K. Investment and cash flow: new evidence [J]. Journal of financial and quantitative analysis, 2016, 51 (4): 1135-1164.

[21] MORGAN G E. Forward and futures pricing of treasury bills [J]. Journal of banking & finance, 1981, 5 (4): 483-496.

[22] PARK H Y, CHEN A H. Differences between futures and forward prices: a further investigation of the marking-to-market effects [J]. The journal of futures markets (pre-1986), 1985, 5 (1): 77.

[23] PAROUSH J, WOLF A. Production and hedging decisions in futures and forward markets [J]. Economics letters, 1986, 21 (2): 139-143.

[24] RICHARD S F, SUNDARESAN M. A continuous time equilibrium model of forward prices and futures prices in a multigood economy [J]. Journal of financial economics, 1981, 9 (4): 347-371.

[25] SUNDARESAN S. Futures prices on yields, forward prices, and implied forward prices from term structure [J]. Journal of financial and quantitative analysis, 1991, 26 (3): 409-424.

[26] WORKING H. Futures trading and hedging [J]. The American economic review, 1953, 43 (3): 314-343.

[27] 宋逢明. 金融工程原理：无套利均衡分析 [M]. 北京：清华大学出版社, 1999.

[28] 赫尔. 期权、期货及其他衍生产品 [M]. 王勇, 索吾林, 译. 北京：机械工业出版社, 2018.

[29] 郑振龙, 陈蓉. 金融工程 [M]. 北京：高等教育出版社, 2016.

互换定价

在第6章，我们将用图形的形式表示普通的互换（plain vanilla）。通过观察与互换相联系的现金流模式图形以及互换与现货市场交易的方式，我们可以很容易看到所期望的结果是如何达到的。我们一般把互换这种金融产品应用到以下三个方面：①利率互换将固定利率债务转换为浮动利率债务；②货币互换将一种货币计价的债务转换成另一种货币计价的债务；③商品互换将浮动价格转换成固定价格。

所有的互换建立在同样的基本结构上。两个称为互换对手的参与者同意进行一种或多种指定数量的标的资产的交换。我们称互换中标的资产数量为名义本金，以区别于现货市场中的实际交换，即实际本金。一个互换可以是一次本金的交换、两次本金的交换、一系列本金的交换，也可以没有本金的交换。最常见的情况是，在互换开始时交换一次名义本金，而在结束时再反向交换一次名义本金。

互换中交换的名义本金可以相同也可以不同。在交换名义本金时，互换的交易双方为使用标的资产而相互支付。一方为使用另一方的标的资产按固定的价格进行周期性的支付。这个固定价格称为互换息票。同时，另一方为使用一方的标的资产按照浮动价格（由市场决定）进行周期性的支付。这就是普通互换结构。为了方便起见，我们在后面将称一方为互换对手A，另一方为互换对手B。

直接在两个最终用户之间安排互换是很困难的。更为有效的结构是包含一个金融中介，该金融中介作为两个最终用户的互换对手。这种互换对手称为互换交易商，做市商。这些称呼我们将交替使用。互换交易商从加在互换息票上的买卖差价赚取利润。

货币互换的步骤如图6-1所示。在货币互换的过程中，A公司需要货币2，B公司需要货币1，且双方在各自的货币借贷中具有相对优势，互换交易商在其中起到了撮合作用。

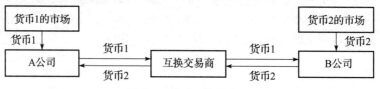

图6-1 货币互换的步骤

一般来说,单个互换本身意义不大,但互换不是孤立存在的。它们总是与相应的现货市场头寸或交易结合起来使用。有三种基本的交易:①从现货市场获得"实物";②支付给现货市场(或从现货市场接收);③提供实物给现货市场。

6.1 利率互换定价

在利率互换中,可以交换的本金以一定数量的货币形式存在从而称为名义本金。在互换中,交换的名义本金数量相同,使用的货币也相同。因此,交易可以不需要本金。这正是"名义本金"这个术语的由来。另外,由于周期性对等支付采用同一种货币,所以,交易双方在每个周期的结算日只需交换差值。

利率互换常常由减少融资成本的愿望所推动。在这些情况下,一方具有相对便宜的固定利率资金融资机会,但希望以浮动利率筹措资金;另一方具有相对便宜的浮动利率资金融资机会,但希望以固定利率筹措资金。通过与互换交易商进行交易,双方可以获得它们所希望的融资形式(固定利率或浮动利率),同时,互换交易能够发挥交易双方各自相对的借款优势。

假设有A、B两个公司,A公司的信用等级较高(AAA级),B公司的信用等级较低(BBB级),由于两个公司的信用等级不同,很显然它们在资本市场上的融资成本也是不同的。信用等级高的A公司无论在固定利率市场还是浮动利率市场,都可以凭借较低的成本筹措到资金,而信用等级较低的B公司在固定利率市场和浮动利率市场的融资成本都比A公司要高。表6-1说明了两个公司各自的融资情况。但是,相对来说,B公司在浮动利率的融资上具有比较优势,即它在浮动利率市场上比A公司多付出的利率只有0.4%,而它在固定利率市场上比A公司多付出的利率为1%。B公司在浮动利率市场上比A公司有相对优势,而A公司在固定利率市场上比B公司有相对优势。于是,B公司将在浮动利率市场筹措资金,A公司将在固定利率市场上筹措资金。

表6-1 A、B公司在市场上的融资情况

	A公司	B公司	利率差
信用等级	AAA	BBB	
固定利率	10%	11%	1%
浮动利率	6个月期的LIBOR+0.1%	6个月期的LIBOR+0.5%	0.4%

1. 直接利率互换

由于A公司在固定利率市场上相对B公司有比较优势,而B公司在浮动利率市场上相对于A公司有比较优势,所以双方商定,A公司借入固定利率为10%的借款1 000万美元,B公司借入浮动利率为6个月期的LIBOR+0.5%的借款1 000万美元。而A公司希望获得浮动利率,B公司则希望把浮动利率转化为固定利率以锁定利率升高的风险。因此,双方进行互换,假设互换的收益由两者平分。

假设双方在互换协议中商定,A公司以6个月期的LIBOR作为浮动利率向B公司支付利息;B公司则以10.2%的固定利率向A公司支付利息。直接利率互换的交易结构如图6-2所示。

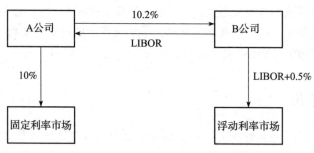

图 6-2　直接利率互换的交易结构

通过上面的利率互换,和直接在浮动利率市场上以 6 个月期的 LIBOR+0.1% 的利率融资相比,A 公司节约了 0.3%;B 公司也比直接在固定利率市场上融资节约 0.3%。互换的总收益为 0.6%。

2. 间接利率互换

我们可以看到,A 公司在固定利率市场和浮动利率市场上都有绝对优势,而 B 公司在固定利率市场和浮动利率市场上都有绝对的劣势。A 公司和 B 公司可以通过利率互换来达到双方都降低融资成本的目的。由于 A 公司和 B 公司凭借自身的力量去寻找互换对手很困难,所以它们都通过 C 银行来做利率互换,即 A、B 公司分别与 C 银行签订互换协议,其总收益在三者之间分配。

假设收益在三者之间平均分配,互换协议中规定:A 公司以 6 个月期 LIBOR 的浮动利率向 C 银行支付利息,并从 C 银行收取 10.1% 的固定利息;B 公司以 10.3% 的固定利率向 C 银行支付利息,并从 C 银行收取 6 个月期 LIBOR 的浮动利息。最终,通过 A 公司、B 公司以及 C 银行的两个利率互换,三者各得到 0.2% 的收益。间接利率互换的交易结构如图 6-3 所示。

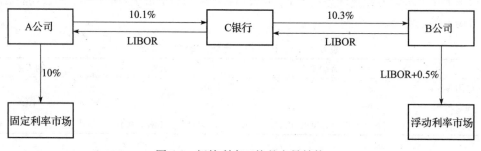

图 6-3　间接利率互换的交易结构

我们现在考虑利率互换的定价问题。在合约刚开始时,利率互换的价格接近于 0。随着时间的变化,利率互换的价格可能为正,也可能为负。当互换利率被用作贴现利率时,利率互换有两种定价方式。第 1 种方式将利率互换作为两个债券的差;第 2 种方式将利率互换作为由远期利率合约所组成的交易组合。

6.1.1　利用债券价格定价

在利率互换中,名义本金不进行交换。现在定义以下两个变量。

- B_{fix} 为互换合约中分解出的固定利率债券的价值。
- B_{float} 为互换合约中分解出的浮动利率债券的价值。

对于互换多头，也就是固定利率的支付者（如前面的 B 公司）来说，利率互换的价值就是

$$V_{\text{swap}} = B_{\text{float}} - B_{\text{fix}} \tag{6-1}$$

反之，对于互换空头，也就是浮动利率的支付者（如前面的 A 公司）来说，利率互换的价值就是

$$V_{\text{swap}} = B_{\text{fix}} - B_{\text{float}} \tag{6-2}$$

这里固定利率债券的定价公式为

$$B_{\text{fix}} = \sum_{i=1}^{n} k e^{-r_i t_i} + A e^{-r_i t_i} \tag{6-3}$$

其中：A 为利率互换中的名义本金。

k 为现金流交换日交换的固定利息。

n 为交换次数。

t_i 为距第 i 次现金流交换的时间长度（$1 \leq i \leq n$）。

r_i 为到期日为 t_i 的连续复利下的 LIBOR 即期利率。

显然，固定利率债券的价值就是未来现金流贴现值的总和。这里使用了连续复利的贴现计算方式。

浮动利率债券的定价公式为

$$B_{\text{float}} = (A + k^*) e^{-r_1 t_1} \tag{6-4}$$

式中，k^* 为下一交换日应交换的应付浮动利息（这是已知的），距下一次利息支付日则还有 t_1 的时间。

对于式（6-4），在浮动利率始终等于该债券的合理贴现率的条件下，第一，在浮动利率债券新发行时，该债券的价值就等于它的面值；第二，在任何一个重新确定利率的时刻，付息之后的浮动利率债券价值就等于新发行的同期限的浮动利率债券面值，付息之前的浮动利率债券价值就等于面值 A 加上应付利息 k^*；第三，根据债券定价的一般原理，在不考虑流动性因素的情况下，选定债券存续期内的任何一个时点，债券的价值等于该时点的债券价值加上现在到该时点之间现金流的现值。在为浮动利率债券定价时，选定下一个付息日为未来时点，这样就可以得到式（6-4）。

6.1.2 利用远期利率合约对互换定价

在互换中每次支付的交换都是一个远期利率合约，其中预先指定的固定利率与浮动利率相交换。例如，考虑一个在 2017 年 3 月 8 日开始、为期 3 年的虚拟利率互换合约。假定这一互换合约是在苹果公司与花旗集团之间达成的。我们假定苹果公司同意向花旗集团支付固定利率为 3%、本金为 1 亿美元的利息；作为收益，花旗集团向苹果公司支付 6 个月期并且由同样本金所产生的浮动利息。苹果公司为固定利率的支付方，花旗集团为浮动利率的支付方。我们假定合约规定双方每 6 个月互相交换现金流。这里的 3%固定利率为每半年复利一次。这是在 2017 年 3 月 8 日签订的 3 年期互换（每半年支付一次）。第一次交换的支付情况在双方签订合约时就已经知道了，其他 5 次交换均可以看成是远期利率合约。例如，在 2018 年 3 月 8 日的交换是

一个远期利率合约：3%的利率与在 2017 年 9 月 8 日从市场上观察的 6 个月期的 LIBOR 交换。2018 年 9 月 8 日的交换：3%的利率与在 2018 年 3 月 8 日从市场上观察的 6 个月期的 LIBOR 交换。由于互换只不过是远期利率合约的组合，因此我们可以假设远期利率将会实现。

6.2 货币互换定价

货币互换是在未来约定期限内将一种货币的本金和固定利息与另一种货币的本金和固定利息进行交换。

下面介绍一个货币互换的例子，假设甲乙两公司在欧元市场和美元市场的借款情况如表 6-2 所示，甲公司在欧元市场的借款利率为 10%，在美元市场的借款利率为 5%；乙公司在欧元市场的借款利率为 13%，在美元市场的借款利率为 6%，甲相对乙在欧元和美元市场上均具有绝对优势，但是通过比较优势，利用货币互换，双方总体可以获得 2%的超额收益。

表 6-2　甲乙两公司在欧元市场和美元市场的借款情况　　　　（%）

	甲公司	乙公司	比较优势	超额收益
欧元市场	10	13	3	2
美元市场	5	6	1	2

现在假设甲公司需要 1 亿欧元价值的美元，并假设即期汇率 1 欧元 = 2 美元，因此问题相当于甲公司需要 2 亿美元，乙公司需要 1 亿欧元。互换步骤如下所示。

第一步：甲乙双方分别在市场上借款，甲公司借款 1 亿欧元（以 10%的利率），乙公司借款 2 亿美元（以 6%的利率），然后双方交换本金。

第二步：在之后每一期交换利息。

第三步：到期时，互相偿还本金。

互换交易结构如图 6-4 所示（这里假设双方交易期间，乙公司支付欧元的利率为 12.5%，甲公司支付美元的利率为 6%）。

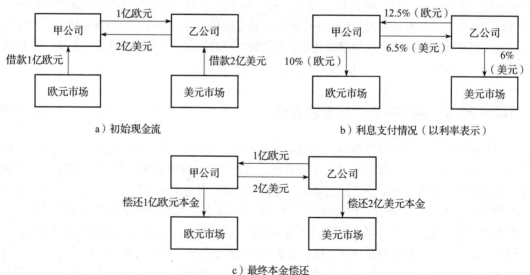

图 6-4　互换交易结构

甲乙两公司资金交换情况如表 6-3 所示。

表 6-3 甲乙两公司资金交换情况

日期	甲公司给乙公司	乙公司给甲公司
2021.12.1（最初交换）	1 亿欧元	2 亿美元
2022.12.1	1 300 万美元	1 250 万欧元
2023.12.1	1 300 万美元	1 250 万欧元
2024.12.1	1 300 万美元	1 250 万欧元
2025.12.1	2 亿美元+1 300 万美元	1 亿欧元+1 250 万欧元

在了解完货币互换的主要步骤和用途后，我们接下来了解货币互换的定价。货币互换价格是指互换合约对于互换某一方的价值。在固定利率与浮动利率互换中，我们通常采用零息票定价技术，即用相等的期初本金流出和期末现金流入来取代期间的浮动利息的流出。货币互换中第一种货币的现金流结构如图 6-5 所示。

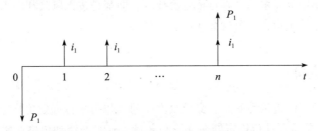

图 6-5 货币互换中第一种货币的现金流结构

货币互换中第二种货币的现金流结构如图 6-6 所示。

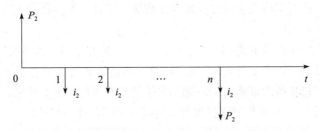

图 6-6 货币互换中第二种货币的现金流结构

如果对第二种货币做一个反向的结构，就得到图 6-7。把图 6-6 和图 6-5 合并到一起，按开始互换时的即期汇率，使得 P_1 和 P_2 二者相等，因此可以互相抵消。抵消后的现金流结构如图 6-7 所示。

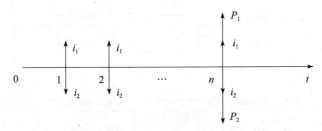

图 6-7 抵消后的现金流结构

我们需要注意以下两点。

第一，按期初的即期汇率定出 P_1 和 P_2，对 P_1 和 P_2 分别按各自货币做浮动利率与固定利率的利率互换（浮动利率的指数分别采用两种货币的 LIBOR）来定出 i_1 和 i_2，以后就定期地按照 i_1 和 i_2 互换利息。

第二，期初的本金可以不交换，因为根据当时的汇率，二者可以相互抵消。但期末一定要交换本金，因为到期末的时候，汇率变了，二者不再能互相抵消。图 6-7 的净现值为零，所以用这种做法得到的是均衡定价。如果期末不交换本金，定价就会失衡。

因为浮动利率支付利息的现金流可以用期初和期末相等的本金现金流的流出和流入来替代，所以浮动利率对浮动利率的货币互换可以根据期初的即期汇率算出两种货币相等的本金金额，再按照各自的利率（如各自的 LIBOR）计算每期互换的利息，最后到期末再交换期初算出的本金额即可，所以实际上是以 LIBOR 换 LIBOR。同样的道理，读者不难自己体会出一种货币是固定利率而另一种货币是浮动利率的交叉互换应该如何定价，本书在此不做介绍。

以上介绍的互换定价技术基于零息票定价技术，即都是按无风险利率来定价的。如果引入互换中交易一方的违约风险，情况就会变得非常复杂。

6.3 商品互换定价

商品互换的标的资产是某种商品。交易双方中的 A 以每单位固定价格定期向交易双方中的 B 支付款项，B 以每单位浮动价格定期向 A 支付款项。这里的浮动价格通常是在周期性观察即期价格基础上的平均价格。互换的商品通常情况下是相同的，但也可以不同。如果互换的商品是相同的，就不必交换名义商品，反之则可以要求交换名义商品。一般来说，商品互换并不发生名义商品的交换，所有实际发生的交易都是在现货市场进行的。投资者利用商品互换可以规避未来某种商品的价格风险。

下面我们来考虑一个简单的案例。原油生产商（互换对手 A）想固定自己生产的石油价格，为期 5 年，每月的平均产量是 8 000 桶。同时石油精炼商（互换对手 B）想固定购买石油的价格，为期 5 年，每月的用量是 12 000 桶。为了达到双方所要求的结果，双方和某一位互换交易商进行商品互换，但 A 和 B 继续在现货市场进行实际货物的交易。

A 和 B 作为最终用户参加商品互换，而此时在现货市场上相应等级石油的价格是每桶 15.25 美元。B 同意以每桶 15.30 美元的价格每月支付给交易商，交易商则同意按前一个月每日石油价格的平均数支付给 B。同时，A 同意按前一个月每日石油价格的平均数支付给交易商，而交易商同意以每桶 15.20 美元的价格每月支付给 A。这样的支付使 A 和 B 双方都固定了原油的价格。商品互换示意如图 6-8 所示。

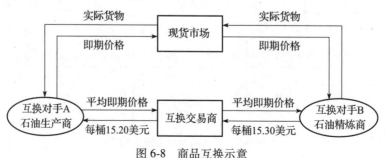

图 6-8 商品互换示意

在这个商品互换中,名义商品量的差别引出一个有意思的问题。如果互换对手 A 和 B 双方打算直接进行互换,这种互换将是不可行的,这意味着双方的名义商品量并不一致。但是,双方利用了互换交易商后,互换是可行的。交易商可以以固定价格支付 4 000 桶的方式进行互换,来抵消因为名义商品量不匹配而来的风险。在找到合适的互换对手之前,交易商也可利用期货对商品价格做套期保值。

6.4 其他互换产品

1. 股权互换

股权互换是指将某种股票指数所实现的股息及资本利得交换为固定利率或浮动利率的互换。例如,某股权互换中的一方收取以日经 225 指数收益率为基础的现金流,同时支付以美元 LIBOR 为基础的现金流。因此,投资组合管理者可以通过股权互换把债权投资转换成股权投资,反之亦然。

股权互换还可以被设计为以下这种结构:交易方收取以某种股票指数(如标准普尔 500 指数)为基础的现金流,同时支付以另一种股票指数(如富时 100 指数)为基础的现金流。目前市场上也有单只股票的互换,在这种结构安排中,交易的一方可以用单只股票的收益率来交换股票指数收益率。

假设某基金公司的证券组合收益率与标准普尔 500 指数高度相关。基金经理担心利率风险,决定利用股权互换避险。在这个股权互换中,基金经理同意在一定名义本金基础上支付给互换做市商标准普尔 500 指数所带来的收益率,同时向互换做市商收取每年 8.75% 的固定利率。现金支付,每季度进行一次,名义本金为 100 000 000 美元。其中,股票指数收益率=股票指数/基准股票指数-1。股票指数的收益率可正可负,如果为正,基金经理将向互换做市商支付一定金额,如果为负,基金经理将向互换做市商收取一定金额。

股权互换还可以给股票指数收益率支付设定上限和下限。如果股票指数的收益率超过了收益率上限,支付指数收益率的一方只需支付收益率上限,反之,如果指数收益率低于收益率下限,支付指数收益率的一方则不得不支付下限收益率。

2. 总收益互换

总收益互换是最接近于利率互换、货币互换、股权互换与商品互换的信用衍生产品。在总收益互换中,一方(买方)在协议期间将具有违约风险的标的资产的总收益转移给另一方(卖方),包括该标的资产的本金、利息和相关收入以及因资产价格波动带来的资本利得等。作为交换,卖方则依照协议约定的利率(通常是 LIBOR 加上一定的信用风险溢价)向买方支付一系列现金流。因此,总收益互换的买方通过转让标的资产的总收益将违约风险转移给了卖方,而卖方则能够在不必实际持有该标的资产的情况下获得该资产的收益,当然,卖方同时也承担该资产的违约风险。

假设甲公司买入 1 亿美元的 A 公司 3 年期债券,固定年利率为 5%。为了对冲 A 公司债券的信用风险,甲公司与乙银行签订 3 年期的总收益互换协议,乙银行支付 LIBOR 加上 2% 的浮动利率。互换存续期间,甲公司要将所获得的每年 500 万美元的利息支付给乙银行,向乙银行收取浮动利息。同时,如果债券市值上升,假设升至 1.2 亿美元,则甲公司需将 0.2 亿美元的资本利得也支付给乙银行。如果债券市值下降，跌至 0.9 亿美元，则甲公司可从乙银行处收到 0.1 亿美元的资本损失补偿。这里的资本利得和资本损失既可能来源于利率等市场条件的变化，也可能来自 A 公司信用状况的变化。总之，甲乙双方定期交换资产总收益与浮动利息的差额。如果在总收益互换协议存续期内，A 公司违约，则乙银行要向甲公司支付债券面值减去债券残值的相关金额，即补偿甲公司在违约中的损失，此时总收益互换终止。

3. 增长型互换、减弱型互换和滑道型互换

在这三类互换中，名义本金不再固定不变，而是在互换期间按照预定的方式变化。增长型互换的名义本金开始时较小，随时间逐渐增大。此种互换适合借款额在项目期内逐渐增加的情况。减弱型互换的名义本金开始时较大，随时间逐渐减少。此种互换适合发行债券来融资的项目，初期借款额度较大，随着债务的偿还，借款金额逐渐减小。滑道型互换的名义本金时而增加，时而减少。例如，某些项目的融资在开始时所需资金逐渐增加，到了项目后期，所需资金随着项目的收尾会逐渐减少。这就需要滑道型互换来为债务保值。

4. 差额互换

差额互换是以同种货币的相同名义本金为基础，对以两种不同货币的浮动利率计息的现金流量进行交换的互换。

在一笔差额互换交易中，互换的一方以 6 个月期的美元 LIBOR 对 1 000 万美元的名义本金支付利息；同时对相同数额的名义本金以 6 个月期的德国马克 LIBOR 减去 1.09% 的浮动利率收取以美元计价的利息。

在 20 世纪 90 年代初，这种差额互换非常流行，当时美元利率很低，但收益率曲线上升得非常陡峭；而马克利率很高，收益率曲线向下大幅度倾斜。因此，按美元 LIBOR 付利息，并按德国马克 LIBOR-1.09% 的浮动利率收取以美元计价的利息的一方在互换初期会有净收入，如果利率按远期收益率曲线的规律发生变化，那么这些净收入最终会转变成净支出。但是互换交易者坚信美元利率会低于远期利率所预示的水平，而德国马克利率依然会维持在高水平上，所以，通过差额互换获利的时间将大大延长，甚至可能在整个互换期间都获利。

⊙ 案例 6-1

宝洁公司利率互换损失事件

1993 年 11 月，宝洁公司向美国信孚银行（后为德意志银行收购）购买具有对赌成分的利率互换来降低融资成本。但 1994 年 2 月，联邦储备委员会提高了联邦基金利率，美国国债收益率随之上升，到 1994 年 4 月，宝洁公司接到了要求付款 1.57 亿美元的账单。1994 年 10 月，宝洁公司以美国信孚银行未就交易事项披露重要信息（比如如何计算同情景下利率互换的支付额）、错误提示交易风险、违背受托及顾问关系，向美国辛辛那提市联邦法院提起诉讼。宝洁公司认为信孚银行并未履行信息披露义务，对宝洁公司存在违反诚信的欺诈行为，主张与信孚银行的两项交易无效，请求免除因金融衍生交易所导致的债务以及惩罚性违约金。

宝洁公司在利率互换中的损失并不是个例，美国联邦纸板公司、美国吉布森礼品公司、美国空气化工公司同样在与信孚银行的交易中遭受大量损失。这些事件引起大量公司的董事会对公司进行场外衍生品交易行为的重视，并重新对公司的风险管理战略进行审视。

下面我们简单介绍宝洁公司与信孚银行签订的利率互换合约,具体内容如下。
- 起始日期:1993 年 11 月 2 日。
- 期限:5 年。
- 支付方式:半年一付。
- 本金:2 亿美元。
- 利差计算:首次支付时不用支付利差,之后支付的利差是固定的,按第一个结算日(1994 年 5 月 4 日)的数据由相关公式计算确定。在双方均同意的情况下,合约可以进行修订。

宝洁公司与美国信孚银行签订的互换合约结构如图 6-9 所示。

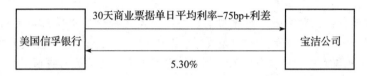

图 6-9　宝洁公司与美国信孚银行签订的互换合约结构

1. 合约特点

(1)浮动利率与商业票据利率相关联,而不是与 LIBOR 等浮动利率相关联。

(2)合约中使用的浮动利率是某段时间的平均利率,而不是某一天的利率。

(3)根据合约,宝洁公司每期都可获得收益,这个收益与商业票据利率和利差有关。

(4)利差的计算公式如下所示。

$$利差 = \max\left[0, \frac{98.5 \times \left(\dfrac{r}{5.78\%}\right) - p}{100}\right]$$

其中 r 为 5 年期美国国债收益率,p 为 30 年期美国国债价格。由利差计算公式可知,该利差在一定程度上相当于一个嵌入式期权。

2. 利差支付分析

(1)嵌入式期权。

对于 30 年期美国国债的看涨期权,执行价格视 5 年期美国国债收益率而定。5 年期美国国债收益率越高,执行价格越高,对期权的买方来说,期权价格就越高。

对于 5 年期美国国债的看跌期权,执行价格视 30 年期美国国债的价格而定。30 年期美国国债的价格越低,执行价格越低,对期权的买方来说,期权价格越高。

(2)利差支付变化。

由于起始日利差等于 −0.170 3,宝洁公司只需支付低于 30 日商业票据平均利率 −75bp 的浮动利率,正常情况下,30 日美国国债平均利率比商业票据平均利率低 25bp,因此,当利差支付为零时,宝洁公司可以低于国债利率 50bp 的成本进行融资。

首个结算日利差为 0.275 0;宝洁公司在未来的 9 个支付期内,每期将支付的利率为 30 天商业票据平均利率加上 26.75%。

(3)修改后的协议。

1994 年 1 月,双方对合约的条款进行了一定的修改,内容如下所示。

1）将利差的锁定日期延迟至 1994 年 5 月 19 日。

2）支付的浮动利率由从商业票据利率下浮 75bp 改为下浮 88bp，这样宝洁公司每次可少支付 130 000 美元，五年可减少支付的金额按照当时的利率进行折现后为 112.9 万美元。

尽管浮动利率支付的下调为宝洁公司减少了支付，但是，利差锁定日期的延后，为合约增加了更多的不确定性，因为当年的 5 月 17 日有一次美国联邦储备委员会例会，会议上讨论了是否加息。如果美国联邦储备委员会决定加息，那么美国国债收益率会随之上升，这会给宝洁公司带来损失（事实上，在那次美国联邦储备委员会例会后，美国联邦基金利率于 1994 年 5 月 22 日上调了 0.25%）。

因此，合约修改的后果是支付给宝洁公司的现金流现值减少了 112.9 万美元，同时美国信孚银行持有的"期权"更加值钱。

为了减少不确定性，宝洁公司经过协商，最终还是选择分三次提前锁定利差支付。1994 年 3 月 10 日，锁定了 5 000 万美元的利差支付；3 月 14 日锁定了 5 000 万美元的利差支付；3 月 29 日锁定了 1 亿美元的利差支付。照此计算，平均下来，宝洁公司将面对的利率为 30 天商业票据平均利率加上 14.12%，经过计算，由于利差变化给宝洁公司带来的损失按当时的利率折现后，金额约为 1.06 亿美元。这超过了本金的一半。

3. 收益损失分析

年收益率上限是 0.75%（修改后为 0.88%）。损失上限在 1994 年 5 月 4 日锁定利差之前无法确定。

4. 产品结构分析

这个互换合约的结构本质上是固定利率与浮动利率的互换合约加上以国债为标的的期权。

金融衍生产品特征

宝洁公司与信孚银行的这个互换合约提醒人们加强内部管理的重要性和必要性。我们应该合理运用衍生工具，建立风险防范措施。随着国际金融业的迅速发展，金融衍生产品日益成为银行、金融机构及证券公司投资组合中的重要组成部分。在宝洁公司的这个案例中，我们也可以看出以下几点关于金融衍生品的特征。

首先，金融衍生工具构造具有复杂性，相对于基础工具而言，金融衍生工具的性质显得较为复杂。这是因为人们对金融衍生工具例如期权、互换的理解和运作并不是特别清楚。由于人们采用了多种组合技术，使得金融衍生工具的性质变得越来越复杂。这种复杂性导致金融衍生工具的设计要求高深的数学方法，大量采用现代决策科学方法、计算机科学技术以及人工智能技术。

其次，金融衍生工具设计具有灵活性。这是因为人们可以通过对基础工具和金融衍生工具的各种组合，创造出大量的特性各异的金融产品。机构与个人参与衍生工具的目的主要有以下三类：一是买卖金融衍生工具以使得资产保值；二是利用市场价格波动进行投机以赚取暴利；三是利用市场供求关系的暂时不平衡套取无风险的额外收益。出于各种复杂的经营目的，金融衍生工具有种类繁多的类型，以适应并满足不同市场参与者的需要。所以，金融衍生工具的设计可根据各种参与者所要求的时间、杠杆比率、风险等级、价格等参数的不同进行设计、组合。因此相对其他金融工具而言，金融衍生工具的设计具有更高的灵活性。

最后，金融衍生工具具有杠杆性。金融衍生工具在运作时大多采用财务杠杆的方式，即采用缴纳保证金的方式进入市场交易。市场的参与者只需动用少量资金，就可以控制资金量巨大的交易合约。财务杠杆的作用无疑可以显著提高资金利用率和经济效益，但是也不可避免地带来巨大风险。近年来，一些大型国际金融机构在金融衍生工具的交易方面失利，很大程度上与这种杠杆性有关。同时，金融衍生工具交易具有的特殊性主要表现在两个方面。一是交易集中，从事交易的中介机构主要集中在大型投资银行等机构。美国金融机构的金融衍生产品成交量目前占了全球金融衍生产品成交量的大头，但是在美国3 000多个金融机构中，只有300多个从事此类交易，而且其中10家大型机构占了成交量的90%，可见交易十分集中。二是交易灵活，从市场分布看，部分交易活动是通过场外交易方式进行的，即用户主要通过投资银行作为中介机构参与金融衍生工具交易。投资银行代替用户寻找交易对手或者直接作为交易对手。另外，很多的金融衍生工具是非标准化的，这说明了金融衍生工具具有很强的灵活性。

总结

从表面上看，宝洁公司参与的这种金融衍生工具（互换）是低风险的，特别是在资产价格上涨的背景下，互换确实可以对冲一些风险，但这种产品有巨大的向下风险，向上给投资者的收益是很小，有限制的，但是向下的风险可以使得损失放大几十倍甚至几百倍。因此，让投资者签订这种合约，最终导致巨额亏损，投资银行应该承担极大的法律责任。在购买这种互换产品之前，宝洁公司从事金融衍生工具交易已经有很长一段时间了。根据宝洁公司的年报，截至1993年6月30日，宝洁公司的表外衍生产品业务高达24.1亿美元。就像一位华尔街人士评价的那样："影响宝洁公司股票价格的不是宝洁公司旗下产品的销售量，而是利率的升降。"几乎没有人想到，这样一家在衍生产品上经验丰富的公司，也会有"阴沟里翻船"的一天。

⊙案例 6-2
云南省勐腊县天然橡胶"保险+期货"试点项目

为贯彻落实相关监管部门的文件精神，在上海期货交易所的大力支持下，银河期货有限公司（以下简称"银河期货"）联合中国人民财产保险股份有限公司（以下简称"人保财险"）于2018年在云南省西双版纳傣族自治州勐腊县开展了天然橡胶"保险+期货"精准扶贫试点项目，起到了较好的保障效果。此次试点积极探索了双向赔付、订单农业等多种创新模式，对于探索有效提升橡胶企业化解市场风险的能力，扶持新型农业生产经营主体规模发展，服务三农具有重要的启示意义。

天然橡胶试点项目基本情况

云南省是我国天然橡胶的主产区，其中勐腊县橡胶种植面积占云南省橡胶种植面积的25%以上。2016年勐腊县全县橡胶种植面积224.2万亩，开割面积162.17万亩，橡胶制胶厂33座，生产干胶16.79万吨，产值14亿元。

与此同时，在2018年"保险+期货"试点项目开展时，勐腊县仍然是国家扶贫工作重点县。天然橡胶产业在勐腊县的经济社会发展中扮演着重要角色，是勐腊从业人员最多、经济带动能力最强的产业，也已经是勐腊县农民增收的主要支柱产业之一。然而受世界经济发展低迷的影响，国际天然橡胶价格持续走低，天然橡胶生产企业维持简单再生产都已经比较困难，企业利润稀薄，一些橡胶种植区域出现了弃管甚至改种的情况，当地广大橡胶产业从业者（胶农）的生活面临极大困难。

为有效提高胶农、涉农企业、农民专业合作社化解市场风险的能力，扶持新型农业生产经营主体规模发展，助力精准扶贫，银河期货特地选择勐腊县为此次天然橡胶"保险+期货"价格险的试点区域，并将胶农及涉农企业都纳入试点，以有效保障农民收入及涉农企业利润，切实服务"三农"。

1. 参保情况

本项目参保主体是勐腊县橡胶种植户以及勐腊制胶厂。参保农户数为622户，且均为建档立卡贫困户，其中少数民族贫困户559户，包括哈尼族339户、傣族115户、瑶族60户、彝族33户、苗族9户、布朗族3户。项目共承保橡胶1 001.67吨，覆盖天然橡胶种植面积10 016.68亩。

2. 产品设计思路与运作模式

（1）产品设计思路。

为突出"精准扶贫"理念，首先对胶农的种植利益进行重点保护，采取了平值看跌期权结构，同时考虑未来行情变动方向和波动率变化，以及胶农对保费的负担能力，采取了亚式期权结构，即利用亚式看跌期权结构对胶农面临的价格下跌风险进行保护。

此外，加入亚式看涨期权结构，从而在橡胶价格上涨时，防止因胶厂延迟收胶或基差风险，影响胶农收入。同时，这也有利于胶厂锁定采购成本，稳定企业利润。

（2）产品运作模式。

保险公司基于期货市场上相应的农产品期货价格，开发农产品价格险；农户或涉农企业通过购买保险公司的农产品价格险，确保收益；保险公司通过购买期货公司风险管理子公司的场外期权产品进行再保险，以对冲农产品价格波动可能带来的风险；期货公司风险管理子公司在期货交易所进行相应的复制期权操作，进一步分散风险，最终形成风险分散、各方受益的闭环。

3. 场外期权对冲情况

此次项目所有风险对冲交易均按上海期货交易所要求，全程在特殊法人账户中进行。项目于2018年7月9日在上海期货交易所RU1901合约上进行建仓，策略为客户买入牛市价差和熊市价差，并以全程亚式期权进行对冲。核算对冲费率为5.34%，权利金653 314.02元。建仓后在场内做空RU1901合约进行Delta对冲，并在随后到期日前实时动态对冲。截至到期，总共赔付客户138 105.66元。

4. 理赔情况

此次银河期货采用亚式期权设计，覆盖天然橡胶种植面积10 016.68亩，折合橡胶1 001.67吨，保险期限为4个月。保费核算方式是从2018年7月10日起到2018年11月9日的项目期间，根据投保期内RU1901合约收盘价的平均价格计算投保农户获赔金额。

经核算，云南省勐腊县的622户投保贫困农户共获得合计约13.8万元的理赔款，投保胶农在该项目期间规避了约137.83元/吨的橡胶价格下跌风险。

云南勐腊天然橡胶试点项目成效及亮点

1. 项目成效

（1）保障农户收入，助力精准扶贫。

2018年运作此次天然橡胶"保险+期货"项目时，勐腊县仍然是国家级贫困县，天然橡胶价格持续走低，当地胶农的生活面临极大困难，规避橡胶价格波动风险，保障农户收入已经刻不容缓。

而"保险+期货"有效对接了随着农业现代化发展涌现的风险管理新需求，借助期货市场有效化解农产品价格波动风险，对加快推进农产品价格市场形成机制改革等具有重要意义。相较于传统农业补贴，"保险+期货"模式的补贴发放效率更高、更精准。

2019年4月30日，根据云南省人民政府的相关决定，勐腊县退出了贫困县序列。天然橡胶"保险+期货"项目对协助当地农户和涉农企业规避橡胶价格波动风险、保障当地农户收入、促进当地橡胶产业持续稳健发展起到了积极作用，为勐腊县的脱贫摘帽贡献了金融力量。

（2）加强培训与宣传，产生较好的社会效应。

为达到较好的宣传效果，让更多的农户和涉农企业了解"保险+期货"的原理和意义，增强农民利用金融工具来保护自己收益的意识，银河期货在此次项目运作期间，采用媒体"宣传+培训会"的方式对"保险+期货"项目进行大力推广。

首先，在勐腊县当地举办培训交流会。为力求培训内容通俗易懂，尽可能地做到深入浅出，在涉及金融知识及原理讲解时，最大限度地采取举例子、讲故事的形式，为农户详细解释期货期权的含义以及"保险+期货"项目对农户的帮助。

在期货期权基础知识部分，提供了较多的思考题和实例，实例均贴近农户的实际生产生活，让大家从身边实例中逐步了解期货和期权的运作原理。培训会现场气氛热烈，反响良好。众多业内专家通过对橡胶农业保险情况及经验、金融工具应用等内容的讲解，加深了农户们对"保险+期货"模式的了解。参会的基层农户纷纷表示受益良多。

其次，多家媒体对项目进行了宣传报道。项目运作原理、模式、意义及效果均已在期货日报、中证网、证券日报、云南省当地媒体等多渠道进行刊登报道，以扩大宣传效果，让更多的农户与企业了解并认识到"保险+期货"模式对规避市场价格波动风险、稳定收入的作用和意义。

2. 项目亮点

（1）双向赔付，视胶农与胶厂为发展整体。

银河期货将胶厂纳入参保对象统筹考虑，有助于促进当地橡胶产业持续稳健发展。

从产业层面出发，胶厂作为胶农连接市场的关键环节，是天然橡胶产业健康发展的核心要素，而胶农利益及胶树种植是产业健康发展的基础因素。只有胶厂稳定经营，才能更有效地促进胶农脱贫、稳定乳胶供应，最终促进和改善天然橡胶产业的市场自我调节机制，形成良性循环。

（2）引入订单农业，稳定上下游合作关系。

在项目运作前期，参保胶厂和参保胶农签订了采购乳胶合同，并约定了采购价、数量及采购时间等要素。为降低橡胶价格波动风险，利用"保险+期货"试点项目，根据后续橡胶价格波动情况对胶厂或胶农进行双向赔付，以降低胶厂经营风险，保障胶农收入，进而促进橡胶产业持续稳健发展。

项目面临的问题及原因

1. 项目参保方面

由于勐腊县地处山区，交通不是特别便利。本次项目的参保胶农大部分为建档立卡贫困户，居住在交通不便的偏远地区，每次割胶、送胶路途遥远，这对胶农参与扶贫项目的积极性有一定程度的影响。为了有效解决此问题，银河期货与人保财险一起积极与当地胶厂对接，与胶厂沟通上门收胶事宜，争取尽可能地为投保胶农提供便利。

2. 项目宣传方面

考虑到胶农刚开始接触"保险+期货"项目，对项目的运作情况不是很了解，不明白投保的作用和意义。针对此类情况，银河期货和人保财险积极召集各村胶农代表进行了系统培训，让胶农充分了解投保的意义以及投保以后所享有的权益，明白利用金融工具化解市场价格风险的重要性。同时，也借助当地媒体进行广泛宣传，尽可能让更多胶农认识到"保险+期货"这项创新模式的作用与意义。

3. 价格制定方面

农产品价格保险的目标价格是保险产品的核心要素之一，也是农民或合作社在购买保险时最为关注的要素之一。由于2018年宏观经济减速，大宗商品整体走弱，天然橡胶也受到影响。从天然橡胶自身的基本面出发，人民币汇率波动、进口资源冲击、贸易摩擦导致的需求减弱等因素，使天然橡胶价格持续低迷。以上都给定价增加了不少难度。

4. 对冲方面

由于策略采用动态 Delta 对冲，意味着需要随着资产价格的变化，根据 Delta 值动态调整期货的场内头寸，最终使得期权头寸所对应的盈亏可以由期货头寸上的盈亏来抵消。由于人工手动操作，日内剧烈波动给对冲增加了难度，也增加了对冲成本。此外，还有一些风险通过期货交易无法完全消除，即"次级风险"，而对于这个项目，次级风险是主要面对和解决的问题。例如，展期风险、流动性风险、隔夜持仓风险、模型风险等。

思考与建议

（1）丰富项目运作模式、更贴合生产经营需求。

近年来"保险+期货"试点项目的不断推广，在增强农户、涉农企业、农民专业合作社避险意识，提高化解市场风险能力，助力精准扶贫等方面均起到了至关重要的作用，并取得了显著成效。

但随着越来越多的涉农企业和农户借助"保险+期货"规避风险，就势必会对"保险+期货"模式及方案提出更多、更高的要求。这就要求在稳住"保险+期货"模式现有成果的基础上，丰富项目运作模式及方案，积极探索保障基差风险、发展收入险等方向，以符合农户和涉农企业的风险规避需求。

（2）跨行业协作融合、多种金融工具并用。

积极探索"保险+期货+订单农业+信贷"的新金融模式，促进橡胶产业稳健、健康发展。"保险+期货"的目标是帮助农户和涉农企业规避价格波动风险，稳定收入；"订单农业"则是让上下游合作关系更安全、稳固；在规避了价格风险、稳定上下游关系的基础上若能引入银行为涉农企业和农户提供更贴心的信贷服务，或将对涉农企业和农户扩大生产经营规模，降低经营成本，增收增效等方面产生积极作用。

（3）提升当地政府在"保险+期货"项目中的参与度。

"保险+期货"模式的推广离不开当地政府的支持与引导。当地政府若将部分财政补贴用于"保险+期货"模式，不仅能大大提高保障效率，也能让更多的农户及涉农企业了解并参与到"保险+期货"中，为以后农户及涉农企业自主购买"保险+期货"产品打下基础。

习题

1. 令 R_{US} 为美国的无风险利率，R_J 为日本的无风险利率，F 为 1 年的美元/日元的期货价格，E 为美元/日元的即期汇率，下列说法正确的是_____。
   A. 如果 $R_{US}>R_J$，那么 $E<F$
   B. 如果 $R_{US}<R_J$，那么 $E<F$
   C. 如果 $R_{US}>R_J$，那么 $E>F$
   D. 如果 $R_{US}<R_J$，那么 $E=F$
   E. 目前没有可预测的一致性关系

2. 对于固定利率支付方来说，在利率互换合约签订时，利率互换合约的价值_____。
   A. 小于零 B. 不确定 C. 大于零 D. 等于零

3. 一家金融机构与 A 公司签订了一份 5 年期的利率互换协议，收取 10% 的固定年利率，支付 6 个月期的 LIBOR，本金为 10 000 000 美元，每 6 个月支付一次。假设 A 公司未能进行第 6 次支付（即在第 3 年末违约），当时的利率期限结构是平坦的，都为 8%（半年支付一次利息，复利），而第 3 年年中的 6 个月期的 LIBOR 为年利率 9%。请计算该金融机构的损失是多少？

4. 假设美国和新加坡的无风险利率为 4% 和 8%，美元对新加坡元的结算汇率是 0.633 美元/新加坡元，为了防止出现套利机会，期限为 3 个月的以新加坡元计价的期货交易价格应该是多少？（不考虑交易费用）

参考文献

[1] APSEL D, COGEN J, RABIN M. Hedging long term commodity swaps with futures [J]. Global finance journal, 1989, 1（1）: 77-93.

[2] BALSAM S, KIM S. Effects of interest rate swaps [J]. Journal of economics and business, 2001, 53（6）: 547-562.

[3] BAUM C F, WAN C. Macroeconomic uncertainty and credit default swap spreads [J]. Applied financial economics, 2010, 20（15）: 1163-1171.

[4] BICKSLER J, CHEN A H. An economic analysis of interest rate swaps [J]. The journal of finance, 1986, 41（3）: 645-655.

[5] BROWN K C, SMITH D J. Default risk and innovations in the design of interest rate swaps [J]. Financial management, 1993, 22（1）: 94-105.

[6] DUFFIE D. Credit swap valuation [J]. Financial analysts journal, 1999, 55（1）: 73-87.

[7] DUFFIE D, HUANG M. Swap rates and credit quality [J]. The journal of finance, 1996, 51（3）: 921-949.

[8] DUFFIE D, SINGLETON K J. An econometric model of the term structure of interest-rate swap yields [J]. The journal of finance, 1997, 52（4）: 1287-1321.

[9] FELDHÜTTER P, LANDO D. Decomposing swap spreads [J]. Journal of financial economics, 2008, 88 (2): 375-405.

[10] GRINBLATT M. An analytic solution for interest rate swap spreads [J]. International review of finance, 2001, 2 (3): 113-149.

[11] GUPTA A, SUBRAHMANYAM M G. An empirical examination of the convexity bias in the pricing of interest rate swaps [J]. Journal of financial economics, 2000, 55 (2): 239-279.

[12] HAN B, ZHOU Y. Understanding the term structure of credit default swap spreads [J]. Journal of empirical finance, 2015, 31: 18-35.

[13] JÄRVINEN S, TOIVONEN H. Pricing European commodity swaptions [J]. Applied economics letters, 2004, 11 (15): 925-929.

[14] FILIPOVIĆ D, GOURIER E, MANCINI L. Quadratic variance swap models [J]. Journal of financial economics, 2016, 119 (1): 44-68.

[15] LANG L H, LItzenberger R H, LIU A L. Determinants of interest rate swap spreads [J]. Journal of banking & finance, 1998, 22 (12): 1507-1532.

[16] LEKKOS I, MILAS C. Identifying the factors that affect interest rate swap spreads: some evidence from the United States and the United Kingdom [J]. Journal of futures markets: futures, options, and other derivative products, 2001, 21 (8): 737-768.

[17] LIU J, LONGSTAFF F A, MANDELL R E. The market price of risk in interest rate swaps: the roles of default and liquidity risks [J]. The journal of business, 2006, 79 (5): 2337-2359.

[18] SAMANT A. An empirical study of interest rate swap usage by nonfinancial corporate business [J]. Journal of financial services research, 1996, 10: 43-57.

[19] SAUNDERS K T. The interest rate swap: theory and evidence [J]. Journal of corporate finance, 1999, 5 (1): 55-78.

[20] SMITH D R. A simple method for pricing interest rate swaptions [J]. Financial analysts journal, 1991, 47 (3): 72-76.

[21] SORENSEN E H, BOLLIER T F. Pricing swap default risk [J]. Financial analysts journal, 1994, 50 (3): 23-33.

[22] SUN T S, SUNDARESAN S, WANG C. Interest rate swaps: an empirical investigation [J]. Journal of financial economics, 1993, 34 (1): 77-99.

[23] YANG J, DAVIS G C, LEATHAM D J. Impact of interest rate swaps on corporate capital structure: an empirical investigation [J]. Applied financial economics, 2001, 11 (1): 75-81.

[24] 范振龙, 胡畏. 金融工程学 [M]. 上海: 上海人民出版社, 2003.

[25] 李飞. 金融工程 [M]. 北京: 机械工业出版社, 2010.

[26] 马歇尔, 班赛尔. 金融工程 [M]. 宋逢明, 朱宝宪, 张淘伟, 译. 北京: 清华大学出版社, 1998.

期权介绍与应用

7.1 期权定义

首先考虑以下的例子：一家公司想要在未来购入一批材料，该材料的市场价格为 60 元/吨，远期合约的价格为 65 元/吨，你作为公司负责人既想锁定未来材料价格，又担心未来材料价格降低使得签订远期合约后利益受损。此时我们需要一种既可以锁定远期价格，而当未来价格降低时又可以放弃交易，避免损失的新型衍生产品——期权。

上述例子已经简略地介绍了期权。期权与远期和期货的相同点在于，三者同属衍生品范畴，其价值皆由标的资产决定。但期权与远期和期货的最大区别在于，期权赋予买方（多头）权利，可以在特定日期，以约定价格购入或卖出标的资产。同时，若约定价格低于或高于约定日的市场价格，则买方（多头）有权利放弃合约，以市场价格购入或卖出标的资产，而远期或期货的买方显然不具有这项放弃合约的权利。因此，相较于远期、期货，期权代表了一种权利，但这种权利并不是"免费的午餐"，需要买方付出一定的代价，即买方需要在期初交付期权费才能获取相应的期权。

期权的要素

1. 标的资产

期权合约中约定双方未来交易的标的资产。期权标的资产的种类繁多，可以为实物资产，例如大豆、小麦等，也可以是金融资产，包括某一公司的股票、股票指数、外汇等。需要注意的是，用来交易的标的资产需满足流通量大、易于确定和评价等条件。

2. 到期日

一份期权合约的到期日也称满期日，通常以到期月的形式给出。一般来说，买方需要在到期日确定是否行使权利。若买方在到期日未行权，则期权合约自动失效。期权的到期日同时也会对期权价格产生影响，尤其在临近到期日前，期权价格可能会有较大波动。

3. 执行价格

期权合约中约定双方在到期日以执行价格交易一定数量的标的资产。执行价格也称敲定价格，执行价格与到期日标的资产的市场价格的大小关系将直接影响买方在到期日行权与否。通常情况下，针对同一标的资产，交易所提供多个不同执行价格的期权，以应对投资者对不同波动性的需求。

4. 合约规模

合约规模是指合约中，买方在到期日可以交易的标的资产的数量。合约规模在大宗交易中尤为重要，期权买方可以通过执行价格和标的资产市场价格之间的价差进行牟利，在大宗交易中，由于交易数量巨大，因此微小的价差也可以引发大额盈利或亏损。

7.2 期权分类

期权分类标准并不统一，期权根据买权、卖权可分为看涨期权、看跌期权；根据不同行权规则分为欧式期权，美式期权；根据不同标的资产可分为实物期权、金融期权等。本节将对一些最常见的期权类别进行介绍。

7.2.1 看涨期权与看跌期权

1. 看涨期权

看涨期权是赋予买方（多头）在到期日按照执行价格买入一定数量标的资产的权利。看涨期权的买方通常认为标的资产的价格将会上涨。例如，某股票现在市场价格为 48 美元/股。某投资人认为 3 个月后该股票可能会上涨到 60 美元/股，但又不确定股票是否真的会上涨。因此，他购买了一份执行价格为 50 美元/股，可以购买 100 股股票的欧式看涨期权，期限为 3 个月，期权价格 2 美元/股。在到期日，如果标的股票市场价格低于 50 美元/股，投资人会放弃行权（没必要以 50 美元/股的价格购买市场价格低于 50 美元/股的股票）。投资人损失全部期权费 200 美元，而期权卖方（空头）获利 200 美元。如果股票价格超过 50 美元/股，例如 60 美元/股，投资人会立即以 50 美元/股的执行价格行权，同时以 60 美元/股卖出持有的股票，获利 1 000 美元，在考虑期权费的情况下，净收入为 800 美元。看涨期权多头损益如图 7-1 所示。

图 7-1 显示了在不同到期日的股票市场价格下，投资人的最终损益情况。可以看出，由于初始期权费的存在，在一定范围内即使市场价格高于 50 美元/股的执行价格，投资人净收益仍有可能为负。考虑如果股票市场价格为 51 美元/股，行权会亏损 100 美元，虽然收益为负，但损失依旧低于期权费 200 美元。因此，只要股票市场价格高于执行价格，行权便会为投资人带来好处，看涨期权的买方就应该行权。

2. 看跌期权

与看涨期权恰好相反，看跌期权是赋予买方（多头）在到期日按照执行价格卖出一定数量标的资产的权利。因此，看跌期权的多头将从标的资产价格下跌中获利。看跌期权多头损益如图 7-2 所示。

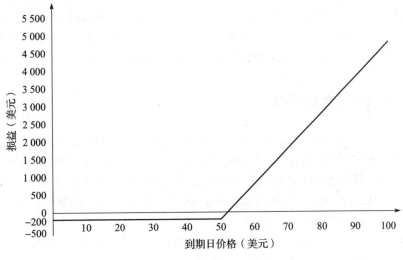

图 7-1 看涨期权多头损益

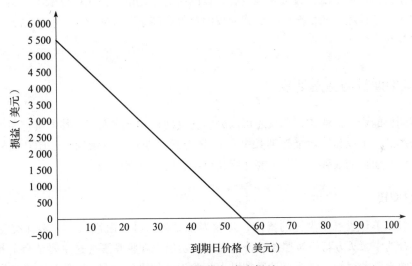

图 7-2 看跌期权多头损益

例如，某人购买了一份执行价格为 60 美元/股的 100 股看跌期权，期限为 3 个月，期权价格为 5 美元/股，期权对应的股票市场价格为 63 美元/股。在到期日，若股票市场价格高于 60 美元/股，则投资人会放弃行权（没必要以 60 美元/股的价格卖出市场价格高于 60 美元/股的股票）。在这种情况下，投资人将损失全部期权费 500 美元，而卖方（空头）获利 500 美元。如果股票价格跌破 60 美元/股，降至 30 美元/股，则投资人应该立即行权，以 30 美元/股买入 100 股，同时以 60 美元/股的价格卖出，获利 3 000 美元，在考虑期权费的情况下，净收益为 2 500 美元。

图 7-2 显示了在不同到期日的股票市场价格下，投资人的最终损益情况。可以看出，与看涨期权类似，由于期权费的存在，在一定范围内，即使市场价格低于 60 美元/股的执行价格，

投资人净收益仍然有可能为负。但亏损依然小于放弃行权损失的全部期权费。因此只要股票市场价格低于执行价格，投资人就应该行权。但与看涨期权不同的是，一般情况下，看跌期权存在一个可能实现的最大收益。一般认为，股票价格是严格大于等于零的，因此在股票价格下跌为零的极端情况下，看跌期权的买方能实现的收益将达到上限，这意味着买方投资人可以免费购入标的股票，并以执行价格卖出。对于图7-2所示的情况，如果股票价格跌至0美元/股，投资人将获利6 000美元，在考虑期权费的情况下，净收益为5 500美元。

7.2.2 欧式期权与美式期权

欧式期权与美式期权的区别在于，欧式期权规定期权买方只可以在约定好的期权到期日行权，而美式期权则允许买方在到期日之前的任意交易日行权。如果美式期权的买方选择在到期日之前提前行权，那么期权也随之失效。例如，某人购买一份执行价格为40美元/股的看涨期权，期限为3个月。1个月后，股票价格上涨到60美元/股，3个月的期限结束时，股票价格又下跌到50美元/股。如果这个看涨期权为欧式期权，那么此时虽然买方在购买一个月后行权可以获得最高收益，但买方并不能行权，只能在到期日行权。而如果这个期权为美式期权，那么买方可以选择在购买一个月后就行权，以获得最大收益。行权后，期权合约也会自动失效，即使后续股票价格再度上涨，投资者也没有行权的机会了。由于美式期权赋予了买方更大的权利，因此在其他条件相同的情况下，美式期权的定价会高于欧式期权。目前市场上的股票期权大多为美式期权。

7.2.3 实物期权与金融期权

根据不同标的资产的性质，期权还可以分为实物期权和金融期权。其中实物期权的标的资产可以是农产品、工业品等。金融期权又可以分为股票期权、股指期权、ETF期权、货币期权、利率期权、期货期权等。以下主要介绍几个常见的金融期权。

1. 股票期权

股票期权以单只股票作为标的资产，是较为常见的一种金融期权，大多在交易所进行交易。在期权合约中，买方有权按照执行价格买入或卖出100股股票（这主要是为了和股票交易相统一，方便投资者交易，股票交易通常以100股为单位进行交易）。股票期权是最早开始交易的金融期权，由于其给投资者带来的巨大便利，经历了快速的发展。在美国进行股票期权交易的主要交易所有芝加哥期权交易所、纽约证券交易所、纳斯达克证券交易所和波士顿期权交易所。

投资者可以利用股票期权来改善自己在股票市场上的投资表现。合理利用期权的特性，投资者可以获以下几种好处。

- 对冲股票价格下跌的风险。
- 在持有股票现货的情况下增加收入。
- 当预料到市场将会有较大变化，但是不确定变化方向时，仍然可以从中受益。
- 不需要持有股票现货，就可以在股票价格变动中受益。

2. 股指期权

股指期权也是当今社会应用比较广泛的期权产品之一。有很多不同种类的股指期权在场外或者交易所进行交易。例如，以标准普尔 500 指数为标的资产的股指期权，以道琼斯工业平均指数为标的资产的股指期权等。多数股指期权为欧式期权，也有一些为美式期权。每一份股指期权合约可以购买或者卖出标的指数的 100 倍。值得注意的是，股指期权并不以实物或者金融头寸进行交割，而是采用现金交割的形式。例如，一份执行价格为 100 美元的指数看涨期权，若指数当前的市场价格为 105 美元时，看涨期权将会被行权，持有者的收益为 5 美元。

3. ETF 期权

ETF 期权的标的资产是交易型开放式指数基金。ETF 期权的交割形式有两种，既可以用实物进行交割，也可以与股票交易相同，即以现金的方式进行交割。以中国为例，经中国证监会批准，上海证券交易所于 2015 年 2 月 9 日上市 50ETF 期权产品。该产品是以上证 50ETF 交易型开放式指数基金为标的资产的标准化合约。

4. 货币期权

货币期权和股票期权不同，多数货币期权采取场外交易的形式，仅有少数在交易所交易。货币期权（以美元为例）合约规模为以等值美元买入或者卖出 10 000 外币（日元除外，日元合约以 100 万日元而不是 10 000 日元为合约规模）。

5. 期货期权

期货期权给予持有者一种权利，在将来某一时刻以特定价格签订期货合约。通常期货期权与期货在相同的交易所进行交易，且多为美式期权；期货期权的到期日需早于标的期货的到期日，通常为期货到期前的一小段时间。对于看涨期权，期权持有者有权在到期时以特定价格持有一个期货多头的权利。在看涨期权行权后，持有者签订一个期货合约的多头，数量等于最新期货结算价格减去执行价格的现金额。

同样，对于看跌期权，期权持有者有权在到期时以特定价格持有一个期货空头。在看跌期权行权后，持有者签订一个期货合约的空头，数量等于执行价格减去最新期货结算价格的现金额。

7.3 股票期权交易规则

在股票期权合约中，买方有权按照执行价格买入或卖出 100 股股票，但股票期权的具体交易规则是由交易所规定的。下面就股票期权合约的一些重要规定展开介绍。

7.3.1 股票期权到期日

到期日是股票期权的一个重要参数，通常表达为到期日所在的月份。例如 1 月到期的微软看涨期权的具体到期日就是 1 月的某一天，准确地说是 1 月的第三个星期五，在到期日前的每一个交易日都可以对期权进行交易。

美国的股票期权都是在 1 月、2 月或 3 月的循环期上进行交易的。循环期的时长为 3 个月，也就是说1月的循环期包括1月、4月、7月和10月。同理可以得到2月和3月的循环期。在交易时，如果当月的到期日尚未到来，交易的期权就包括在当月到期的期权，下个月到期的期权，以及当月循环期中下两个到期月的期权；如果当月的到期日已经过去，交易期权包括下一个月到期的期权，再下一个月到期的期权和当月循环期中下两个到期月的期权。

举例来说，假设微软看涨期权处在1月的循环期中。在1月初，该期权的到期月份为1月、2月、4月以及7月。在1月末，该期权的到期月份为2月、3月、4月以及7月。在一个期权到期后，另一个期权随即开始交易。

美国的交易所交易许多只股票的长期限的股票期权，是长期资产预期证券（LEAPS）。这些期权的期限有时可以达到39个月，到期日通常在1月的第三个星期五。

7.3.2 股票期权执行价格

股票期权的执行价格通常由交易所选定，只有那些被选定执行价格的期权才会被承约。执行价格的区间间隔通常为2.5美元、5美元以及10美元。一般来说，当期权价格在5~25美元时，执行价格的间隔为2.5美元；当期权价格在25~200美元时，执行价格的间隔为5美元；当期权价格为200美元以上时，执行价格的间隔为10美元。

当引入一个新的到期日时，交易所通常会选择两到三个接近股票当前价格的执行价格。如果股票价格突破了最高执行价格或者跌破了最低执行价格，则需要引入新的执行价格的期权。为了进一步说明，举例来说，如果一个期权在10月份进行交易，股票价格为84美元，交易所最初提供的看涨期权和看跌期权的执行价格很可能为80美元、85美元和90美元。当股票价格突破了90美元时，交易所大概率会提供新的执行价格为95美元的期权；同理，当股票价格跌破了80美元时，交易所大概率会提供新的执行价格为75美元的期权。

7.4 期权交易相关实体与概念

7.4.1 期权交易所

期权交易所与期货交易所类似，负责组织相关期权的交易。期权交易所除了提供交易场所，还负责制定标准化期权交易合约的详细条款，规范交易行为，对外反馈交易信息。传统上，交易所必须提供给投资者一个可以见面交易的场所，但是近年来这一情况有很大变化，大多数的衍生品交易全部实现了电子化，交易员之间也不再需要见面。目前，芝加哥期权交易所的股票期权交易有95%在线上完成，仅有少量的大宗交易或者结构复杂的期权交易仍然由交易员完成。

7.4.2 期权清算公司

期权交易中的期权清算公司所担负的职责和期货交易中的期货交易结算公司类似。它需要确保期权的卖方可以按照合约履行义务，同时对多头方和空头方的情况进行记录。期权清算公司实行会员制，所有的期权交易必须由其会员进行结算，如果一家经纪公司不是期权清算公的会员，那么它必须经由一家会员公司进行结算。成为会员必须满足一定的资本金要求，同时提供特殊资金，用以在会员违约时，期权清算公司启动特殊资金进行赔付。

当多头买入期权时，必须在第二个工作日的早上支付期权费用，资金必须存入期权清算公司。与此同时，期权的空头必须在经纪公司那里开设保证金账户，而经纪公司同时需要在负责结算的期权清算公司开设一个保证金账户。

7.4.3 做市商

大多数交易所均采用做市商制度来促成交易的完成，期权的做市商在接受询价时需要报出适当的买入价和卖出价，但做市商事先并不知道询价者要买入还是卖出期权。买入价代表做市商愿意买入期权的价格，卖出价代表做市商愿意卖出期权的价格，买入价一定低于卖出价，它们之间的差值就叫做买卖价差。交易所对买卖价差加以限制。举例来说，当期权价格不高于 0.5 美元时，交易所规定买卖价差上限不可以超过 0.25 美元；当期权价格在 0.5~10 美元时，交易所规定买卖价差上限不可以超过 0.5 美元；当期权价格在 10~20 美元时，交易所规定买卖价差上限不可以超过 0.75 美元；当期权价格超过 20 美元时，交易所规定买卖价差上限不可以超过 1 美元。

做市商存在的意义在于保证在买卖指令没有延迟的情况下，交易总是可以在某一个价格上快速交易，这增强了市场的流动性。

7.4.4 冲销指令

一个期权的多头方可以发出出售该期权的指令，以此来结清持有的期权头寸；同样，一个期权的空头方也可以发出购买该期权的指令，以此来结清持有的期权头寸。当一个期权在交易时，如果双方均没有冲销自己的头寸，那么该期权的持仓量加 1；如果其中一方对现存头寸进行了冲销，另一方并没有变化，则持仓量不变；如果两方都冲销了自己的头寸，那么持仓量减 1。

7.4.5 期权费

期权合约的设计完全遵循零和博弈，即合约本身对双方而言价值之和为零。然而，由于期权的特殊属性（权利性），期权的多头被赋予了额外的权利。反之，对于期权的空头而言，出售期权，意味着承担义务。为了弥补期权的多头与空头之间不平衡的权责关系，期权的多头需要付出额外的代价，期权的空头也需要得到额外的补偿。这一代价或补偿即为期权的期权费（期权价格），期权费的确定是一项复杂而庞大的工程，也是至关重要的工作，我们将在后面对期权的定价进行详细介绍。

7.4.6 保证金

保证金的作用是确保提供保证金的一方可以按约定履约。对于期权的卖方（空头）而言，必须在保证金账户中存入保证金；而对于期权的买方（多头）而言，不需要强制缴纳保证金。值得注意的是，期权的保证金制度和期货的保证金制度存在较大差异。在期货交易中，交易双方拥有相同的权利和义务，因此均需要在保证金账户中存入保证金。然而，期权的权利和义务具有分离的特点，期权的买方只享有权利，有权取消交易，因此只需要确保卖方可以如期履约即可。

前面已经提到，期权的买方不用缴纳保证金。当买方使用现金购买期权时，并不需要提供保证金，因为是现金交易，不会造成日后的债务；但是，买方也可以选择利用保证金购买的方式加杠杆。当然也有例外，当投资者购买的期权期限在 9 个月内时，投资者必须一次性付清费用。这是因为考虑到短期限的期权本身已经存在较高的杠杆效应，为了避免杠杆效应叠加到不可控制的地步，不再允许投资者增加额外的杠杆。当投资者购买的期权期限大于 9 个月时，可以使用保证金购买，但是最高不可以超过期权价格的 25%。

7.4.7　场外交易

由于期权在金融风险管理中有着很独特的作用，它受到了众多大型金融机构和公司的青睐。随着需求量的加大，以及越来越严格的监管，期权交易所设计的期权已经不能满足投资者的需求。因此，众多公司开始进行直接的交易，而不在期权交易所中进行。这种交易被称为场外交易，目前期权的场外交易规模已经超过了场内交易的规模。

场外交易的期权合约最显著的特点就是非标准化，这是因为场外期权的交易条款不由期权交易所统一制定，机构可以根据特定客户的需求进行个性化定制，以满足不同投资者需求。这一特点可以说既是场外交易期权的优点也是场外期权的缺点，在满足个性化的同时也带来了以下问题：第一，由于场外期权是非标准化的，导致场外期权转让困难，流动性大幅度下降。第二，由于场外交易是买卖双方直接交易，没有交易所和清算机构的监督制约，导致场外期权的违约率大幅上升，违约风险进一步提高，因此只有信誉卓然的大型金融机构和大型公司才会参与场外期权交易。

7.5　期权头寸

任何一项期权交易均存在买卖双方，期权买方（多头）拥有按照执行价格买入或者卖出标的资产的权利，同时，期权卖方（空头），有按照执行价格卖出或者买入标的资产的义务。多头的盈利或损失恰好是空头的损失或者盈利，因此期权交易是完全的零和博弈。

看涨期权空头损益如图 7-3 所示。看跌期权空头损益如图 7-4 所示。

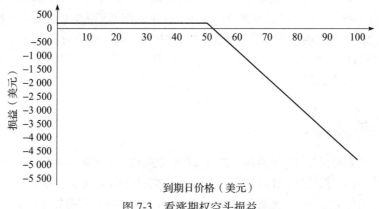

图 7-3　看涨期权空头损益

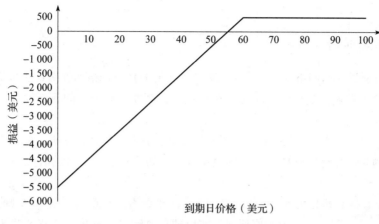

图 7-4 看跌期权空头损益

根据期权的分类,期权交易主要有以下 4 种头寸:看涨期权多头,看涨期权空头,看跌期权多头,看跌期权空头。

相较于美式期权,欧式期权不可以提前行权,因此用来观察期权多头的收益更加直观。为了简化分析,此处暂时不考虑期权的期初费用。设 K 为执行价格,S_T 为行权日的标的资产的最终价格。欧式看涨期权多头的收益为 $\max(S_T-K,0)$。

这是因为当 $S_T>K$ 时,看涨期权多头将会行权,获得 S_T-K 的收益;当 $S_T<K$ 时,看涨期权多头若行权将会有损失,因此将放弃行权,收益为零。同时,由于期权交易属于零和博弈,因此欧式看涨期权空头的收益即为看涨期权多头的损失,相关计算式为 $-\max(S_T-K,0)=\min(K-S_T,0)$。

对于欧式看跌期权,当 $S_T<K$ 时,看跌期权多头将会行权,获得 $K-S_T$ 的收益;当 $S_T>K$ 时,看跌期权多头若行权将会有损失,因此将放弃行权,收益为零。欧式看跌期权的多头收益为 $\max(K-S_T,0)$。欧式看跌期权空头的收益即为看跌期权多头的损失,相关计算式为 $-\max(K-S_T,0)=\min(S_T-K,0)$。

四种不同的期权结构如图 7-5 所示。

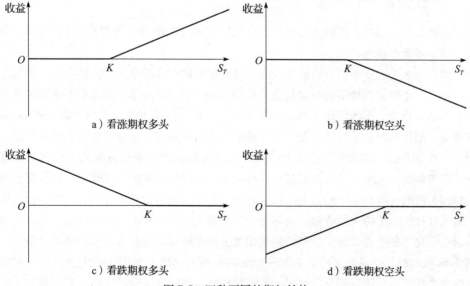

图 7-5 四种不同的期权结构

7.6 期权相关术语

期权类：针对同一时间市场上同一标的资产的不同的执行价格和到期日的多份合约，同一类型的（看涨或者看跌）期权统一称为一个期权类，例如微软公司的看涨期权为一类，同时微软公司的看跌期权为另一类。

期权系列：与期权类的定义类似，但是更加细化。针对不同的期权类，将其中到期日或者执行价格相同的多份合约可以视作一个期权系列，例如微软公司 3 月的看涨期权为一个期权系列。

实值期权：设股票价格为 S，执行价格为 K，对于看涨期权而言，若 $S>K$ 则为实值期权，对于看跌期权而言，若 $S<K$ 则为实值期权。实值期权意味着行权可以给多头带来收益，因此只有实值期权才会被行权，一个欧式实值期权在没有费用的情况下，一般会直接行权。

平值期权：设股票价格为 S，执行价格为 K，若 $S=K$，则称期权为平值期权。

虚值期权：设股票价格为 S，执行价格为 K，对于看涨期权而言，若 $S<K$ 则为虚值期权，对于看跌期权而言，若 $S>K$ 则为虚值期权。实值期权与虚值期权相反，一般虚值期权不会被行权。

期权内在价值：是指期权被立即行权所具有的价值，对于看涨期权，其内在价值为 $\max(S-K,0)$，对于看跌期权，其内在价值为 $\max(K-S,0)$。对于美式实值期权，其价值至少等于内在价值，因为期权具有时间价值，而期权的总价值由内在价值和时间价值两部分构成。因此，一般情况下，一个美式实值期权的多头是不会立即行权的，因为行权所带来的内在价值将低于期权卖出所带来的期权总价值。

7.7 期权交易策略

7.7.1 股票和期权组合的交易策略

为了方便计算，我们选择股票期权进行分析（其他期权的分析与股票期权类似）。我们在计算收益时不考虑期权费。

基于股票的多头和空头以及看涨期权或者看跌期权的多头和空头，可以产生多种股票和期权的组合，其中主要的四种不同的期权交易策略结构如图 7-6 所示。图 7-6 中虚线表示不同股票价格下的期权价值，实线则代表组合的获利情况。在一张图上先分别分析单一产品的收益，再进行合并从而得到组合策略的收益，是分析期权等衍生品交易策略的重要手段和途径。

图 7-6a 展示的是一只股票的多头和一个欧式看涨期权的空头组成的组合。这个策略称为**备保看涨期权承约**，其中股票多头起到对看涨期权空头的保护作用，这样做的优点是：当股票价格大幅度上涨时，股票多头的盈利将可以冲销看涨期权空头带来的亏损；当股票价格大幅下跌时，看涨期权空头所带来的收益也会弥补一部分损失，组合整体亏损也会低于单一股票多头账户。这个策略的缺点是放弃了股票价格大幅度上涨时持有股票多头带来的高额收益。

图 7-6b 展示的是一只股票的空头和一个欧式看涨期权的多头组成的组合。这一策略的收益与备保看涨期权承约刚好相反。此时，看涨期权的多头起到了保护作用，有效避免了因股票

价格大幅度上升所带来的股票空头的大额亏损。其缺点是放弃了股票价格上涨时看涨期权多头带来的高额收益。

图 7-6c 展示的是一只股票的多头和一个欧式看跌期权的多头组成的组合。这一策略称为**保护看跌期权策略**。这一策略的目的与前两种策略截然相反，看跌期权的多头起到了保护作用，可以有效避免因股票价格大幅度下跌所带来的股票头寸的大额亏损。然而，为了获得看跌期权的保护作用，投资者需要支付一定的期权费，这减少了股票价格上涨时带来的一部分盈利。

图 7-6d 展示的是一只股票的空头和一个欧式看跌期权的空头组成的组合。这一策略的收益与保护看跌期权策略相反。这一策略在股票价格大幅上涨时会有巨额亏损，但在股票价格下跌时会有恒定的正收益。

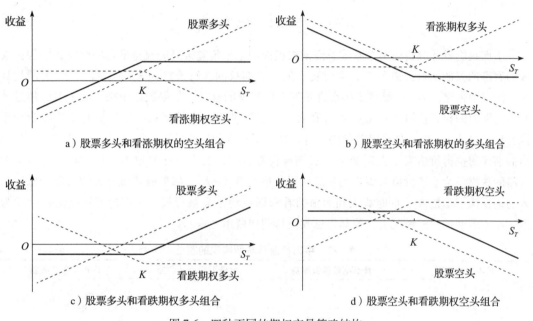

图 7-6　四种不同的期权交易策略结构

7.7.2　期权价差策略

期权价差策略通过使用同一资产为标的的两个或多个不同执行价格的看涨期权或看跌期权进行构造，例如两只执行价格不同的欧式看涨期权。期权价差组合策略包括牛市价差策略、熊市价差策略、蝶式价差策略等。不同的价差策略适用于投资者对市场的不同预判。

1. 牛市价差策略

牛市价差策略是价差策略中最为常见的一种，它可以通过购买一份欧式看涨期权，同时卖出一份具有相同标的资产和到期时间但执行价格更高的欧式看涨期权来构造。看涨期权牛市价差策略结构如图 7-7 所示。图中虚线代表两份期权各自头寸的收益；实线则代表牛市价差策略期权的收益，由图中两条虚线合成而来。根据期权价格影响因素，在相同条件下，执行价格更高的欧式看涨期权具有更低的期权费。因此使用该期权策略买入看涨期权的期权费永远高于卖出看涨期权的费用，也就是说，该策略期初费用不为零，需要一定的启动资金来实现。

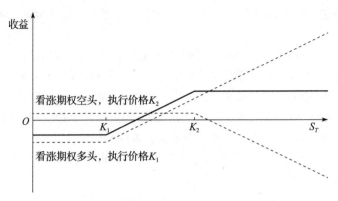

图 7-7 看涨期权牛市价差策略结构

下面我们具体分析由两个欧式看涨期权组成的牛市价差策略的收益形态。此时我们假设买入的看涨期权的执行价格为 K_1，同时卖出的看涨期权的执行价格为 $K_2(K_2>K_1)$，S_T 为期权到期日的股票价格。表 7-1 显示了牛市价差策略所实现的收益。如果股票价格大幅上升，超过了卖出的期权的执行价格 K_2，此时买入和卖出的看涨期权均会被行权，牛市价差总收益为两个执行价格之差 K_2-K_1；如果股票价格上升，超过了买入的期权的执行价格 K_1，但是没有超过卖出的期权的执行价格 K_2，此时买入看涨期权会被行权，卖出看涨期权不会被行权，牛市价差策略的总收益为股票价格与买入期权的执行价格之差 S_T-K_1；如果股票价格大幅下降，低于买入的期权执行价格 K_1，此时买入和卖出的看涨期权均不会被行权，牛市价差策略的总收益为零。在考虑期权费的情况下，盈利为总收益与期初费用之差。

表 7-1 牛市价差策略所实现的收益

股票价格范围	看涨期权多头收益	看涨期权空头收益	牛市价差总收益
$S_T \leq K_1$	0	0	0
$K_1 < S_T < K_2$	S_T-K_1	0	S_T-K_1
$S_T \geq K_2$	S_T-K_1	K_2-S_T	K_2-K_1

牛市价差策略放弃了当股票价格大幅度上升时带来的高额收益，但是也有效控制了股票价格大幅度下降时带来的损失。这可以理解为买入看涨期权的同时，卖出了一份执行价格更高的期权，放弃了当股票价格大幅度上升时所带来的高额收益，为了弥补这个损失，该策略给予投资者更高的期权费作为补偿。

通常市场上存在以下三种牛市价差策略。
- 两份期权均是虚值期权。
- 一份期权为虚值期权，另一份期权为实值期权。
- 两份期权均是实值期权。

在这三种牛市价差策略中，第一种最为激进，期初投入最少，同时获得高收益的可能性也最低。第二种相对保守、第三种更为保守。

看跌期权牛市价差策略的结构如图 7-8 所示。

值得一提的是，牛市价差策略也可以通过购买一份欧式看跌期权，同时卖出一份具有相同标的资产和到期时间，执行价格更高的欧式看跌期权来构造。其收益形态与看涨期权构造而成的牛市价差期权相似，不同的是，这种构造方法期初的现金流为正。

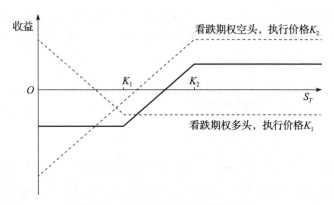

图 7-8 看跌期权牛市价差策略结构

2. 熊市价差策略

通过对牛市价差策略的分析，我们发现一般在股票有上升趋势时使用牛市价差策略，此时投资者更加希望股票价格上升。与之不同的是使用熊市价差策略的投资者更加希望股票价格下跌。熊市价差策略可以通过购买一份欧式看跌期权，同时卖出一份具有相同标的资产和到期时间，执行价格更低的欧式看跌期权来构造。这与牛市价差的构造恰好相反，牛市价差策略可以总结为买入更低执行价格的期权，卖出执行价格更高的期权，即买低卖高，而熊市价差策略则是卖低买高。看跌期权熊市价差策略结构如图 7-9 所示，图中虚线代表两份期权各自的头寸的收益；实线则代表熊市价差策略期权的收益，由图中两条虚线合成而来。在相同条件下，执行价格更高的欧式看跌期权具有更低的期权费。因此使用该期权策略买入期权的期权费永远低于卖出看涨期权的费用，也就是说，该策略期初拥有正的现金流。

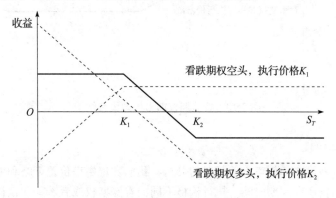

图 7-9 看跌期权熊市价差策略结构

下面我们具体分析由两个欧式看跌期权组成的熊市价差策略的收益。此时我们假设卖出的看跌期权的执行价格为 K_1，同时买入的看跌期权的执行价格为 $K_2(K_2>K_1)$，S_T 为期权到期日的股票价格。表 7-2 显示了在不同到期日股票价格下，熊市价差策略所实现的收益。如果股票价格大幅上升，超过了卖出的期权的执行价格 K_2，此时买入和卖出的看跌期权均不会被行权，熊市价差策略的总收益为零；如果股票价格上升，超过了卖出的期权的执行价格 K_1，但是没有超过买入的期权的执行价格 K_2，此时买入的看跌期权会被行权，卖出的看跌期权不会被行权，熊市价差总收益为股票价格与买入期权的执行价格之差 K_2-S_T；如果股票价格大幅下跌，低于卖出的期权的执行价格 K_1，此时买入和卖出的看跌期权均会被行权，熊市价差策略的总收益为两个执行价格之差 K_2-K_1。在考虑期权费的情况下，策略的收益为总收益与期初费用的差。

表 7-2 熊市价差策略所实现的收益

股票价格范围	看跌期权多头收益	看跌期权空头收益	熊市价差总收益
$S_T \leq K_1$	K_2-S_T	S_T-K_1	K_2-K_1
$K_1<S_T<K_2$	K_2-S_T	0	K_2-S_T
$S_T \geq K_2$	0	0	0

从表 7-2 中不难看出熊市价差策略放弃了当股票价格大幅度下跌时所带来的高额收益，但是也有效控制了股票价格大幅度下跌时带来的损失。可以理解为卖出一份看跌期权，买入了一份执行价格更低的期权，放弃了当股票价格大幅度下跌时所带来的高额收益，为了弥补这个损失，该策略给予投资者更高的期权费作为补偿。

值得一提的是，熊市价差策略也可以通过购买一份欧式看涨期权，同时卖出一份具有相同标的资产和到期时间，执行价格更低的欧式看涨期权来构造。其收益形态与看跌期权构造而成的熊市价差期权相似，这种构造方法的期初现金流为正。看涨期权熊市价差策略结构如图 7-10 所示。

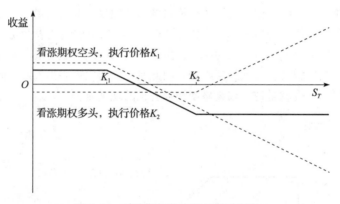

图 7-10 看涨期权熊市价差策略结构

3. 蝶式价差策略

通过对牛市价差策略和熊市价差策略的分析，我们发现牛市价差策略和熊市价差策略均由两份具有相同标的资产和到期时间，执行价格不同的看涨期权或者看跌期权构成。蝶式价差策略的不同之处在于，蝶式价差由四份具有相同标的资产和到期时间，执行价格不同的看涨期权或者看跌期权构成。以看涨期权构造的蝶式价差策略为例，买入一份执行价格为 K_1 的看涨期权，买入另一份执行价格为 K_3 的看涨期权，同时卖出两份执行价格为 K_2 的看涨期权（$K_1<K_2<K_3$，一般情况下 K_2 和股票当前价格接近）。看涨期权蝶式价差策略结构如图 7-11 所示，图中虚线代表期权各自的头寸的收益；实线代表蝶式价差策略期权的收益。到期日时，若股票价格在 K_2 附近，蝶式价差策略会有较大的正收益，若股票价格偏离 K_2 较大，策略将会有较小幅度的损失，这一策略适合那些认为当前股票价格比较稳定，不会有较大浮动的投资者。这一策略在期初会产生一定的交易费用。

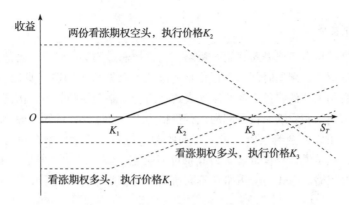

图 7-11　看涨期权蝶式价差策略结构

蝶式价差策略在不同情况下的收益如表 7-3 所示。表 7-3 中，$2K_2-K_1=K_3$。

表 7-3　蝶式价差策略收益

股票价格范围	第一份看涨多头	第二份看涨期权	看涨期权空头	蝶式价差总收益
$S_T \leqslant K_1$	0	0	0	0
$K_1 < S_T < K_2$	S_T-K_1	0	0	S_T-K_1
$K_2 < S_T < K_3$	S_T-K_1	0	$2(K_2-S_T)$	$2K_2-K_1-S_T$
$S_T \leqslant K_3$	S_T-K_1	S_T-K_3	$2(K_2-S_T)$	$2K_2-K_1-K_3$

值得一提的是，蝶式价差策略也可以通过购买一份执行价格较低的欧式看跌期权，一份执行价格较高的欧式看跌期权，同时卖出两份具有相同标的资产和到期时间，执行价格居中的欧式看跌期权来构造。看跌期权蝶式价差策略结构如图 7-12 所示。其收益形态与看涨期权构造而成的蝶式价差期权完全相同，这种构造方法期初的现金流也一模一样。此外，可以通过反向交易来卖空蝶式价差期权，这样做会使得当股票价格有较大波动时，投资者获得一定的收益。

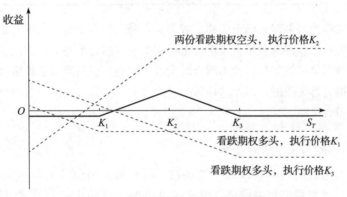

图 7-12　看跌期权蝶式价差策略结构

7.7.3　期权组合策略

期权组合策略与价差策略的不同之处在于，期权组合策略使用具有相同标的资产和到期时间的看涨期权和看跌期权构成，具体分为以下三种策略。

1. 跨式组合策略

最为简单的期权组合策略是跨式组合策略，它是指通过购买一份欧式看涨期权，同时买入一份具有相同标的资产、到期时间和执行价格的欧式看跌期权来构造（见图7-13）。图中虚线代表两份期权各自的头寸的收益，实线则代表跨式组合策略期权的收益，由图中两条虚线合成而来。现假设看涨期权和看跌期权共同的执行价格为 K。通过分析可知，股票价格的大幅度波动（无论上涨还是下跌）会给投资人带来正向收益，但是当股票价格在执行价格附近时，策略会产生损失。也就是说，当投资者认为股票价格会有大幅度波动，但是不确定波动方向时，可以采取跨式组合策略。跨式组合策略在不同情况下的收益如表7-4所示。

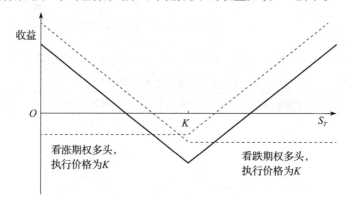

图 7-13　跨式组合策略结构

表 7-4　跨式组合策略在不同情况下的收益

股票价格范围	看涨期权多头收益	看跌期权多头收益	跨式组合价差总收益
$S_T \leq K$	0	$K-S_T$	$K-S_T$
$K<S_T$	S_T-K	0	S_T-K

这种策略也被称为底部跨式组合策略，或者买入跨式组合策略。投资者也可以通过反向持仓两份期权来构造一份顶部跨式组合策略，也称卖出跨式组合策略。必须注意的是，顶部跨式组合策略虽然在股票价格处于执行价格附近时会有正收益，但是当股票价格大幅度偏离执行价格时，所带来的损失是无限的，因此这样做的风险极大，投资者应该对股票价格有充分分析后再使用顶部跨式组合策略。

2. 序列组合策略与带式组合策略

序列组合策略通过购买一份欧式看涨期权，同时买入两份具有相同标的资产和到期时间、执行价格的欧式看跌期权来构造。带式组合策略通过购买两份欧式看涨期权，同时买入一份具有相同标的资产和到期时间、执行价格的欧式看跌期权来构造。图 7-14 显示了两种期权组合策略的结构。序列组合策略和带式组合策略与跨式组合策略相似，都是当股票价格有大幅度波动时（无论上涨还是下跌），会给投资者带来一个大额的正收益，但是当股票价格在执行价格附近时，策略会有损失。不同的是，序列组合策略的投资者认为股票价格下跌的可能性高于上升的可能性，而带式组合策略的投资者认为股票价格下跌的可能性低于上升的可能性。

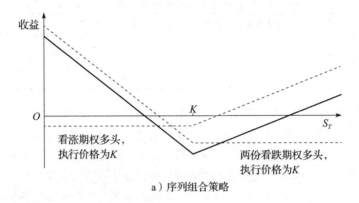

a) 序列组合策略

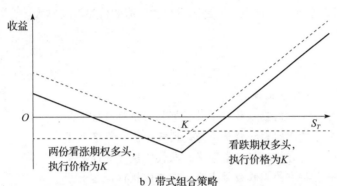

b) 带式组合策略

图 7-14 序列组合策略与带式组合策略结构

3. 异价跨式组合策略

异价跨式组合策略也被称为底部纵向组合策略，其构造方法和普通跨式组合的区别在于，购买的两份期权的执行价格不同。即购买一份欧式看涨期权，同时买入一份具有相同标的资产和到期时间，执行价格不同的欧式看跌期权来构造。图 7-15 显示了这种期权策略结构。看涨期权的执行价格为 K_1，看跌期权的执行价格为 K_2。

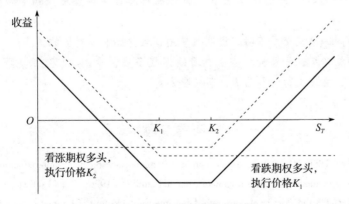

图 7-15 异价跨式组合策略结构

异价跨式组合策略在不同情况下的收益如表 7-5 所示。

表 7-5 异价跨式组合策略在不同情况下的收益

股票价格范围	看涨期权多头收益	看跌期权多头收益	总收益
$S_T \leq K_1$	0	$K_1 - S_T$	$K_1 - S_T$
$K_1 < S_T < K_2$	0	0	0
$S_T \geq K_2$	$S_T - K_2$	0	$S_T - K_2$

异价跨式组合策略的收益形态与普通跨式组合策略类似。当股票价格有大幅度波动时（无论上涨还是下跌），会给投资人带来一个大额的正收益，但是当股票价格在执行价格附近时，策略会有损失。不同的是，在异价跨式组合策略中，股票价格变动幅度要比普通跨式组合策略中更大时才有正收益，同时股票价格处于中间价位时，异价跨式组合策略所产生的损失小于普通跨式组合策略。值得注意的是，异价跨式组合策略的盈利与两份期权的执行价差有关，价差越大，中间价位所带来的损失越小，但是实现盈利所需的价格波动越大。

习题

1. 下面对于股票拆分的描述正确的是_____。
   A. 由于股票拆分，持有的期权数量上升，期权的执行价格下降
   B. 由于股票拆分，持有的期权数量下降，期权的执行价格上升
   C. 由于股票拆分，持有的期权数量下降，期权的执行价格下降
   D. 由于股票拆分，持有的期权数量上升，期权的执行价格上升
   E. 以上均不正确
2. CAT 公司股票的当前市场价格是 76 美元/股，如果这只股票的看涨期权的执行价格是 74 美元/股，看涨期权是_____。
   A. 虚值期权
   B. 实值期权
   C. 平值期权
   D. 虚值期权和平值期权
3. 指出期货合约和期权合约的根本区别，简要说明两者在调整资产组合风险的方式上有何不同。
4. 试给出 5 种不同的期权交易策略，说明其使用情景并绘制相对应的图。
5. 请绘制看涨期权多头、看涨期权空头、看跌期权多头、看跌期权空头的标的资产价格与期权价格的关系，假设执行价格为 K、期权费为 f。

参考文献

[1] BROADIE M, DETEMPLE J. American option valuation: new bounds, approximations, and a comparison of existing methods [J]. The review of financial studies, 1996, 9 (4): 1211-1250.

[2] MERTON R C. On the pricing of corporate debt: the risk structure of interest rates [J]. The journal of finance, 1974, 29 (2): 449-470.

[3] STOLL H R. The relationship between put and call option prices [J]. The journal of finance, 1969, 24 (5): 801-824.

[4] MERTON R C. The relationship between put and call option prices: comment [J]. Journal of finance, 1973, 28 (1): 183-184.

[5] BHARADWAJ A, WIGGINS J B. Box spread and put-call parity tests for the S&P 500 index LEAPS market [J]. The journal of derivatives, 2001, 8 (4): 62-71.

[6] MAYHEW S. Competition, market structure, and bid-ask spreads in stock option markets [J]. The journal of finance, 2002, 57 (2): 931-958.

[7] CHAPUT J S, EDERINGTON L H. Option spread and combination trading [J]. The journal of derivatives, 2003, 10 (4): 70-88.

[8] RENDLEMAN R J. Covered call writing from an expected utility perspective [J]. The journal of derivatives, 2001, 8 (3): 63-75.

[9] RONN A G, RONN E I. The box spread arbitrage conditions: theory, tests, and investment strategies [J]. Review of financial studies, 1989, 2 (1): 91-108.

[10] CONRAD J. The price effect of option introduction [J]. The journal of finance, 1989, 44 (2): 487-498.

[11] HALL B J. What you need to know about stock options [J]. Harvard business review, 2000, 78 (2): 121-121.

[12] MERTON R C, SCHOLES M S, GLADSTEIN M L. The returns and risks of alternative put-option portfolio investment strategies [J]. Journal of business, 1982, 1-55.

[13] AGGARWAL N, GUPTA M. Portfolio hedging through options: covered call versus protective put [J]. Journal of management research, 2013, 13 (2).

[14] LEVY H. Upper and lower bounds of put and call option value: stochastic dominance approach [J]. The journal of finance, 1985, 40 (4): 1197-1217.

[15] BARRACLOUGH K, WHALEY R E. Early exercise of put options on stocks [J]. The journal of finance, 2012, 67 (4): 1423-1456.

[16] DETEMPLE J. American options: symmetry properties [J]. Option pricing, interest rates and risk management, 2001, 67-104.

[17] COVAL J D, SHUMWAY T. Expected option returns [J]. The journal of finance, 2001, 56 (3): 983-1009.

[18] BOOKSTABER R, CLARKE R. Problems in evaluating the performance of portfolios with options [J]. Financial analysts journal, 1985, 41 (1): 48-62.

[19] MCDONALD R, SCHRODER M. A parity result for American options [J]. Journal of computational finance, 1998, 1 (3): 5-13.

[20] WILSON W W, FUNG H G. Put-call parity and arbitrage bounds for options on grain futures [J]. American journal of agricultural economics, 1991, 73 (1): 55-65.

[21] ERAKER B. The performance of model based option trading strategies [J]. Review of derivatives research, 2013, 16: 1-23.

[22] CHEN A S, LEUNG M T. Option straddle trading: financial performance and economic significance of direct profit forecast and conventional strategies [J]. Applied economics letters, 2003, 10 (8): 493-498.

[23] ALAM S I. The 4S of option trading strategies: straddle, strangle, strap, strip [J]. Journal of economic studies and financial research, 2022, 16-22.

[24] CHAPUT J S, EDERINGTON L H. Volatility trade design [J]. Journal of futures markets: futures, options, and other derivative products, 2005, 25 (3): 243-279.

[25] JONGAD SAYAKUL W. Call & put butterfly spreads test of SET50 index options market efficiency and

SET50 index options contract adjustment [J]. International journal of trade, economics and finance, 2018, 9 (3).

[26] 赵强,顾桂定. 沪深 300 股指期权市场是有效的吗？——基于仿真数据的期权平价关系研究 [J]. 商业研究, 2015 (5): 79-84.

[27] 王一多,张蜀林. 我国股票市场期权式交易策略研究 [J]. 中国管理科学, 2013 (1): 280-284.

[28] 张治青. 期权交易策略的构造与运用 [J]. 国际金融研究, 2006 (11): 49-55.

[29] 周丹. 论期权交易（四）期权交易的主要策略 [J]. 国际贸易问题, 1991 (2): 59-63.

第 8 章

期权定价模型

在上一章,我们着重介绍了期权的基本概念,期权的相关术语以及市场上比较经典的期权交易策略,相信大家对于期权的基础知识有了一定了解。本章将详细介绍关于期权定价的相关方法,内容包括影响期权价格的因素、期权平价公式、二叉树、布莱克-斯科尔斯定价公式等。本章内容较多且难度较大,但是对于期权的定价有较为全面的介绍。

8.1 期权价格

本节从定性的角度探讨影响期权价格的相关因素以及这些因素是怎样影响期权价格的。

8.1.1 期权影响因素

我们考虑以下 6 种对期权价格产生影响的因素。
- 当前股票价格,S_0。
- 执行价格,K。
- 期权期限,T。
- 股票的波动率,σ。
- 无风险利率,r。
- 期限内支付的股息,D。

我们主要运用控制变量法,在其他因素保持不变时,仅考虑其中一个因素的变化是如何影响期权价格变化的,具体期权价格的变化如表 8-1 所示。

表 8-1 期权价格变化的影响因素

影响因素	欧式看涨期权	欧式看跌期权	美式看涨期权	美式看跌期权
S_0	+	−	+	−
K	−	+	−	+
T	?	?	+	+

(续)

影响因素	欧式看涨期权	欧式看跌期权	美式看涨期权	美式看跌期权
σ	+	+	+	+
r	+	−	+	−
D	−	+	−	+

注：+表示当此变量增大时，期权价格上升；−表示当此变量增大时，期权价格下降；? 表示变化不明确。

1. 股票价格和执行价格

对于看涨期权，期权的收益等于股票价格与执行价格的差值 $\max(S_T-K,0)$。因此，不难理解，当股票价格上升时，看涨期权的价格也会随之升高。当执行价格上升时，看涨期权的价格会反方向变动。对于看跌期权，期权的收益恰好与看涨期权相反，$\max(K-S_T,0)$，因此，不难理解，当股票价格上升时，看跌期权的价格会随之降低，当执行价格上升时，看跌期权的价格会下降。值得一提的是，这种变动并不是完全线性的。

2. 期权期限

首先考虑期权期限对于欧式期权的影响，通常情况下，期权期限 T 对于欧式期权价格的影响是正向的。这比较容易理解，期限越长，期权的时间价值越高。但是也有例外情况，即考虑股息时，如果标的股票在期权期限内有大额股息分派，致使股票价格在除权后有下降（极端情况降为零），这种情况下短期限的期权价格会高于长期限的期权价格。

其次针对美式期权，一般情况下，一个美式实值期权的多头是不会立即行权的，而是会等待，这时期权具有时间价值，也就是说，无论美式看涨期权或者美式看跌期权，期权期限的延长意味着更多的行权机会（至少不少于短期限的美式期权），也就是说期权的时间价值会增加，因此长期限的美式期权价格至少不低于短期限的美式期权价格。值得一提的是，期权期限对期权价格的影响并不是线性的。

3. 波动率

波动率表示股票未来价格变化的可能性。股票波动率增高意味着股票价格产生大幅度上升或者下降的概率加大。通常对于单一的股票多头而言，这种影响会相互抵消（股票价格上升带来的收益，可能又会因为股票价格下跌而抵消）。但是对于期权的多头则不是这样的，对于看涨期权，当股票价格大幅上升时，多头会产生大额收益，而即便股票价格大幅度下降，期权多头仅仅损失了期权费，仍然可以避免大额的损失。因此波动率的增大对于看涨期权的价格有正向影响。对于看跌期权，当股票价格大幅上升时，多头可以避免大额的损失，仅仅损失期权费而已，当股票价格大幅度下降，期权多头会产生大额收益，因此波动率的增高对于看涨期权和看跌期权的价格均有正向影响。

4. 无风险利率

无风险利率对于期权的影响并不明显。通常当无风险利率增加时，投资者对于股票的预期收益率也会随之提高。同时，投资人未来收益的现值将会降低，以上两种效应将会共同作用使得看涨期权价格增加，看跌期权价格降低。

值得一提的是，当放弃其他条件不变的设定时，重新考虑无风险利率对于期权价格的影响，我们会发现在一般情况下，无风险利率的增加会使得股票价格下降，这同样会造成看涨期权价格提高，看跌期权价格降低。

5. 股息

标的股票在期权期限内分派股息，会使得股票价格在除息日下降，这对于看跌期权的多头是利好消息，除权后的股票价格更有可能低于执行价格，会使得看跌期权的收益增加。对于看涨期权多头是个坏消息，除权后的股票价格高于执行价格的概率降低，使得看涨期权的价格下降。

8.1.2 期权价格范围

为了进一步分析问题，在接下来我们需要做出以下假设。
- 没有交易费用。
- 所有交易的资本利得税的税率相同。
- 投资者可以按照无风险利率借入或者借出资金。
- 市场上有足够多的交易者，且市场是完全竞争的。

通过以上的假设，我们可以认定，一旦市场上存在套利机会，就会有交易者迅速发现并利用。这意味着套利机会将会马上消失，因此我们可以认为市场上不存在套利机会。

下面设定一些符号，如下所示。
- 当前股票价格，现价 S_0。
- 无风险利率（名义利率），r。
- T 时刻股票价格，S_T。
- 美式看涨期权价格，C。
- 美式看跌期权价格，P。
- 欧式看涨期权价格，c。
- 欧式看跌期权价格，p。

1. 期权价格的上限

欧式看涨期权和美式看涨期权均赋予持有者，可以以执行价格买入股票的权利。因此在任何情况下看涨期权的价格都应该不高于当前股票价格，否则存在无风险套利的机会，也就是说当前股票价格即为看涨期权价格上限。

$$c \leqslant S_0, \quad C \leqslant S_0 \tag{8-1}$$

如果违背了式（8-1）的关系，则投资者可以通过买入股票同时卖出期权的方式进行无风险套利。

美式看跌期权赋予持有者，可以在期权期限内以执行价格卖出股票的权利，因此在任何情况下美式看跌期权的价格都不可能超过其执行价格。否则投资者可以通过买入股票同时卖出期权的方式进行无风险套利。

$$P \leqslant K \tag{8-2}$$

欧式看跌期权与美式看跌期权的区别在于，欧式看跌期权仅可以在到期日行权。因此，欧式看跌期权价格在到期日 T 时不会超过执行价格，则期权价格的现值不会超过执行价格的现值。

$$p \leq Ke^{-rT} \tag{8-3}$$

如果违背了式（8-3）的关系，则投资者可以通过在期初卖出期权，同时将收益全部投资于价格为 Ke^{-rT} 的无风险债券的方式进行无风险套利。

2. 无分红欧式看涨期权下限

对一份没有任何分红的欧式看涨期权来说，其期权价格的下限为 S_0-Ke^{-rT}。为了更好地理解，我们首先介绍一个例子，假设 $S_0=20$，$K=18$，$r=10\%$（年化利率），$T=1$ 则有 $S_0-Ke^{-rT}=3.71$。因此，该期权价格的取值范围为 [3.71, 20]。

若看涨期权的价格为 3 美元，这个价格低于价格下限 3.71 美元。一个套利者可以买入期权，同时卖空股票，期初的交易现金流的流入为 20-3=17 美元，套利者将所得的 17 美元以 10%的利率投资一年后，17 美元将增长为 18.79 美元，在年末期权到期时，如果股票价格高于 18 美元，套利者行使期权，并对卖空交易平仓，盈利为：18.79-18=0.79 美元。

如果股票价格低于 18 美元，套利者放弃期权，从市场上买入股票并对卖空交易平仓，这时盈利更多。假设股票价格为 16 美元，盈利为：18.79-16=2.79 美元。这也就是说，套利者通过买入期权，同时卖空股票的形式实现了期初的零支出，同时期末获得至少为 0.79 美元的收益。

让我们进一步抽象化分析，下面构造两个投资组合。

组合一：一份看涨期权和一份在 T 时刻提供收益为 K 的零息债券。

组合二：一份股票。

考虑在期初我们买入组合一，同时卖出组合二，则期初的现金流支出为 $c-S_0+Ke^{-rT}$。表 8-2 是期权到期时，整体投资组合的收益情况。

表 8-2 整体投资组合的收益情况

股票价格范围	看涨期权多头	零息债券	股票空头	总收益
$S_T \leq K$	0	K	$-S_T$	$K-S_T$
$S_T > K$	$-K+S_T$	K	$-S_T$	0

从表 8-2 可以得知，组合在期末整体收益是非负的，根据无套利原则，说明期初投资必须大于等于零，否则就存在无风险套利的机会。即 $c-S_0+Ke^{-rT} \geq 0$；$c \geq S_0-Ke^{-rT}$。

又因为看涨期权在期末的最低收益为 0，因此期权价格不低于 0，则有

$$c \geq \max(S_0-Ke^{-rT}, 0) \tag{8-4}$$

3. 无分红欧式看跌期权下限

对一份没有任何分红的欧式看跌期权来说，其期权价格的下限为 $-S_0+Ke^{-rT}$。为了更好地理解，我们用下面的例子来说明。假设 $S_0=37$，$K=40$，$r=5\%$（每年），$T=0.5$ 则有 $-S_0+Ke^{-rT}=2.01$，因此该期权价格的最低价格为 2.01 美元。

假设欧式看跌期权的价格为 1 美元，这个价格低于下限 2.01 美元。一个套利者借入 38 美元，期限为一年，同时买入股票和看跌期权，在期权到期时，套利者需要偿还 38.96 美元，此时如果股票价格低于 40 美元，套利者行使期权，并且马上以 40 美元卖出股票，并偿还借款，盈利为：40-38.96=1.04 美元。

如果股票价格高于40美元，套利者放弃期权，从市场上卖出股票并偿还借款，这时盈利更多，假设股票价格为50美元，盈利为：50-38.96=11.04美元。这也就是说，无论期末股票价格如何，套利者都能获得至少1.04美元的收益。

让我们进一步抽象化分析，下面再构造两个投资组合。

组合三：一份欧式看跌期权和一份股票。

组合四：一份在T时刻提供收益为K的零息债券。

考虑在期初我们买入组合三，卖出组合四，则期初的现金流支出为$p+S_0-Ke^{-rT}$。表8-3是期权到期时，整体投资组合的收益情况。

表8-3 整体投资组合的收益情况

股票价格范围	看跌期权多头	零息债券	股票多头	总收益
$S_T \leq K$	$K-S_T$	$-K$	S_T	0
$S_T > K$	0	$-K$	S_T	$K-S_T$

从表8-3可以得知，整体组合在期末的收益是非负的，根据无套利原则，说明期初投资必须大于等于零，即$p+S_0-Ke^{-rT} \geq 0$；$p \geq -S_0+Ke^{-rT}$。

又因为看跌期权的最低收益为0，因此期权价格不低于0，则有

$$p \geq \max(-S_0+Ke^{-rT}, 0) \tag{8-5}$$

8.2 期权平价关系

8.2.1 套利定价原理

套利定价原理是一个重要原理，是期权定价的分析基础之一，它的分析理念与经济学中的均衡定价分析大相径庭。经济学中的均衡定价分析认为商品价格取决于供求平衡。然而，套利定价原理认为商品价格取决于无风险套利机会的消失。这里的套利是无风险的，并且没有期初投资，期末可以获得非负的收益。在一个资本市场中，价格会迅速变动使得套利机会消失。

这一理论需要有以下一些假设条件才能成立。
- 场内交易。
- 投资者可以自由进出市场。
- 资产价格信息完全透明。

我们假设存在两种金融资产A和B，他们在t时刻的价格分别表示为A_t和B_t，假设有以下条件。
- A和B均在场内交易，且投资人可以任意获取两种资产的任意头寸，并且所有投资人均可以以一个相同的无风险利率任意借入或者借出现金。
- 不存在任何交易费用。

当满足上述条件后，我们可以得出以下结论。如果在时刻$T(T \geq t)$，一定满足$A_T \geq B_T$，则说明在时刻t，也一定满足$A_t \geq B_t$。如果在时刻$T(T \geq t)$，一定满足$A_T = B_T$，则说明在时刻t，也一定满足$A_t = B_t$。

现在对以上结论进行证明。

首先利用反证法对第一个结论进行证明，假设在时刻t，$A_t < B_t$，则可以买入A资产，同时

卖出 B 资产，并且在期末平仓。第一种无风险套利收益情况如表 8-4 所示。

表 8-4　第一种无风险套利收益情况

	t 时刻	T 时刻
A	$-A_t$	A_T
B	B_t	$-B_T$
总计	$B_t-A_t>0$	$A_T-B_T\geq 0$

通过上表可以清晰看出，这一操作在期初有一个正的现金流流入，同时在期末有非负的现金流流入，也就是说在整个过程中并没有资金的投入，也没有承担风险就实现了正向的收益，根据套利理论，当市场上出现了这样的套利机会后，投资者会进行套利操作，这一无风险现套利机会将会迅速消失。也就是说 $A_t<B_t$ 不成立。

接下来利用同样的方法对第二个结论进行证明，设在时刻 t，$A_t<B_t$，则可以买入 A 资产，同时卖出 B 资产，并且在期末平仓。第二种无风险套利收益情况如表 8-5 所示。

表 8-5　第二种无风险套利收益情况

	t 时刻	T 时刻
A	$-A_t$	A_T
B	B_t	$-B_T$
总计	$B_t-A_t>0$	$A_T-B_T=0$

通过上表可以清晰看出，这一操作在期初有一个正的现金流流入，同时在期末没有现金流变化，也就是说整个过程并没有资金投入也没有承担风险就实现了正收益，根据套利理论，当市场上出现了这样的套利机会后，投资者会进行套利操作，这一无风险套利机会将会迅速消失，也就是说 $A_t<B_t$ 不成立。同理，可以证明 $A_t>B_t$ 也不成立。

8.2.2　欧式期权平价公式

我们现在需要讨论一个在期权中至关重要的关系，即具有相同标的资产、到期时间以及执行价格的欧式看涨期权和欧式看跌期权之间的关系。这里我们参考之前的组合信息，考虑以下两个组合。

组合一：一份看涨期权和一份在 T 时刻提供收益为 K 的零息债券。

组合三：一份看跌期权和一份股票。

为了简化分析，我们仍然假设股票没有分红，看涨期权和看跌期权具有相同的执行价格 K 以及到期期限 T。在期初，我们买入组合一，卖出组合三，则期初的现金流支出为 $c+Ke^{-rT}-S_0-p$。无分红欧式期权平价关系如表 8-6 所示。

表 8-6　无分红欧式期权平价关系

股票价格范围	看涨期权多头	零息债券多头	股票空头	看跌期权空头	总收益
$S_T\leq K$	0	K	$-S_T$	S_T-K	0
$S_T>K$	S_T-K	K	$-S_T$	0	0

首先我们考虑组合一中的零息债券多头的头寸，期末到期时，无论股票价格如何变动，零息债券都产生一个金额为 K 的收益。其次考虑组合三中的股票空头的收益情况，与零息债券相

同，期末到期时，无论股票价格如何变动，股票空头都产生一个 S_T 的支出。接下来考虑看涨期权多头，当股票价格高于执行价格时，投资者行权，收益为 S_T-K；当股票价格低于执行价格时，投资者放弃行权，收益为零。最后考虑组合三中看跌期权空头，当股票价格高于执行价格时，多头投资者行权，损失为 S_T-K；当股票价格低于执行价格时，投资者放弃行权，收益为零。因此，我们可以得出当股票价格低于执行价格时，整体组合的收益等于 $K-S_T+S_T-K=0$；当股票价格高于执行价格时，整体组合的收益等于 $K-S_T+S_T-K=0$。

因此根据无套利原则，期末收益恒定为零，则期初投资也应该为零，若期初投资大于零，则不会有投资者投资，若期初投资小于零，则存在无风险套利机会，根据相关假设，这一套利机会将很快消失。即

$$c+Ke^{-rT}=S_0+p \tag{8-6}$$

8.2.3 美式期权平价公式

下面我们来证明美式期权平价关系，现在考虑以下两个全新的组合。

组合一：一份美式看涨期权和一份金额为 K 的现金。

组合二：一份美式看跌期权和一份股票。

为了简化分析，我们仍然假设股票没有分红，看涨期权和看跌期权具有相同的执行价格 K 以及到期期限 T。由于美式看涨期权在不分红的情况下是不会提前行权的，因此只需要考虑看跌期权提前行权的可能。假设在 $t(t<T)$ 时刻，看跌期权可能提前行权，则两个组合在不同时刻的价值如表 8-7 所示。

表 8-7 无分红美式期权平价关系

是否提前行权	期初	t	T
组合一	$C+K$	C_t+Ke^{-rt}	$\max(S_T-K,0)+Ke^{-rT}$
组合二提前行权	$P+S_0$	K	0
组合二不提前行权	$P+S_0$	0	$\max(K-S_T,0)+S_T$

当看跌期权提前行权，组合二可以获得 K 的总收益，而此时组合一的价值为 C_t+Ke^{-rt}，明显大于组合一的价值。而如果看跌期权不提前行权，那么组合二期末可以获得 $\max(K-S_T,0)+S_T$ 的收益，而组合一可以获得 $\max(S_T-K,0)+Ke^{-rT}$ 的收益；考虑若期末股票价格高于执行价格，那么组合二的收益为 S_T，组合一的收益为 S_T-K+Ke^{-rT}，高于组合二的收益；同理，当期末股票价格低于执行价格，组合一的收益仍然高于组合二。因此可以看出无论看跌期权是否提前行权，组合一的价值均大于组合二，那么根据无套利理论，在期初，组合一的价值应该大于组合二，即 $C+K>P+S_0$，又因为欧式期权平价关系为 $c+Ke^{-rT}=S_0+p$，欧式期权和美式期权价格关系为（看涨期权不提前行权）$C=c$，$P>p$，所以美式期权平价关系为

$$S_0-K \leqslant C-P \leqslant -Ke^{-rT}+S_0 \tag{8-7}$$

8.3 股息的影响

在前面的分析中，本书为了方便读者的理解，假设股票没有股息，下面我们简单介绍股息对于期权的影响。假设股息的发放数量和时间是已知的，用 D 来表示期权期限内股票股息的贴现值。

8.3.1 对欧式期权价格下限的影响

对于看涨期权而言,我们重新定义前面用过的组合。
组合一:一份欧式看涨期权和数量为 $D+Ke^{-rT}$ 的现金。
组合二:一份股票。
考虑在期初我们买入组合一,同时卖出组合二,则期初的现金流支出为 $c-S_0+Ke^{-rT}+D$。表 8-8 是期权到期时,整体组合的盈利状况(这里不考虑股息的时间价值)。

表 8-8 考虑股息后欧式看涨期权盈利状况

股票价格范围	看涨期权多头	零息债券	股票空头	总收益
$S_T \leq K$	0	$K+D$	$-S_T-D$	$K-S_T$
$S_T > K$	$-K+S_T$	$K+D$	$-S_T-D$	0

从表 8-8 可以得知,整体组合在期末收益是非负的,根据无套利原则,说明期初投资必须大于等于零,即 $c-S_0+Ke^{-rT}+D \geq 0$;$c \geq S_0-Ke^{-rT}-D$。
又因为看涨期权在期末的最低收益为零,因此期权价格不低于零,则有

$$c \geq \max(S_0-D-Ke^{-rT}, 0) \tag{8-8}$$

对于看跌期权而言,我们重新定义前面用过的组合。
组合三:一份欧式看跌期权和一份股票。
组合四:数量为 $D+Ke^{-rT}$ 的现金。
考虑在期初我们买入组合三,卖出组合四,则期初的现金流支出为 $p+S_0-Ke^{-rT}-D$。表 8-9 是期权到期时,整体组合的盈利状况。

表 8-9 考虑股息后欧式看跌期权盈利状况

股票价格范围	看跌期权多头	零息债券	股票多头	总收益
$S_T \leq K$	$K-S_T$	$-K-D$	S_T+D	0
$K < S_T$	0	$-K-D$	S_T+D	$K-S_T$

从表 8-9 可以得知,整体组合在期末收益是非负的,根据无套利原则,说明期初投资必须大于等于零,即 $p+S_0-Ke^{-rT}-D \geq 0$;$p \geq -S_0+Ke^{-rT}+D$。
又因为看跌期权的最低收益为 0,因此期权价格不低于 0,因此

$$p \geq \max(-S_0+D+Ke^{-rT}, 0) \tag{8-9}$$

8.3.2 对期权平价公式的影响

当考虑股票股息时,欧式期权的期权平价公式变化为

$$c+D+Ke^{-rT} = S_0+p \tag{8-10}$$

为了证明上述关系,我们沿用第 8.3 节关于组合一至组合四的信息,考虑以下两个组合。
组合一:一份欧式看涨期权和数量为 $D+Ke^{-rT}$ 的现金。
组合三:一份欧式看跌期权和一份股票。
为了简化分析,我们仍然不考虑股票分红的时间价值,看涨看跌期权具有相同的执行价格 K 以及到期期限 T。

我们考虑在期初买入组合一，卖出组合三，则期初的现金流支出为 $c+Ke^{-rT}+D-S_0-p$。表 8-10 是期权到期时，整体组合的盈利状况。

表 8-10 考虑股息后欧式期权的盈利状况

股票价格范围	看涨期权多头	现金多头	股票空头	看跌期权空头	总收益
$S_T \leq K$	0	$K+D$	$-S_T-D$	S_T-K	0
$S_T > K$	S_T-K	$K+D$	$-S_T-D$	0	0

我们将整个组合中所涉及的四个头寸分别进行分析，合并后得出整体组合的盈利状况。我们现在考虑组合一中的现金头寸，期末到期时，无论股票价格如何变动，都产生一个 $K+D$ 的收益。现在考虑组合三中的股票空头的盈利状况，与现金相同，期末到期时，无论股票价格如何变动，股票空头都产生一个 S_T+D 的支出。接下来考虑看涨期权多头，当股票价格高于执行价格时，投资者行权，收益为 S_T-K；当股票价格低于执行价格时，投资者放弃行权，收益为零。现在考虑组合三中的看跌期权空头，当股票价格高于执行价格时，多头投资者行权，损失为 S_T-K；当股票价格低于执行价格时，投资者放弃行权，收益为零。因此，当股票价格低于执行价格时，整体组合的收益等于 $K+D-S_T-D+S_T-K=0$；当股票价格高于执行价格时，整体组合的收益等于 $K+D-S_T-D+S_T-K=0$。

根据无套利原则，期末收益恒定为零，则期初投资也应该为零，若期初投资大于零，则不会有投资者投资，若期初投资小于零，则存在无风险套利机会，根据相关假设，这一套利机会会很快消失，即 $c+D+Ke^{-rT}-S_0-p=0$。

美式期权的期权平价公式变化为

$$S_0-D-K \leq C-P \leq -Ke^{-rT}+S_0 \tag{8-11}$$

8.4 二叉树

下面我们将介绍期权定价中最常用的一种方法：二叉树。二叉树是指期权在期限内股票价格变动可能出现的路径图。这种方法假设股票价格遵循随机游走，股票价格以一定的概率上移一定比率，同时以一定的概率下移一定比率。

8.4.1 一步二叉树

首先我们考虑一步二叉树的情况，即在期限内股票价格仅仅变化一次的情况。为了方便理解，我们用一个例子进行分析。

假设一只股票现在的价格为 20 美元，同时假设 3 个月后该股票的价格将有可能变为 22 美元或者 18 美元，市场上存在一个 3 个月后到期的执行价格为 21 美元的看涨期权，我们需要对该期权进行定价。也就是说，该期权在 3 个月后将会有两种情况：若股票价格为 22 美元，则期权盈利 1 美元；若股票价格为 18 美元，则期权的价格为 0 美元，对应的一步二叉树如图 8-1 所示。

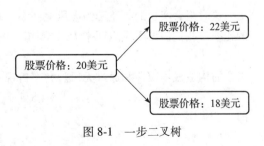

图 8-1 一步二叉树

这里我们需要用到前面介绍过的无风险套利分析。我们可以通过调整股票和看涨期权的头寸构造一个组合，使得组合在股票上涨和下跌的情况下，均有相同的收益率。根据无风险套利分析，这个收益率没有风险，即如果这个收益率不等于市场上的无风险利率，则存在套利机会，因此这个收益率可以确定为无风险利率。这样我们就可以得出组合的构造成本，从而得出期权的价格。

以上面的例子为基础，我们可以构造一个由 Δ 份的股票多头和一份看涨期权的空头组成的组合。这时我们需要确定 Δ 的具体数值，根据股票价格的变动情况可以知道，当股票价格上涨为 22 美元时，Δ 头寸的股票多头的价值将会变为 22Δ 美元，同时一份看涨期权的空头的收益为 -1 美元，因此整个组合的收益就变为 $22\Delta-1$ 美元；同理，当股票价格下跌到 18 美元时，整个组合的收益就变为 18Δ 美元。为了实现无风险收益，需要使得两种情况下的收益相等，即 $22\Delta-1=18\Delta$，那么可以得出 $\Delta=0.25$。

因此投资组合的头寸就是，0.25 份的股票多头和一份看涨期权空头。当股票价格上涨为 22 美元时，整个组合的收益为 4.5 美元，同理股票价格下跌到 18 美元时，整个组合的收益也是 4.5 美元。

之前的分析可知，整个投资组合的收益率和无风险利率相同，因此可知组合的现值就是 4.5 美元按照无风险利率折现后的现值，假设无风险利率为 4%，则组合的现值为 $4.5 \times e^{-0.04 \times 3/12} = 4.45$ 美元。假设期权的价格为 f，则：$22 \times 0.25-f=4.45$，$f=0.545$。

这就表示当市场上不存在无风险套利机会时，看涨期权的价格为 0.545 美元。若看涨期权的价格高于 0.545 美元，则整个组合的构造成本将会低于 4.45 美元，投资者可以通过买入组合卖出无风险债券进行无风险套利，反之期权价格低于 0.545 美元也会存在无风险套利机会。

我们现在将上面的例子进一步的推广。假定一只股票的现价为 S_0，其对应的期权价格为 f_0，期权的期限为 T，在期权期限内，股票价格可能上涨为 S_0u，也有可能下跌到 S_0d，其中 $u>1$，$d<1$。股票价格上涨的概率为 $u-1$，下跌的概率为 $1-d$，假定当股票价格上涨为 S_0u 时，期权价值为 f_u，当股票价格下跌到 S_0d 时，期权价值为 f_d（见图 8-2）。

我们通过股票的多头和期权的空头来构造一个投资组合，需要确定具体的 Δ，使得组合的收益率达到无风险利率的水平。

当股票价格上涨时，组合的收益为 S_0u-f_u，当股票价格下跌时，组合的收益为 S_0d-f_d，令两种情况的收益相等，我们可以得出：

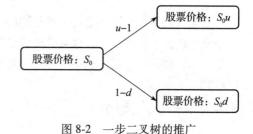

图 8-2　一步二叉树的推广

$$\Delta = \frac{f_u-f_d}{S_0u-S_0d} \tag{8-12}$$

这时组合实现的收益率为无风险利率，Δ 为 T 时间内，期权价格的变化与股票价格的变化的比率。我们假设无风险利率为 r，则组合的现值为

$$(S_0u-f_u) \times e^{-rT}$$

组合的构造成本应该和通过无风险利率折现的现值一样，因此：

$$(S_0u-f_u) \times e^{-rT} = S_0\Delta-f_0$$

即

$$f=S_0\Delta(1-ue^{-rT})+f_ue^{-rT}$$

将 Δ 带入

$$f = e^{-rT}[pf_u + (1-p)f_d] \quad (8\text{-}13)$$

$$p = \frac{e^{-rT} - d}{u - d} \quad (8\text{-}14)$$

当期权价格由一步二叉树给出时，可以利用上面的公式进行定价。

8.4.2 风险中性定价

本节我们讨论期权定价中一个至关重要的原理，即风险中性定价。根据这个原理，在对期权定价时，我们可以假设投资者是风险中性的。这一原理可以表达为，当资产的风险增加时，投资者不会要求额外的预期收益率。当所有的投资人均为风险中性时，这个世界是风险中性世界。虽然现实世界并不是风险中性世界，面对更高的风险，投资者会要求更高的收益率。但是，我们发现，在对期权定价时，风险中性世界下的定价竟然和现实世界的定价相同，这一结果，可以让我们有效避免在现实世界中因为不知道买卖双方的风险厌恶程度而引发的一系列问题。也就是说，当我们利用标的资产对期权定价时，投资者的风险厌恶程度并不会对我们的定价结果产生影响。投资者的风险厌恶程度只会对标的资产（股票）价格产生影响。投资者的风险厌恶程度加大，会使得股票价格下降，但是对期权定价公式不会有影响。

风险中性世界中对于期权定价最重要的两个结论如下。
- 股票的投资收益率和无风险利率相同。
- 对期权的预期收益的贴现率等于无风险利率。

这样，p 可以定义为在风险中性世界中股票价格上涨的概率，则 $1-p$ 可以定义为股票价格下跌的概率（假设 $u > e^{rT}$，$0 < p < 1$）。那么 $pf_u + (1-p)f_d$ 表示的是期权在到期日时在风险中性世界中的预期收益。式（8-13）中对 f 的定价可以理解为期权的预期收益在风险中性世界下以无风险利率贴现所获得的期权现值。

接下来，我们要证明对于概率 p 的理解是准确的。我们注意到，当上涨概率为 p 时，股票在时间 T 的预期收益 $E(S_T)$ 为

$$E(S_T) = pS_0u + (1-p)S_0d$$

将式（8-14）的 p 带入，我们得出

$$E(S_T) = S_0 e^{-rT} \quad (8\text{-}15)$$

这说明当股票上涨概率为 p 时，股票在时间 T 的预期收益 $E(S_T)$ 以无风险利率的平均速度增长。这也就是说，当股票上涨概率为 p 时，股票价格在风险中性世界中的变化完全符合我们的预期。

值得强调的是，在对衍生品进行定价时，风险中性的方法是极为重要的。我们证明了当我们假设世界是风险中性时，所得到的衍生品定价结果不但在风险中性世界中正确，而且在所有世界中都是正确的。通过对上述推导过程的总结，我们得到了利用风险中性方法对衍生品进行定价的流程：首先需要计算在风险中性世界里，各种结果可能发生的概率；然后利用得到的概率计算出衍生品的预期收益；最后通过对预期收益的贴现得到衍生品的现值。

8.4.3 两步二叉树

我们接下来将二叉树的推导进一步扩展，即由一步二叉树发展到两步二叉树。我们仍然假设

股票初始价格为 20 美元，每一步股票价格上升或者下降的概率均为 10%，假设二叉树中每一步时间期限为 3 个月，无风险利率为 4%，看涨期权的期限仍然为 6 个月，执行价格为 21 美元。

需要注意的是，我们的目的是求出期权的起始价格，这就需要用到一步二叉树中的公式进行迭代求解，图 8-3 中不仅显示了股票价格在两步二叉树中的变化，同时也显示了在这一个时刻期权所对应的价值（图中上方数字代表此时刻股票的价格，下方数字代表此时刻期权的价格）。显然，二叉树上最后节点的期权价格很容易得出，就是期权行权的价格，与一步二叉树相同。因此，我们再进一步逆推期权的价格，在节点 D，股票价格为 24.2 美元，此时期权价格为 3.2 美元，而在节点 E 和 F，期权处于虚值状态，价格为零。

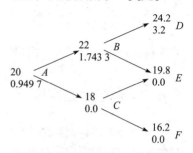

图 8-3　两步二叉树的股票价格和期权价格

这时我们再进一步简化二叉树，进行第二步的逆推，将两步二叉树简化为我们熟悉的一步二叉树形态。此时我们发现，在节点 C 处，由于 C 处的期权价值受到 E 和 F 的影响，因此节点 C 的期权价值为零。此时我们再考虑节点 B 的情况，同样将其进行剥离后，我们得到了一个与前面类似的二叉树模型，此时我们只需要运用前面得到的期权公式即可得出节点 B 的期权价格。$u=1.1$，$D=0.9$，$r=4\%$，$T=0.25$，则 $p=0.5503$，计算可得节点 B 的期权价格为 1.7433。节点 B 的股票价格和期权价格如图 8-4 所示。

此时我们已经得出了节点 B 和 C 的期权价格，现在需要逆推求解节点 A 的期权价格，此时我们的两步二叉树已经完全简化为与一步二叉树完全相同的状态，只需要再次运用一步二叉树相关公式求解即可得出起始的期权价格，带入可得 A 点的期权价格为 0.9497 美元。

接下来我们对两步二叉树进一步的推广，从而得出一般性的结论。假设股票的初始价格为 S_0，在二叉树的每一个节点上，股票价格上升 u 倍，或者下降 d 倍，同时对应的期权价格也显示在树上，如两次股票价格上升后期权价格标记为 f_{uu}，无风险利率为 r，每一步二叉树的时间期限为 Δt 年。两步二叉树的推广如图 8-5 所示。

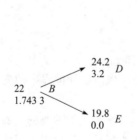

图 8-4　节点 B 的股票价格和期权价格

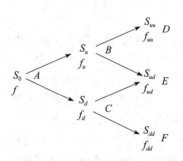

图 8-5　两步二叉树的推广

我们可以得出：

$$f = e^{-r\Delta t}[pf_u + (1-p)f_d] \tag{8-16}$$

$$p = \frac{e^{-r\Delta t} - d}{u - d} \tag{8-17}$$

重复应用式（8-16）进行逆推可以得出：

$$f_u = e^{-r\Delta t}[pf_{uu} + (1-p)f_{ud}] \tag{8-18}$$

$$f_d = e^{-r\Delta t}[pf_{ud}+(1-p)f_{dd}] \tag{8-19}$$

$$f = e^{-r\Delta t}[pf_u+(1-p)f_d] \tag{8-20}$$

整理可得

$$f = e^{-2r\Delta t}[p^2 f_{uu}+2p(1-p)f_{ud}+(1-p)^2 f_{dd}] \tag{8-21}$$

这里得到的结论与前面提到的风险中性定价理论是一致的，在两步二叉树中，期权价格仍然等于在风险中性世界中的收益以无风险利率折现的现值。这里我们需要强调当二叉树步数进一步增加后，风险中性定价理论仍然适用。

8.4.4 看跌期权

二叉树对期权的定价方法不仅仅适用于看涨期权的定价，同样可以适用于看跌期权的定价中，下面我们以一个欧式看跌期权为例。考虑一个期限为 2 年的执行价格为 52 美元的欧式看跌期权，股票当前价格为 50 美元，二叉树的步长为一年，在二叉树上的每一步，股票价格上升和下降的概率均为 20%，无风险利率为 5%。如图 8-6 所示，二叉树的参数为 $u = 1.2$，$D = 0.8$，$r = 5\%$，$T = 1$，则 $p = 0.6282$。

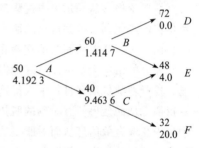

图 8-6 看跌期权的两步二叉树

由图 8-6 可知，最终的股票价格可能为 72 美元、48 美元或者 32 美元，对应的 $f_{uu}=0$，$f_{ud}=4$，$f_{dd}=20$。此时我们运用两步二叉树期权定价公式，可以得出 $f = 4.1923$ 美元。对于这个结果，我们可以运用逐步逆推的方法求解，图 8-6 中标出了各个节点的期权价格和股票价格（股票价格在上，期权价格在下）。

8.4.5 二叉树与布莱克-斯科尔斯公式

截至目前，我们研究的二叉树模型仅仅限制在两步，显然这是一种十分简化的模型，同时也是不切实际的。在现实生活中，股票价格的变动不可能仅用一两步表达，这样得出的结果必然也是不准确的。

在实际的应用中，要想使二叉树有较好的精准度，通常步长需要到达至少 30 步及以上，那么在一个 30 步的二叉树中，会产生 31 个终端价格，同时生成 2^{30} 种股票价格变化路径，同时二叉树依然可以用一步二叉树推导的公式进行定价。然而，这是一个十分庞大的计算工程，并不方便计算。

当二叉树的时间步数足够长，使得步长变得非常小时，二叉树模型中对于股票价格变化的假设与我们将要在后面引入的布莱克-斯科尔斯模型的假设是一致的。同时在使用多步二叉树模型定价时，随着步数的增加，得到的结果将会收敛到布莱克-斯科尔斯价格。

8.5 随机过程基础

接下来我们将推导布莱克-斯科尔斯公式，其提出对资产价格的变化服从某些随机过程的假设，我们首先介绍随机过程的相关知识，为之后的推导过程做准备。

8.5.1 马尔可夫性质

马尔可夫过程是随机过程中的"另类",其中只有标的变量的当前值与未来预测结果相关,而变量的历史值和历史变动方式和未来预测结果无关。我们将其加以提炼就得到了马尔可夫性质,即给定过去的状态 $X_0, X_1, \cdots, X_{n-1}$,以及现在的状态 X_n,将来的状态 X_{n+1} 的条件分布与过去的状态独立,只依赖于现在的状态。

一般情况下,我们认为股票价格的变化过程服从一个马尔可夫过程。举例来说,假设一只股票的当前价格为 50 美元,那么股票价格的预测结果,与此股票一天前,一个星期前,一个月前,一年前都不相关,过去的股票价格的波动也不会影响对股票的预测结果,这一预测结果仅仅与当前股票价格 50 美元有关。我们知道,股票价格的预测是一个不确定的结果,因此我们可以用概率分布的形式来表达。也就是说,股票价格将来的概率分布并不与股票价格的历史变动路径有关。

股票价格服从马尔可夫过程的设定,与市场的弱有效性息息相关。市场的弱有效性表明股票价格已经包括了过去价格的所有信息,如果这一点不成立,那么股票分析师可以通过分析股票价格的历史数据从而获得超额收益,迄今为止,人们还没有发现股票分析师具有这种能力。

充分的市场竞争可以更好地促使市场弱有效性和马尔可夫性质成立。在一个充满竞争的市场,投资者数量众多且每个人都追求最大化的利益。这种行为使得股票价格更加不容易偏离自身价值,从而使得任意时刻的股票价格都包括了历史信息。假设投资者真的可以从股票的历史信息中获取有效信息从而对股票的未来价格进行预测,那么当投资者通过对股票价格的历史信息进行分析后得出一只股票将在未来大幅上涨的结论后,其他投资者也将会投资这只股票,需求的增加使得股票价格上涨,最终盈利的机会也就消失不见了。

8.5.2 连续时间随机过程

我们接下来考虑一个连续变化的随机过程,假设有一个变量服从马尔可夫过程,假设其当前值为 5,在一年内该变量的变化服从一个均值为 0,方差为 1 的正态分布,我们来分析两年内该变量服从怎样的分布。

因为变量服从一个马尔可夫过程,所以两年内的两个分布是独立的,均服从标准正态分布,也就是均值为 0,方差为 1。两年内该变量的分布等于两个正态分布之和,又因为两个独立的正态分布之和仍然服从正态分布性质,根据概率论的相关知识,该变量两年内的分布仍然是正态分布,且均值和方差等于两个标准正态分布的和,也就是服从一个均值为 0,方差为 2 的正态分布。

同理,我们来讨论变量变化不足一年时的情况,首先考虑 6 个月。我们仍然由一年出发,可以将变量一年内的变化视作两个 6 个月内的变化叠加而来。我们假设变量在两个 6 月内的变化仍然遵循相同的正态分布,那么两个 6 月内的分布合并在一起,即为变量一年内变化的分布。我们可以得出变量在 6 个月内服从一个均值为 0,方差为 0.5 的正态分布。

推广可得,该变量 3 个月内的分布服从一个均值为 0,方差为 0.25 的正态分布。更一般的情况下,变量在一段时间 T 内服从 $\varphi(u,v)$ 的分布,那么在一个很短的 Δt 时间内,变量服从一个 $\varphi(u, \Delta t)$ 的分布。

必须注意的是，在前面的推导中，只有方差能够直接相加，但是均值不可以直接相加。

8.5.3 维纳过程

上述均值为 0、方差为 1 的正态分布的马尔可夫过程即为很经典的维纳过程，"维纳过程"这个说法可能不太常用，它在物理学中还有一个更为常用的名称——"布朗运动"。

下面我们需要对其进行一个严格的定义：随机过程 $\{z(t), t \geq 0\}$ 如果满足：
- $z(0) = 0$；
- $\{z(t), t \geq 0\}$ 有平稳独立增量；
- 对每个 $t > 0$，$z(t)$ 服从正态分布 $\varphi(0, \sigma^2 t)$。

则称 $\{z(t), t \geq 0\}$ 为布朗运动，这个表达式也被经常记为 $\{W(t), t \geq 0\}$ 和 $\{B(t), t \geq 0\}$。

根据上面满足条件中的第二条和第三条，我们可以得到维纳过程两条至关重要的性质。

性质一：在一小段时间 Δt 内的变化量 Δz 为

$$\Delta z = \varepsilon \sqrt{\Delta t} \tag{8-22}$$

其中 ε 服从标准正态分布。性质一说明了 Δz 服从正态分布，并且 Δz 的均值为 0，Δz 的方差为 Δt。

性质二：在任何两个不重叠的时间段 Δt 内，变化量 Δz 相互独立。

性质二说明变量 z 服从马尔可夫过程。我们考虑在一段时间 T 内 z 的变化，将其记为 $z(T) - z(0)$，这段时间内的变化参考相关微积分的方法，我们可以将其视作 N 个一小段时间 Δt 内 z 的变化的加总，其中 $N = \dfrac{T}{\Delta t}$。

也就是说

$$z(T) - z(t) = \sum_{i=1}^{N} \varepsilon_i \sqrt{\Delta t} \tag{8-23}$$

其中 $\varepsilon_i (i = 1, 2, 3, \cdots, N)$ 服从标准正态分布。由于 ε_i 之间相互独立，因此我们可以得出 $z(T) - z(0)$ 也服从正态分布，其中 $z(T) - z(0)$ 的均值为 0，$z(T) - z(0)$ 的方差为 T。

接下来我们需要类比普通微积分对随机微积分进行定义，在普通微积分中，我们会用 $\mathrm{d}x$ 表达当 $\Delta t \rightarrow 0$ 时，Δx 的变化量，在随机微积分中，我们也采用这一符号，用 $\mathrm{d}z$ 表达当 $\Delta t \rightarrow 0$ 时，Δz 的变化量，不同的是这里的变量是一个随机过程。

8.5.4 广义维纳过程

首先我们需要对随机过程的漂移率和方差率进行一个定义。在随机过程中，漂移率是指变量在每单位时间内均值的变化，而方差率则是指变量在每单位时间内的方差。截至目前，我们所考虑的都是漂移率为 0、方差率为 1 的维纳过程。而漂移率为 0 就意味着变量在未来任何一个时刻的期望值为其当前值；方差率为 1 则意味着，在时间段 T 内，变量变化的方差等于 T。

广义的维纳过程 x 可以通过 $\mathrm{d}z$ 加以定义

$$\mathrm{d}x = a\mathrm{d}t + b\mathrm{d}z \tag{8-24}$$

其中 a，b 为常数。

下面我们来逐项理解广义维纳过程的定义，首先 $a\mathrm{d}t$ 说明了随机变量 x 的单位时间漂移率

为 a。我们先不考虑 bdz 项，此刻方程变成 $dx=adt$，对等式两边积分，得到 $x=x_0+at$，其中 x_0 为 x 的初始值，在时间 T 内，x 的增量为 aT，此时考虑 bdz 项，为了方便理解，我们将其视作附加在 x 路径上的一个扰动。其幅度为维纳过程的 b 倍，由于维纳过程的方差率为 1，根据概率论知识，b 倍维纳过程的方差率为 b^2，在一小段时间 Δt 内，我们可以将定义改写成 $\Delta x = a\Delta t + b\varepsilon\sqrt{\Delta t}$，其中 ε 服从标准正态分布。因此 Δx 也服从正态分布，并且 Δx 的均值为 $a\Delta t$，Δx 的方差为 $b^2\Delta t$。在任意时间 T 内，x 的变化也服从正态分布，并且满足 x 的变化的均值为 aT，x 的变化的方差为 $b^2 T$。

8.6 描述股票价格过程

我们接下来细致讨论无股息的股票价格所假设的随机过程。在一个极度简化的模型中，我们可以把股票价格变化模型设定为一个广义的维纳模型，即具有一个固定不变的漂移率和方差率。但是这一设定与现实情况有一定差距，原因在于，股票本身有一个很重要的特性，那就是投资者在股票选择时主要考虑投资收益率，而投资收益率并不与股票价格相关。例如，对于一个要达到 20% 投资收益率的投资者，在其他条件相同时，他不会因为股票价格的高低而修正自己所要求的投资收益率。

在这样的情况下，我们认为漂移率为常数显然是一个错误的设定，应该设定预期收益率为常数（预期收益率等于预期漂移率除以股票价格）。举例来说，在 t 时刻，当股票价格为 S 时，此时的漂移率应该为 μS，其中 μ 为常数。这也就意味着在一小段时间 Δt 内，股票价格的变化量为 $\mu S\Delta t$，这里的 μ 即为预期收益率。

此时为了消除股票价格的不确定性，我们设定 dz 的系数为 0，那么有 $\Delta S = \mu S\Delta t$，当 $\Delta t \to 0$ 时，表示为 $dS = \mu S dt$。将等式两边对于 t 积分，得到

$$S_T = S_0 e^{\mu T} \tag{8-25}$$

这里的 S_0 和 S_T 分别代表股票在 0 时刻和 T 时刻的价格，说明在方差为 0 时，股票价格在连续复利下的利率为 μ，进一步考虑，股票价格不可能不存在不确定性，也就是 dz 的系数不为 0。一种比较合理的假设是投资者在面对不同价格的股票时，所能接受的股票收益率的不确定性相同。换句话说，在任意一个很小的时间段内，无论股票价格高低，股票收益率的变动是一致的。这也就是说，在一小段时间 Δt 后，股票标准差和股票价格成正比：

$$dS = \mu S dt + \sigma S dz \tag{8-26}$$

这里我们就得到了一种最为常见的描述股票价格变化的模型，其中 μ 表示股票的预期收益率，σ 代表股票的标准差。

8.7 伊藤引理

接下来我们继续定义一种更加广泛的维纳过程，即伊藤过程。在广义维纳过程的基础上，伊藤过程进一步扩展了 a，b，使它们不再是常数，而是关于变量 x 和时间 t 的函数，伊藤过程可表示为

$$dx = a(x,t)dt + b(x,t)dz \tag{8-27}$$

这就表示在变化中，漂移率和方差率不再是常数，而是根据变量和时间变化的函数，在任意一个时间段 t 和 $t+\Delta t$ 内，变量的变化为 $x+\Delta x$，其中

$$\Delta x = a(x,t)\Delta t + b(x,t)\varepsilon\sqrt{\Delta t}$$

这个等式只是个近似等式，其中假定在时间 t 和 $t+\Delta t$ 内，变量的漂移率和方差率也是常数，等于其在时间 t 的值。

伊藤过程是衍生品定价的重要基础，因为衍生品的价格是标的资产价格和时间的函数。以股票为例，股票价格多数为随机变量，因此想要进一步研究对衍生品的定价就必须进一步研究伊藤过程。仅仅依靠近似等式是不够的。下面我们需要引入一个很重要的引理，即伊藤引理。

假设伊藤过程中的 x，t 的函数服从一个 G 的随机过程：

$$\mathrm{d}G = \left[\frac{\partial G}{\partial x}a + \frac{\partial G}{\partial t} + \frac{1}{2}\frac{\partial^2 G}{\partial x^2}\right]\mathrm{d}t + \frac{\partial G}{\partial x}b\mathrm{d}z \tag{8-28}$$

G 也服从一个维纳过程，它的漂移率为 $\frac{\partial G}{\partial x}a + \frac{\partial G}{\partial t} + \frac{1}{2}\frac{\partial^2 G}{\partial x^2}$，方差率为 $\left(\frac{\partial G}{\partial x}\right)^2 b^2$。

我们已经推导出适合表述股票价格过程的模型，相关表达式如下所示。

$$\mathrm{d}S = \mu S\mathrm{d}t + \sigma S\mathrm{d}z \tag{8-29}$$

由伊藤引理可知，S，t 的函数 G 服从以下过程

$$\mathrm{d}G = \left[\frac{\partial G}{\partial S}\mu S + \frac{\partial G}{\partial t} + \frac{1}{2}\frac{\partial^2 G}{\partial S^2}\sigma^2 S^2\right]\mathrm{d}t + \frac{\partial G}{\partial S}\sigma S\mathrm{d}z \tag{8-30}$$

8.8 布莱克-斯科尔斯定价

8.8.1 股票价格的对数正态分布

布莱克-斯科尔斯公式假设无股息股票的短时间变化遵从正态分布，下面定义两个变量。
- μ：股票的年化短期预期收益率。
- σ：股票的波动率。

在 Δt 的时间内，股票收益的均值和标准差近似于 $\mu\Delta t$ 和 $\sigma\sqrt{\Delta t}$，

$$\frac{\Delta S}{S} \sim \varphi(\mu\Delta t, \sigma^2\Delta t) \tag{8-31}$$

又因为

$$\ln S_T - \ln S_0 \sim \varphi\left[\left(\mu - \frac{1}{2}\sigma^2\right)T, \sigma^2 T\right]$$

因此

$$\ln\frac{S_T}{S_0} \sim \varphi\left[\left(\mu - \frac{1}{2}\sigma^2\right)T, \sigma^2 T\right] \tag{8-32}$$

$$\ln S_T \sim \varphi\left[\ln S_0 + \left(\mu - \frac{1}{2}\sigma^2\right)T, \sigma^2 T\right] \tag{8-33}$$

其中 S_T 代表在 T 时刻股票的价格，S_0 代表在 0 时刻股票的价格。因为 $\ln S_T$ 服从正态分布，那么意味着 S_T 服从对数正态分布。

8.8.2 收益率的分布

由前面介绍的股票价格服从的模型出发，我们可以得出 0 时刻到 T 时刻连续复利收益率的

分布，将 0 时刻到 T 时刻的连续复利收益率记为 x，那么：

$$S_T = S_0 e^{xT} \tag{8-34}$$

$$x = \frac{1}{T} \ln \frac{S_T}{S_0} \tag{8-35}$$

因此：

$$x \sim \varphi \left[\left(\mu - \frac{1}{2}\sigma^2 \right), \frac{\sigma^2}{T} \right] \tag{8-36}$$

由此可以说明，股票的收益率 x 也服从正态分布，且其均值与 T 不相关，标准差随 T 的增大而减小。

8.8.3 布莱克-斯科尔斯-默顿微分方程

布莱克-斯科尔斯-默顿微分方程是每一个以无股息的股票为标的资产的衍生品所必须遵守的微分方程。该方程与二叉树模型中所设定的无套利方法类似，在定价时也是通过构造一个由衍生品和对应股票组成的无套利组合。由无套利原则可知，股票的收益率必须等于无风险利率 r，由此我们可以得出期权必须满足的微分方程。

我们之所以可以构造出由期权和对应股票组成的无风险交易组合，是因为期权等衍生品的价格波动与股票价格波动相关，两者皆由股票波动决定。我们可以参考马科维茨的相关理论，对于完美相关的两种金融资产，我们完全可以通过调整两种资产的头寸使得一方的损失由另一方完全抵消，从而构造出无风险资产。那么，在短期内，构造的组合的收益就是无风险且容易确定的。

举例来说，我们假设存在一种期权和它对应的股票，股票的价格变动为 Δs，对应的欧式看涨期权的价格变化为 Δc，且两者之间满足：$\Delta c = 0.4\Delta s$。这意味着 Δc 和 Δs 之间的切线斜率为 0.4，也可以说对冲比率为 0.4，那么我们可以构造出以下的无风险组合。

- 40 手股票多头。
- 100 手看涨期权的空头。

这样就可以确保股票价格带来的波动可以完全由期权抵消。

必须注意的是，布莱克-斯科尔斯-默顿微分方程与二叉树分析相比有一个本质不同，布莱克-斯科尔斯-默顿微分方程认为建立的无风险组合只在一个极短的时间（一瞬间）内成立。为了保持整个组合是无风险的，必须不断地对组合进行平衡，也就是不断地调整期权和股票的头寸以达到目的。例如，当股票变化与期权的变化由 $\Delta c = 0.4\Delta s$ 变成 $\Delta c = 0.6\Delta s$，那么对于卖出的 100 手看涨期权，就必须有 60 手股票多头，也就必须增加 20 手股票多头进行平衡。在短时间内，必须保持无风险交易组合的收益率等于无风险利率，这是布莱克-斯科尔斯-默顿微分方程能够成立的重要基础。

现在，我们在进一步推导布莱克-斯科尔斯-默顿微分方程时满足以下假设。

- 股票价格服从对数正态分布，其中 μ，σ 为常数。
- 市场允许卖空，并且卖空所得到的收益可以任意支配。
- 无交易费用和税费，所有证券均可以任意分割。
- 在期权期限内，股票没有股息。
- 不存在无风险套利机会。

- 证券交易连续进行。
- 无风险利率为 r，且都相同。

我们进一步推导，与二叉树不同的是，考虑期权在时间 t 的价格，期权期限为 T。假设股票价格服从之前推导的过程：$dS=\mu Sdt+\sigma Sdz$。

再假设 f 为股票对应的期权价格，那么，由伊藤引理我们可以得出：

$$df=\left[\frac{\partial f}{\partial S}\mu S+\frac{\partial f}{\partial t}+\frac{1}{2}\frac{\partial^2 f}{\partial S^2}\sigma^2 S^2\right]dt+\frac{\partial f}{\partial S}\sigma Sdz \tag{8-37}$$

离散形式为

$$\Delta S=\mu S\Delta t+\sigma S\Delta z \tag{8-38}$$

$$\Delta f=\left[\frac{\partial f}{\partial S}\mu S+\frac{\partial f}{\partial t}+\frac{1}{2}\frac{\partial^2 f}{\partial S^2}\sigma^2 S^2\right]\Delta t+\frac{\partial f}{\partial S}\sigma S\Delta z \tag{8-39}$$

由伊藤引理可知，f 和 S 的维纳过程是一致的，因此我们接下来构造一个组合来消除维纳过程。这个组合有以下两部分内容。

- 一份期权空头。
- $\frac{\partial f}{\partial S}$ 份股票多头。

我们定义 Π 为组合价值，那么

$$\Pi=-f+\frac{\partial f}{\partial S}S$$

组合在短时间内的价格变化如下

$$\Delta\Pi=-\Delta f+\frac{\partial f}{\partial S}\Delta S$$

整理可得

$$\Delta\Pi=\left(-\frac{\partial f}{\partial t}-\frac{1}{2}\frac{\partial^2 f}{\partial S^2}\sigma^2 S^2\right)\Delta t \tag{8-40}$$

观察可知，式（8-40）中等式右边不存在 dz 项，也就是说整个组合的收益是无风险的。根据无风险套利原则，组合的收益率必须与无风险利率一样，否则存在无风险套利机会。因此：

$$\Delta\Pi=r\Pi\Delta t$$

$$\left(\frac{\partial f}{\partial t}+\frac{1}{2}\frac{\partial^2 f}{\partial S^2}\sigma^2 S^2\right)\Delta t=r\left(f-\frac{\partial f}{\partial S}S\right)\Delta t$$

因此：

$$\frac{\partial f}{\partial t}+rS\frac{\partial f}{\partial S}+\frac{1}{2}\frac{\partial^2 f}{\partial S^2}\sigma^2 S^2=rf \tag{8-41}$$

这就是布莱克-斯科尔斯-默顿微分方程，对应于不同的衍生品，这一方程存在不同的解。对于某一特定的衍生品，方程的解与方程的边界条件有关。

8.8.4 布莱克-斯科尔斯定价公式

布莱克-斯科尔斯-默顿微分方程中一个最著名的解就是关于期权的定价公式：

$$c = S_0 N(d_1) - Ke^{-rT} N(d_2) \tag{8-42}$$

$$p = -S_0 N(-d_1) + Ke^{-rT} N(-d_2) \tag{8-43}$$

其中：

$$d_1 = \frac{\ln\left(\frac{S_0}{K}\right) + \left(r + \frac{\sigma^2}{2}\right)T}{\sigma\sqrt{T}} \tag{8-44}$$

$$d_2 = \frac{\ln\left(\frac{S_0}{K}\right) + \left(r - \frac{\sigma^2}{2}\right)T}{\sigma\sqrt{T}} = d_1 - \sigma\sqrt{T} \tag{8-45}$$

函数 $N(x)$ 为标准正态分布的累计概率函数。也就是说，这一函数服从标准正态分布的随机变量小于 x 的概率。c，p 分别代表欧式看涨期权和欧式看跌期权，S_0 代表股票在时刻 0 时的价格，K 为执行价格，r 为连续复利的无风险利率，σ 为股票波动率，T 为期权期限。

由于对不支付股息的美式看涨期权提前行使期权永远不是最优解，因此美式看涨期权的定价公式和欧式看涨期权相同，但是对于不支付股息的美式看跌期权，布莱克-斯科尔斯-默顿微分方程还没有最优解。

下面我们对 $N(d_1)$ 和 $N(d_2)$ 做一个简单的介绍。首先对于 $N(d_2)$，我们可以将其简单理解成在风险中性世界中，期权被行权的概率。而对于 $N(d_1)$，我们很难用一句话解释。对于 $S_0 N(D_1) e^{rT}$，只有当股票价格大于执行价格的时候才等于 S_T，而在其他情形下为零。只有当股票价格大于执行价格的时候，期权才会被执行，相应的概率为 $N(d_2)$，在风险中性的世界中，期权在时间 T 的期望值为

$$S_0 N(D_1) e^{rT} - KN(D_2) \tag{8-46}$$

对式（8-46）进行贴现处理，可以得到欧式看涨期权的布莱克-斯科尔斯定价公式 $c = S_0 N(d_1) - Ke^{-rT} N(d_2)$。

我们可以有另一种解释，也可以将布莱克-斯科尔斯定价公式写成：

$$c = e^{-rT} N(d_2) [S_0 e^{rT} N(d_1)/N(d_2) - K] \tag{8-47}$$

对于式（8-47），相关变量的定义：e^{-rT} 为贴现因子；$N(d_2)$ 是期权被行权的概率；$S_0 N(D_1) e^{rT}$ 是指如果股票被行权，股票在无风险世界中的预期价格；K 即执行价格。

8.8.5　布莱克-斯科尔斯定价公式的一般性质

布莱克-斯科尔斯定价公式中的一些参数可能出现极端状况，此时公式的结果会受到一定影响。

1. $S > K$

当股票价格远远大于执行价格时，这说明看涨期权肯定会被执行，那么此时看涨期权就类似于一个执行价格为 K 的远期合约，此时，该远期合约的多头价值为：$S_0 - Ke^{-rT}$。

再考虑布莱克-斯科尔斯定价公式，在这种情形下，$N(d_1)$ 和 $N(d_2)$ 无限接近 1，那么看涨期权的价格也是：$S_0 - Ke^{-rT}$。

对于一个看跌期权，情况则正好相反，当股票价格远远大于执行价格时，这代表着看跌期

权肯定不会被执行，因此其价值应该接近 0，从公式来看，$N(-d_1)$ 和 $N(-d_2)$ 无限接近 0，看跌期权的价格也接近 0。

2. $S<K$

当股票价格远远小于执行价格时，这代表着看涨期权肯定不会被执行，那么此时其价值应该接近 0，从公式来看，$N(d_1)$ 和 $N(d_2)$ 无限接近 0，看涨期权的价格也接近 0。

对于一个看跌期权，情况则正好相反，当股票价格远远小于执行价格时，这代表着看跌期权将肯定会被执行，因此其价值应该接近一个执行价格为 K 的远期合约空头，该合约的空头价值为：$Ke^{-rT}-S_0$。从公式来看，$N(d_1)$ 和 $N(d_2)$ 无限接近 1，看跌期权的价格也接近 $Ke^{-rT}-S_0$。

3. $(T-t)\to 0$

当期权的到期期限临近，其价值应该接近到期价值，我们知道：$c_T=\max(S_T-K,0)$；$p_T=\max(-S_T+K,0)$，从公式上看，当 $(T-t)\to 0$ 时，d_1 和 d_2 趋向于正无穷和负无穷，其符号取决于 S 和 K 的相对大小。

若 $S>K$，那么 d_1 和 d_2 趋向于正无穷，$N(d_1)$ 和 $N(d_2)$ 无限接近 1，$N(-d_1)$ 和 $N(-d_2)$ 无限接近 0，因此：$c\approx S_0-K$，$p\to 0$。

若 $S<K$，那么 d_1 和 d_2 趋向于负无穷，$N(d_1)$ 和 $N(d_2)$ 无限接近 0，$N(-d_1)$ 和 $N(-d_2)$ 无限接近 1，因此：$c\to 0$，$p\approx K-S_0$。

4. $\sigma\to 0$

若股票波动率趋向于 0，表示股票是无风险的，它的价格按照无风险利率 r 增长，那么期权的价格应为

$$c=\max(S_0-Ke^{-rT},0), \quad p=\max(-S_0+Ke^{-rT},0) \tag{8-48}$$

从式（8-48）上看，当 $\sigma\to 0$ 时，d_1 和 d_2 趋向于正无穷和负无穷，其符号取决于 $\ln(S_0/K)+rT$ 的正负。

若 $\ln(S_0/K)+rT>0$，那么 d_1 和 d_2 趋向于正无穷，$N(d_1)$ 和 $N(d_2)$ 无限接近 1，$N(-d_1)$ 和 $N(-d_2)$ 无限接近 0，因此：$c\approx S_0-Ke^{-rT}$，$p\to 0$。

若 $\ln(S_0/K)+rT<0$，那么 d_1 和 d_2 趋向于负无穷，$N(d_1)$ 和 $N(d_2)$ 无限接近 0，$N(-d_1)$ 和 $N(-d_2)$ 无限接近 1，因此：$c\to 0$，$p\approx -S_0+Ke^{-rT}$。

8.8.6 带股息的布莱克-斯科尔斯定价公式

前面我们所讨论的布莱克-斯科尔斯定价公式都认为期权对应的标的股票不支付股息。现在我们对模型进行修正，考虑股票发放股息的情况，假设可以完美预测股息的发放数量和发放时间。

1. 欧式期权

在分析欧式期权时，我们假设股票价格由两方面构成，对应于在期权有效期内所付股息的无风险部分和有风险部分。在任意给定时刻，无风险部分等于在期限内所有股息以无风险利率从除息日折现到当前的现值，在期权到期时，这些股息已经被支付，从而无风险部分已经不存

在。因此，当 S_0 表示为有风险部分的价格，σ 为有风险部分所服从相关随机过程的波动率，布莱克-斯科尔斯定价公式依然成立。

在计算上，这意味着只要在股票价格中剔除所有的股息现值，我们仍然可以使用布莱克-斯科尔斯定价公式对期权定价。在计算现值时，我们采取的折现日期为除息日，折现利率为无风险利率。

上面考虑的是一次性支付固定股息的股票，现在我们将其进一步推广到支付连续股息的股票上，假设每年的股息收益率为 q（连续复利）。股息会使得股票在除息日的价格的下降幅度等于 q。股息收益率会使得股票价格增长幅度减少 q。也就是说，支付股息收益率，股票价格将从 S_0 增长到 T 时刻的 S_T，那么在剔除股息的情况下，股票的价格将会增长到 T 时刻的 $S_T e^{qT}$。即，在没有股息时，股票价格将会从今天的 $S_T e^{-qT}$ 增长到 T 时刻的 S_T。

这就说明，在以下情形中股票价格将会在 T 时刻有相同的概率分布。
- 股票起始价格为 S_0，股票支付股息收益率 q。
- 股票的起始价格为 $S_T e^{-qT}$，且股票不支付股息。

这也就是说，我们在对支付股息收益率为 q 的股票对应的期权进行定价时，可以将股票价格进行调整，然后按照无股息的股票进行处理。

将无股息的布莱克-斯科尔斯公式中的股票价格进行调整，我们可以得出支付股息收益率的股票对应的欧式期权定价公式。

$$c = S_0 e^{-qT} N(d_1) - K e^{-rT} N(d_2)$$
$$p = -S_0 e^{-qT} N(-d_1) + K e^{-rT} N(-d_2)$$

其中：

$$d_1 = \frac{\ln\left(\frac{S_0}{K}\right) + \left(r - q + \frac{\sigma^2}{2}\right) T}{\sigma \sqrt{T}}$$

$$d_2 = \frac{\ln\left(\frac{S_0}{K}\right) + \left(r - q - \frac{\sigma^2}{2}\right) T}{\sigma \sqrt{T}} = d_1 - \sigma \sqrt{T}$$

2. 美式期权

我们知道，在不支付股息时，永远不应该在到期日之前提前行权。因此，对于一个支付股息的美式期权，其最优行权时间只能是股票除息日。我们假设股票将预计在时间 $t_1, t_2, t_3, \cdots, t_n$（$t_1 < t_2 < t_3 < \cdots < t_n$）分发股息，在每个除息日所对应的股息量分别为 $D_1, D_2, D_3, \cdots, D_n$。

我们进行逆推，首先考虑在最后一个除息日提前行使期权的可能性。如果在 t_n 行使期权，投资者的收益为 $S(t_n) - K$，如果没有行使期权，股票价格下跌到 $S(t_n) - D_n$，期权的价值将会大于 $S(t_n) - D_n - Ke^{-r(T-t_n)}$。因此，如果 $S(t_n) - D_n - Ke^{-r(T-t_n)} \geq S(t_n) - K$，即

$$D_n \leq K[1 - e^{-r(T-t_n)}]$$

那么在 t_n 行使期权就不会是最优解。反之，如果

$$D_n > K[1 - e^{-r(T-t_n)}]$$

那么在对股票价格服从随机过程所做的任何合理假设下，当 $S(t_n)$ 足够大时，在 t_n 时行权就是最优的。

接下来考虑 t_{n-1} 时刻，如果在 t_n 时刻行使期权，投资者的收益为 $S(t_{n-1})-K$，如果没有行使期权，股票价格下跌到 $S(t_{n-1})-D_{n-1}$。

如果在 t_{n-1} 时刻没有行权，期权的价格下限为 $S(t_{n-1})-D_{n-1}-Ke^{-r(t_n-t_{n-1})}$

因此，如果：
$$S(t_{n-1})-D_{n-1}-Ke^{-r(t_n-t_{n-1})} \geqslant S(t_{n-1})-K$$

即
$$D_{n-1} \leqslant K[1-e^{-r(t_n-t_{n-1})}]$$

在 t_{n-1} 时刻行权并不是最优选择，与此同时，对于任意 $i<n$，如果
$$D_i \leqslant K[1-e^{-r(t_{i+1}-t_i)}]$$

那么在 t_i 时刻行权也不是最优选择。

通过上述分析，我们可以得出这样的结论，在很多情形下，美式期权会被提前行权的时间往往是最后一个除息日。同时如果不等式成立，我们可以确定提前行权不是一个最优选择，因此美式期权就等同于欧式期权。

8.9 奇异期权

美式看涨期权、美式看跌期权、欧式看涨期权和欧式看跌期权等衍生品可以被统称为标准化产品，这些产品具有清楚的交易条款，并且在市场上交易频繁。从交易所或者交易商那里可以轻易获得这些产品的价格。除了这些标准化产品，金融工程师根据不同的需求发明出了众多的非标准化产品（也称奇异产品）。虽然这一类产品占整体交易的比例低于标准化产品，但是由于这类产品具有更高的获利能力，因此也受到相关机构的青睐。

8.9.1 障碍期权

障碍期权取决于标的资产的价格在一段时间内是否会达到某个约定的水平。在场外交易的期权中有种类众多的障碍期权。因为它们的价格要低于对应的标准化期权，所以它们更加受到投资者的青睐。障碍期权具体可以分成敲出期权和敲入期权两类。

敲出期权又叫鲨鱼鳍期权。期权合约会事先设置好标的资产的价格区间，也称为敲定价格。如果在合约约定的时间范围内，标的资产价格始终处于该区间中，这个期权就是一个普通的看涨期权或看跌期权；一旦标的资产价格跳出了该区间，该期权将自动敲出并作废。根据障碍价格个数的不同，鲨鱼鳍期权可以分为单鲨期权和双鲨期权。单鲨期权顾名思义，即只设置了一个障碍价格。以看涨单鲨期权为例，若设定了敲出价格为 50 美元，在期权存续期内，假设标的资产价格始终没有超过 50 美元，那么这就是一个普通的看涨期权；而当标的资产价格高于 50 美元时，期权自动作废。双鲨期权则有两个障碍价格，以看涨双鲨期权为例，若设定了敲出价格为 50 美元和 65 美元，在期权存续期内，只要标的资产价格低于 50 美元或者高于 65 美元，期权也会自动敲出作废。而根据约定的敲出价格与标的资产在初始时刻价格的相对大小，鲨鱼鳍期权也有相应的分类：如果敲出价格高于初始价格，则将其称为向上敲出期权；如果敲出价格低于初始价格，称为向下敲出期权。

敲入期权则恰好与敲出期权相反，期权合约会事先设置好标的资产的价格区间。如果在合约约定的时间范围内，标的资产价格跳出了该区间，这个期权将自动敲入生效，成为一个普通

的看涨期权或看跌期权；反之若标的资产价格始终处于该区间中，该期权将自动作废。与敲出期权一样，敲入期权也可以根据障碍价格个数的不同，分为单障碍价格敲入期权和双障碍价格敲入期权；也可以根据约定的敲入价格与标的资产在初始时刻价格的相对大小，分为向上敲入期权和向下敲入期权两类。

目前为止，我们所考虑的障碍期权的一个缺陷是如果标的资产价格出现"尖峰"，超过了障碍水平，那么这将会导致期权立刻被敲入或者被敲出。另一种结构是巴黎期权，这时只有当资产价格高于或者低于障碍水平一段时间后，期权才会被敲入或者敲出。例如对于一个向下敲出巴黎看跌期权，执行价格为初始价格的 90%，障碍水平为初始价格的 75%。当资产价格低于障碍水平的天数达到 50 天时，期权将被敲出。期权一般会指明这里的 50 天是"连续的 50 天"，或者"期权期限内任何 50 天"。

普通期权的定价公式如下所示。

$$c = S_0 N(d_1) - Ke^{-rT} N(d_2)$$
$$p = -S_0 N(-d_1) + Ke^{-rT} N(-d_2)$$

其中：

$$d_1 = \frac{\ln\left(\frac{S_0}{K}\right) + \left(r + \frac{\sigma^2}{2}\right)T}{\sigma\sqrt{T}}$$

$$d_2 = \frac{\ln\left(\frac{S_0}{K}\right) + \left(r - \frac{\sigma^2}{2}\right)T}{\sigma\sqrt{T}} = d_1 - \sigma\sqrt{T}$$

向下敲出看涨期权是敲出期权的一种，这种期权是一种普通的看涨期权，但当资产价格下跌到障碍水平 H 时，期权自动消失。障碍水平低于初始资产水平。与之对应的是下跌敲入看涨期权，这是一种普通看涨期权，但只有当资产价格下跌到障碍水平 H 时，这种期权才会生效。

当障碍水平 H 低于或等于执行价格 K 时，下跌敲入看涨期权在 0 时刻的价值为 $c_{di} = S_0 e^{-qT} (H/S_0)^{2\lambda} N(y) - Ke^{-rT} (H/S_0)^{2\lambda-2} N(y-\sigma\sqrt{T})$

其中

$$\lambda = \frac{r-q+\sigma^2/2}{\sigma^2},$$

$$y = \frac{\ln[H^2/(S_0 K)]}{\sigma\sqrt{T}} + \lambda\sigma\sqrt{T}$$

因为一个普通的看涨期权等于一个下跌敲入看涨期权加上一个下跌敲出看涨期权，因此，下跌敲出看涨期权的价格为

$$c_{do} = c - c_{di}$$

当 $H \geq K$ 时

$$c_{do} = S_0 e^{-qT} N(x_1) - Ke^{-rT} N(x_1 - \sigma\sqrt{T}) - S_0 e^{-qT} (H/S_0)^{2\lambda} N(y_1) + Ke^{-rT} (H/S_0)^{2\lambda-2} N(y_1 - \sigma\sqrt{T})$$

以及 $c_{di} = c - c_{do}$

其中

$$x_1 = \frac{\ln[S_0/H]}{\sigma\sqrt{T}} + \lambda\sigma\sqrt{T}$$

$$y = \frac{\ln[H/S_0]}{\sigma\sqrt{T}} + \lambda\sigma\sqrt{T}$$

上涨敲出看涨期权是一种普通期权，但当资产价格达到一定障碍水平 H 时，期权自动消失，H 高于目前资产价格。上涨敲入看涨期权是一种普通看涨期权，但只有当资产价格下跌到障碍水平 H 时，这种期权才会生效。当 H 小于或等于 K 时，上涨敲入看涨期权的价格为 c，上涨敲出看涨期权的价格为 0。当 H 大于执行价格 K 时，我们有

$$c_{ui} = S_0 e^{-qT} N(x_1) - K e^{-rT} N(x_1 - \sigma\sqrt{T}) - \\ S_0 e^{-qT} (H/S_0)^{2\lambda} [N(-y) - N(-y_1)] + K e^{-rT} (H/S_0)^{2\lambda-2} [N(-y+\sigma\sqrt{T}) - N(-y_1+\sigma\sqrt{T})]$$

以及 $c_{uo} = c - c_{ui}$。

障碍看跌期权的定义与障碍看涨期权类似。上涨敲出看跌期权是一种普通的看跌期权，但当资产价格上涨到一定障碍水平 H 后，期权自动消失，H 高于目前资产价格。上涨敲入看跌期权为一种普通看跌期权，但只有当资产价格上升到一定水平 H 时，这种期权才会生效。当 H 大于或等于执行价格 K 时，我们有

$$p_{ui} = -S_0 e^{-qT} (H/S_0)^{2\lambda} N(-y) + K e^{-rT} (H/S_0)^{2\lambda-2} N(-y+\sigma\sqrt{T})$$

以及 $p_{uo} = p - p_{ui}$。

当 H 小于等于 K 时，我们有

$$p_{do} = -S_0 e^{-qT} N(-x_1) + K e^{-rT} N(-x_1+\sigma\sqrt{T}) + \\ S_0 e^{-qT} (H/S_0)^{2\lambda} N(-y_1) - K e^{-rT} (H/S_0)^{2\lambda-2} N(-y_1+\sigma\sqrt{T})$$

以及 $p_{uo} = p - p_{ui}$。

下跌敲出看跌期权是一种看跌期权，但当资产价格下降到一定障碍水平 H 时，期权自动消失。对于下跌敲入看跌期权，只有当资产价格下降到一定水平 H 时，这种期权才会生效。当 H 大于或等于 K 时，$p_{do} = 0$ 和 $p_{di} = p$。当 H 小于等于 K 时，我们有

$$p_{di} = -S_0 e^{-qT} N(-x_1) + K e^{-rT} N(-x_1+\sigma\sqrt{T}) + \\ S_0 e^{-qT} (H/S_0)^{2\lambda} [N(y) - N(y_1)] - K e^{-rT} (H/S_0)^{2\lambda-2} [N(y-\sigma\sqrt{T}) - N(y_1-\sigma\sqrt{T})]$$

以及 $p_{do} = p - p_{di}$。

在所有以上的定价公式中，均假设了资产价格在未来时刻为对数正态分布。有关障碍期权定价的一个重要因素是对资产是否到达障碍值的观察频率。对于以上的结果，我们假定以连续的形式观察资产是否达到障碍值，有时情况确实如此。但在更多时候，合约会明确表示需要周期性观察 S 值。

8.9.2 回望期权

回望期权持有人可以回望资产的价格变动，在期权有效期内选择最佳的资产价格作为执行价格或者到期日价格。也就是说，回望期权的收益与在期权有效期内标的资产价格所达到的最大值或者最小值相关。回望期权可以根据执行价格形式的不同分成两类：固定执行价格回望期权和浮动执行价格回望期权。

固定执行价格的回望看涨期权和回望看跌期权在合约到期时的执行价格是固定的，可以选择的是到期日价格，可以以期权持有期内标的资产所达到的最高价格或最低价格作为到期日价

格。固定执行价格回望期权的收益与欧式期权类似，但是优于欧式期权，能够保证期权持有者获得期权有效期内达到的最大收益；而浮动执行价格的回望看涨期权和回望看跌期权则选取的是合约期间标的资产的最低价格和最高价格作为期权的执行价格，标的资产的价格用的仍然是到期日的价格。浮动执行价格的回望看涨期权能够保证期权持有者以期权有效期内资产能达到的最低价格买入资产。同样，浮动执行价格的回望看跌期权能够保证期权持有者以期权有效期内资产能达到的最高价格卖出资产。

两类回望期权对投资人都十分有利，就固定执行价格的回望期权而言，美式期权投资者不必担心错过最佳的行权时间，同时欧式期权投资者也不用担心到期日的价格不是最优价格。因为固定执行价格的回望期权总是在最优价格下执行的。另外，针对浮动执行价格的回望期权而言，其不可能是价外期权（固定执行价格仍然有可能）。对浮动执行价格的回望期权来说，最糟糕的情况是到期日的价格相对于回望看涨期权是最低的（对于回望看跌期权是最高的），这时期权以平价期权的形式到期。然而，由于回望期权的收益总是高于普通期权，因此回望期权的价格异常昂贵。

欧式浮动回望期权具有固定的解析定价公式。欧式浮动回望看涨期权的定价公式为

$$c_{fl} = S_0 e^{-qT} N(a_1) - S_0 e^{-qT} \frac{\sigma^2}{2(r-q)} N(-a_1) - S_{min} e^{-rT} \left[N(a_2) - e^{Y_1} \frac{\sigma^2}{2(r-q)} N(-a_3) \right]$$

其中

$$a_1 = \frac{\ln(S_0/S_{min}) + (r-q+\sigma^2/2)T}{\sigma\sqrt{T}}$$

$$a_2 = a_1 - \sigma\sqrt{T}$$

$$a_3 = \frac{\ln(S_0/S_{min}) + (-r+q+\sigma^2/2)T}{\sigma\sqrt{T}}$$

$$Y_1 = -\frac{2\ln(S_0/S_{min})(r-q-\sigma^2/2)}{\sigma^2}$$

S_{min} 为资产迄今为止的最低价格。

欧式浮动回望看跌期权的定价公式为

$$p_{fl} = S_{max} e^{-rT} \left[N(b_1) - e^{Y_2} \frac{\sigma^2}{2(r-q)} N(-b_3) \right] - S_0 e^{-qT} N(b_2) + S_0 e^{-qT} \frac{\sigma^2}{2(r-q)} N(-b_2)$$

其中

$$b_1 = \frac{\ln(S_{max}/S_0) + (-r+q+\sigma^2/2)T}{\sigma\sqrt{T}}$$

$$b_2 = b_1 - \sigma\sqrt{T}$$

$$b_3 = \frac{\ln(S_{max}/S_0) + (r-q-\sigma^2/2)T}{\sigma\sqrt{T}}$$

$$Y_2 = \frac{2\ln(S_{max}/S_0)(r-q-\sigma^2/2)}{\sigma^2}$$

S_{max} 为资产迄今为止的最高价格。

浮动回望看涨期权是为了保证期权持有者能以期权有效期内资产能达到的最低价格买入资产。同样，浮动回望看跌期权是为了保证期权持有者能以期权有效期内资产能达到的最高价格

卖出资产。

在固定回望期权中，执行价格是指定的。固定回望看涨期权的收益类似于普通欧式看涨期权，但是两者之间也存在不同。在普通欧式看涨期权中，最后的资产价格被期权期限内最高的资产价格所替代；同样，对于固定回望看跌期权而言，其也相当于将普通欧式看跌期权中最后的资产价格由期权期限内最低的资产价格所替代。定义 $S_{\max}^* = \max(S_{\max}, K)$，其中 $S_{\max}$ 为迄今为止资产价格的最大值，K 为执行价格。同时我们定义 P_{fl}^* 为浮动回望看跌期权的价值，这一看跌期权与固定回望看涨期权的期限相同。固定回望看涨期权中，截至目前资产最大值为 $S_{\max}^*$。我们可以得出以下的表达式。

$$c_{\mathrm{fix}} = p_{\mathrm{fl}}^* + S_0 e^{-qT} - K e^{-rT}$$

类似我们可以得出，令 $S_{\min}^* = \max(S_{\min}, K)$，我们可以知道固定回望看跌期权的价格 p_{fix} 满足以下的关系。

$$p_{\mathrm{fix}} = c_{\mathrm{fl}}^* + K e^{-rT} - S_0 e^{-qT}$$

其中 c_{fl}^* 为浮动回望看涨期权的价格，这一看涨期权与固定回望看涨期权的期限相同，固定回望看跌期权中迄今为止资产最小值由 $S_{\min}^*$ 表示。这说明通过对给出的浮动回望期权定价公式进行修改后，我们也可以对固定回望期权定价。

回望期权对投资者有很强的吸引力，与障碍期权类似，回望期权的价格与标的资产价格的最大值和最小值有关。

8.9.3 亚式期权

亚式期权的收益同标的资产在期权有效期内价格的平均值有关，因此有时也被称作"平均价格期权"。亚式期权持有人，可以选择期权有效期内资产价格的平均价格作为执行价格或者到期日价格。亚式期权和回望期权有着较大的相似性。可以将亚式期权理解为将回望期权中的"最佳资产价格"变换为固定的资产平均价格。因此，亚式期权也可以根据执行价格形式的不同分成两类：固定执行价格的亚式期权和浮动执行价格的亚式期权。固定亚式看涨期权和固定亚式看跌期权在合约到期时的执行价格是固定的，可以选择的是到期日价格，也可以以期权持有期内标的资产的平均值作为到期日价格；而浮动亚式看涨期权和浮动亚式看跌期权则选取的是合约期间标的资产的平均价格作为期权的执行价格，标的资产的价格仍然是到期日的价格。

亚式期权还可以按照时间间隔来进行区分，根据时间间隔的不同，可以将亚式期权分为连续时间分布的亚式期权和离散时间分布的亚式期权；而亚式期权的平均价格的计算也有两种方法，即可以将亚式期权分为几何平均亚式期权和算术平均亚式期权。

亚式期权能有效避免人为操纵股票价格所带来的负面问题，同时能减少公司员工进行内幕交易、损害公司利益的行为。同时，亚式期权比普通期权便宜，并且往往更适合投资人的需求。

亚式期权与回望期权有相似之处，固定亚式看涨期权的收益为 $\max(0, K - S_{\mathrm{ave}})$，其中 S_{ave} 为标的资产的价格平均值。假设一家美国公司的资金部主管预计在明年会陆续而且均匀地接受其澳大利亚子公司的 1 亿澳元的现金收入，该主管对一种能够保证该年内平均汇率高于某一固定汇率水平的某种期权感兴趣。固定亚式看跌期权比普通看跌期权可以更好地满足这个资金部主管的需求。

如果假设 S_{ave} 服从对数正态分布，那么我们可以利用和普通期权类似的公式对亚式期权定价。但是，我们通常假设标的资产价格服从对数正态分布。一种比较流行的处理方法是将一个对数正态分布的前两阶矩与 S_{ave} 的前两阶矩匹配，然后采用布莱克-斯科尔斯定价模型。

对于浮动亚式期权。浮动亚式看涨期权的收益为 $\max(0, S_T - S_{ave})$，而浮动亚式看跌期权的收益为 $\max(0, -S_T + S_{ave})$。浮动亚式看涨期权可以保证在一段时间内频繁买入标的资产的平均价格不会高于最终价格。另外，浮动亚式看跌期权也可以保证在一段时间内频繁卖出标的资产的平均价格不会低于最终价格。当假设 S_{ave} 服从对数正态分布时，我们可以将这类期权当作资产交换期权来定价。

8.9.4 涉及多种资产的期权

涉及两种或者更多风险资产的期权有时也称为彩虹期权。彩虹期权中包含的资产数量被称作彩虹数，一般情况下，数量为两个。彩虹期权的收益由包含的 N 个资产中表现最优的一种所决定。举例来说，对于一个包含 2 种标的资产的彩虹期权，到期时，期权持有人可以选择表现更好或更差的标的资产买入或者卖出。彩虹期权的标的资产不仅可以是股票、大宗商品等基础资产，而且可以是欧式看涨期权、美式看跌期权等衍生资产，形式灵活多样。

另一类较为常见的涉及多种资产的期权就是欧式篮筐式期权。该期权的收益同篮筐（组合）资产的平均价格有关，篮筐资产常常分为股票、股票指数和货币。假定篮筐中的资产服从相关的几何布朗运动，我们可以用蒙特卡洛模拟来对其进行定价。更为快捷的方法是计算篮筐资产在期权到期时在风险中性世界的两阶矩，然后假定篮筐资产的价格在期权到期时服从对数正态分布。这时可以利用布莱克-斯科尔斯定价模型对篮筐式期权进行定价。

⊙案例 8-1

巴菲特巧用期权降成本

缘起

谈起可口可乐公司，人们经常会联想起多年来持续重仓其股票的巴菲特。巴菲特对可口可乐公司的投资被奉为巴菲特价值投资理论的重要范例。巴菲特与可口可乐的初次相识可以追溯至巴菲特的童年时期。5 岁的巴菲特第一次喝到了可口可乐，不久后他便从中发现了商机。巴菲特发现当时的自动售货机旁的可口可乐瓶盖数量很多，可口可乐常常供不应求。于是他便以 25 美分批发了 6 罐可口可乐，并且以 5 美分/罐的价格售卖。在之后的几十年中，可口可乐公司虽然始终保持着高速增长，但是巴菲特并没有购买其股票。这主要是因为他本人在此期间一直更加偏爱喝百事可乐，同时，巴菲特的投资重点主要集中到了许多传统行业中的公司，例如纺织厂、百货公司、农场设备制造商等。

直到 1987 年，事情迎来了转机。在美国白宫举行的一次晚宴上，巴菲特和可口可乐公司时任总裁唐纳德·基奥同时出席。晚宴期间，唐纳德主动找到了巴菲特，向其推荐可口可乐公司新推出的樱桃味可乐。唐纳德希望以此产品使巴菲特对可乐的偏好从百事可乐转向可口可乐。巴菲特在品尝樱桃味可乐后，感觉味道很好，从此爱上了可口可乐。

机会来临

首先，我们需要简单了解可口可乐公司的发展。可口可乐公司诞生于1886年。论持续经营的历史，没有几家公司能与之相提并论。在很长的一段时间里，可口可乐公司只卖一种产品，100多年后的今天，可口可乐仍然卖着同样的饮料，辅以少许其他产品。与1886年创立的时候相比，可口可乐公司的规模和业务覆盖的地域版图，早已不可同日而语。

可口可乐公司的发展并不是一帆风顺的。20世纪70年代，可口可乐公司曾经深陷质量问题和环保问题的泥潭中，关于公司的负面新闻喧嚣直上，在资本市场上，公司股票价格一落千丈。在那个时候，可口可乐公司的掌舵人是自1962年开始出任总裁的保罗·奥斯汀。在面对这样的困局时，保罗的策略并不是将公司重点放在主营产品的创新和运营上，而是力主采取多元化发展。于是可口可乐公司涉足了水利项目、养虾厂等自身完全不熟悉的领域，甚至还购买了一家酒厂。可以预见的是，这样的操作不但没有将可口可乐公司拉出泥潭，反而让可口可乐公司在泥潭中越陷越深。之后可口可乐公司的税前利润率经历了连续5年的持续下跌，到1980年的时候已经低至12.9%。

在那个时候，可口可乐公司迎来了管理层的大换血，这也给公司带来了重生的曙光。新上任的掌舵人戈伊苏埃塔鼓励公司的经理去冒合理的风险，并且开始削减成本。戈伊苏埃塔要求可口可乐拥有的任何业务都必须优化资产收益。这些措施迅速起效，利润率开始提升。戈伊苏埃塔上任后的第一年，利润率恢复到了13.7%。到了1988年，也就是巴菲特买入可口可乐公司股票的那一年，利润率已经攀升至创纪录的19%，净资产回报率率已经达到了31%。

公司经营能力的改善也在二级市场的股票价格上有所体现。1980年，可口可乐公司的市值是41亿美元，到了1987年年底，虽然当年10月份美国发生了股市崩盘，但是可口可乐公司的市值还是达到了141亿美元。这些年里，可口可乐公司的市值一直在高速增长。

而可口可乐公司的这些变化自然也进入了巴菲特的视线中。唐纳德推荐后，巴菲特便一直等待着一个机会的来临，以便买入可口可乐公司的股票。时间来到了1988年秋天，此时，在经历了1987年10月的美国股灾之后，可口可乐公司的股票价格较其高位缩水了1/4，股票价格相对较低。这时，巴菲特毫不犹豫地出手了。直到1989年春天，伯克希尔的股东们才知道巴菲特动用了10.2亿美元购买了可口可乐公司的股票，占到可口可乐公司股本的近7%，占了伯克希尔投资组合的1/3。这也是时至今日，伯克希尔最大的单笔投资之一。

危机到来

时间再次来到了1993年，彼时可口可乐公司的股票已经给巴菲特带来了10倍的投资收益。然而，此时可口可乐公司股票的市场价格已经达到了40美元/股左右。而此时，市场上迎来了坏消息。菲利普·莫里斯突然宣布把万宝路香烟的价格压低20%，以和市场上的廉价香烟品牌竞争。行业内人士认为，不仅万宝路的品牌价值遭受重创，所有美国知名的品牌都会受到影响。这些人认为，万宝路的形象是由超过10亿美元的宣传费仔细塑造而成的，如果连这种"知名"品牌都走投无路到与无名小卒一较长短，品牌的整个概念显然已经过时。以后，大众将不在乎知名品牌的宣传广告。

万宝路的降价行为也让同样身为国际一线品牌的可口可乐公司受到了波及。在市场普遍对知名品牌企业悲观的情况下，可口可乐公司的股票价格开始持续走低，市场开始做空可口可乐公司的股票。但是，基于对可口可乐公司的了解和调研，巴菲特发现可口可乐公司与万宝路的情况并不相同。首先，香烟市场上品牌种类繁多，万宝路需要降价以占领市场。在可乐的市场上，基本只存在着可口可乐公司和百事可乐公司两大竞争对手，属于寡头垄断市场，可口可乐公司并不会在短时间内丧失市场的主导地位。其次，在产品上，此前万宝路香烟的价格很高，以维持自身品牌力。而可口可乐公司的主打产品可口可乐的售价本就不高，属于大众消费品，品牌溢价并不像万宝路香烟那样高。最后，也是最重要的一点，在过去几十年里，可口可乐公司的销量一直是逐年增加的。第一次世界大战、美国的大萧条、第二次世界大战等，都没有阻止可口可乐公司销量的持续增长。因此，巴菲特坚信可口可乐公司是一个好公司。

卖出看跌期权

经过分析，巴菲特认为可以以 35 美元/股的价格购入可口可乐公司的股票，并坚定认为可口可乐公司的股票价格绝不会跌破这一价格。尽管当时市场普遍认为可口可乐公司股票有极大概率会一路下跌，跌破 35 美元/股。巴菲特依然做出了一个大胆的决定，在 1993 年 4 月以 1.50 美元/份的价格卖出了 300 万份可口可乐公司股票的看跌期权合约。这个期权的到期日是 1993 年 12 月 17 日，购买该期权的投资者可以在此之前按照 35 美元/股的价格买入可口可乐股票。而在之后的伯克希尔公司的股东年会上，巴菲特证实了这一做法，并且表示他还会以相似的做法再卖出 200 万份看跌期权合约。最终，巴菲特共计卖出了 500 万份，执行价格为 35 美元/股的可口可乐看跌期权合约。

巴菲特此举的目的主要是赚取看跌期权的期权费，以降低自己持有的可口可乐公司的股票成本。通过对看跌期权的学习，我们可以知道，若在期权到期日之前，可口可乐公司股票价格一直高于 35 美元/股，则巴菲特可以赚取 750 万美元的期权费。

而卖出看跌期权需要承担的风险是如果股票价格跌破了 35 美元/股，则巴菲特需要以 35 美元/股的价格收购 500 万股可口可乐股票。同时考虑到期权费的存在，巴菲特此次卖出的看跌期权的盈亏平衡点为 33.5 美元/股。然而，由于巴菲特本身就希望在低价位购入可口可乐公司股票，因此若股票价格跌破 33.5 美元/股，巴菲特可能会购买更多的可口可乐公司的股票。

最终的结果也如巴菲特所料，图 8-7 显示了可口可乐公司在期权到期日之前股票价格并没有跌破 35 美元/股。因此，巴菲特赚到了 750 万美元的期权费用。

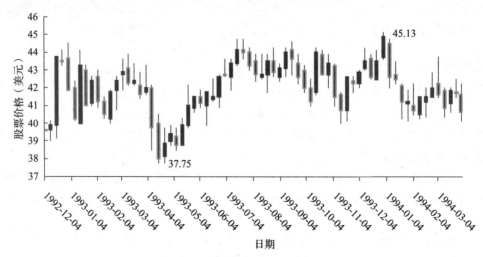

图 8-7　可口可乐公司股票价格走势

⊙ 案例 8-2

震惊中外的"中航油期权巨额亏损事件"

公司背景

中国航油（新加坡）股份有限公司（简称中航油新加坡公司）成立于1993年，由中国航空油料集团公司（简称中航油）控股，总部和注册地均位于新加坡。中航油新加坡公司主要从事中国进口航空油料的采购和国际石油贸易及石油实业投资等业务。公司成立之初，经营十分困难，一度濒临破产，公司可用资金一度仅有20万美元，1997年中航油新加坡公司的市场份额占中国进口航油的2%。

此时，陈久霖这位北大才子受命于危难之际，出任中航油新加坡公司的总裁。起初，陈久霖也的确不负众望，大胆改革，锐意进取，在他的带领下，中航油新加坡公司从一个濒临破产的贸易型企业发展成工贸结合的实体企业，业务从单一进口航油采购扩展到国际石油贸易，并于2001年在新加坡交易所主板上市，成为中国首家利用海外自有资产在国外上市的中资企业。上市当年，中航油新加坡公司在2001年新加坡新上市公司营业额排名中位居第一。

之后的两年，中航油新加坡公司更是斩获了无数的盛誉：被列为新加坡国立大学MBA课程教学案例，获得2002年新加坡上市公司"最具透明度"企业的奖项，被美国应用贸易系统（ATS）机构评选为亚太地区最具独特性、成长最快和最有效率的石油公司，与壳牌、英国石油等国际能源巨头同登荣誉榜。在那时，中航油新加坡公司是国有企业走出国门、实施跨国经营的一个成功典范。陈久霖也被世界经济论坛评为"亚洲经济新领袖"，并成功入选"北大杰出校友"。可以说，此时的中航油新加坡公司和陈久霖都达到了一个令人惊叹的高度，在公司内部，陈久霖的威望更是达到了顶峰，公司也沦为了陈久霖的"一言堂"之地。

然而，这种美好并没有一直延续下去。2003年中航油成为第二批国家批准有资格进行境外期货交易的国有企业。经有关部门批准后，中航油新加坡公司被总公司授权，自2003年开始做油品期货套期保值业务。在此期间，中航油新加坡公司擅自扩大业务范围，从事风险极大的石油期权交易，这也导致了后来震惊中外的"中航油期权巨额亏损事件"。

初涉期权

2003年伊始，中航油新加坡公司取得境外期货交易批准，并在总裁陈久霖的授意下，尝试进行石油衍生品的套期保值交易。起初公司开展的仅仅是背对背期权交易，从中赚取了一定的佣金。中航油新加坡公司在这种套保交易中仅仅扮演了中间者的角色，几乎不涉及投资风险。

2003年3月24日，美国入侵伊拉克。本来国际社会觉得伊拉克会与美国展开拉锯战，这也会让国际油价持续下跌。但是，在战争初期伊拉克溃不成军，三天后，国际油价就开始缓慢回升，也就是在当年的3月27日。中航油新加坡公司的某位管理者建议，公司可以趁伊拉克与美国的战争，通过石油期权的投机交易来获利。而陈久霖的回复非常简单，"如果有利润就批准"。得到公司一把手的指令后，这位管理者就放手去干了。

此阶段中航油新加坡公司预期石油价格将上涨，因此买入到期日为当年第三季度的看涨期权，同时卖出看跌期权，结果3月28日油价就开始上扬，中航油新加坡公司既依靠看涨期权降低了石油采购成本，又因为看跌期权的买方没有行权而赚得了期权费，没几天，中航油新加坡公司就赚了对手方200万美元，开始尝到了甜头。

加大赌注

陈久霖作为久经商场的老手,自然明白这一次赚得的 200 万美元多少有运气的成分。但是作为商人,这种轻轻松松的赚钱方法对他还是产生了巨大的吸引力。于是,他开始试图通过研究对手方,使得自己的投机行为合理化,而陈久霖的对手方正是赫赫有名的高盛。在翻看了高盛之前的所有交易记录以及国际油价历史记录后,他豁然发现,原来高盛做空期权是有历史数据支撑的,即使是在战乱的年代,原油的价格也没有超过 50 美元一桶,所以高盛做空的大方向是对的,只是在跟自己做交易的这个时间点,方向选错了而已。彼时,陈久霖自认为掌握了高盛的核心机密,更认为可以通过这个秘密在期权市场上大捞一笔,于是开始把整个公司的业务重心向衍生品交易倾斜。

从 2003 年 10 月起,中航油新加坡公司改变了策略,开始反过来做空石油期权,建立空头头寸,大量卖出石油看涨期权,买入看跌期权,企图继续通过套期保值获利。而负责交易的操盘手在短短几天内,就把中航油新加坡公司的仓位拉高到了 200 万桶。

起初公司还有小赚,但到 2004 年的时候,情况有些不对了,油价并没有持续下跌,而是开始不断攀升。另外,中航油新加坡公司有部分合约就快要到期了。此时立即平仓并及时撤出期权市场,亏损额尚在可接受范围内。陈久霖有点慌了,虽然也萌生过平仓的想法,可亏损对中航油新加坡公司来说,无疑是当期财务报表上的黑点,这也将打破中航油新加坡公司赚取超额收益的神话。由于对期权市场不熟悉,陈久霖觉得应该找个懂行的前辈去问问,给他指条明路。

彼时,陈久霖病急乱投医,他找的前辈,正是自己的交易对手高盛。陈久霖的想法很简单,觉得高盛是专业机构,肯定可以给自己一个专业的判断。更何况自己采取的策略也和高盛以往的做法一致。高盛面着中航油新加坡公司"这只送上门的肥羊",根本没有发扬人道主义精神,而是毫不犹豫挖了一个更大的坑。

高盛爽快地答应了帮助中航油新加坡公司出一份建议书,指导陈久霖下一步该怎么操作,但是作为前提,高盛需要知道中航油新加坡公司的期权组合的详细数据。这绝对是一个公司的商业机密,只有少数几个高层和交易员知道,但陈久霖就这么轻易地把全部的商业机密告诉了高盛。此后,高盛连夜赶工,用了五天就给陈久霖交付了一份建议书。双方重新签署了一份协议,同意结束之前所有的协议,然后签了一份规模更大的期权合约。

赌徒心理

陈久霖看着内容详尽的期权协议,终于缓了口气,就在觉得心里有底了的时候,现实给他泼了一盆冷水。在 2004 年 4 月期权结算之际,油价已飙升至 38 美元/桶,此时中航油新加坡公司已经产生了 580 万美元的账面亏损。当时中航油新加坡公司有规定,一个交易员有 50 万美元的亏损上限,一旦到了这个上限,无论如何都要平仓离场,而当时公司有 10 个交易员,所以理论上 10 个人同时亏到上限就是 500 万美元。此时的亏损规模显然已经超过了公司内部制定的强制平仓的临界线。

然而,在陈久霖的坚持下,中航油新加坡公司的风险管理委员会也在跟着领导一起"赌"。中航油新加坡公司不仅没有撤出市场,而且选择了更加激进的投机策略——挪盘。中航油新加坡公司第一次挪盘的具体策略是买入先前卖出的看涨期权然后将其平仓,同时不执行先前买入的看跌期权。由于油价上涨,而看涨期权的执行价格较低,因此期权价格远远高于公司在 2003 年卖出时的价格,同时公司选择卖出更多执行价格更高的看涨期权,利用获得的权利金弥补保证金缺口。但是到了 2004 年 6 月的时候，油价已经涨到了 40 美元/桶，中航油新加坡公司的账面亏损已经达到了 3 000 万美元。这时陈久霖又想到了自己的"老朋友"——高盛。

因为此时中航油新加坡公司最大的期权交易对手是日本三井能源风险管理公司，高盛只是第二大对手，而陈久霖希望高盛能够出手站在自己的一边，而高盛发现中航油新加坡公司还真的亏了不少，就"诚心诚意"提了五条建议，大概的意思是说，高盛给中航油新加坡公司提的建议是有依据的，只要按照高盛的方案，中航油新加坡公司在油价的波动中可以盈利或者至少也能保住本金。陈久霖自己也研究了过去 21 年的石油价格数据，发现油价的确从来就没超过 50 美元/桶。

恰好此时，"白衣骑士"三井住友银行出面，以中航油新加坡公司在三井户头上的 1 326 万美元货款为抵押，贷给中航油新加坡公司 1 350 万美元，以用来补仓。于是 2004 年 4 月至 2004 年 10 月，中航油新加坡公司继续卖出大量石油看涨期权，这些期权大部分是在 2004 年第二季度至 2005 年第一季度到期，有一些是 2005 年第四季度到期，有效合约盘口总计达 5 200 万桶，而中航油新加坡公司每年的进口量约为 1 500 万桶，此时盘口数量已经远远超过了中航油新加坡公司的进口量。

这个量级已经达到了恐怖的程度。随着油价的持续飞涨，公司持有的期权的账面亏损持续以几何倍数加大。2004 年第二季度，中航油新加坡公司进行了第二次挪盘，将新期权期限延后到 2005 年和 2006 年交割，头寸也进一步放大；2004 年 6 月，公司收到追加保证金的要求。2004 年第三季度，公司重复先前策略进行第三次挪盘。在这愈演愈烈的期权投机过程中，国际油价从不到 30 美元/桶涨到 50 多美元/桶，最终期权合约的风险敞口急剧扩大。至 2004 年 10 月，石油期货价格每上涨 1 美元，公司就必须追加 5 200 万美元的保证金，加上其他需要支付的事项，一共需要支付 8 000 万美元，由此给中航油新加坡公司带来的损失是无法接受的。中航油新加坡公司的净资产只有 1.5 亿美元。陈久霖为了不被平仓，只能不断地追加保证金，并把所有的流动资金、银行贷款等所能筹到的钱都用来追加保证金了。

无力回天

日本三井能源风险管理公司是中航油新加坡公司最大的交易对手，但是在 2003 年年初的时候，高盛斥资 12.7 亿美元成为三井住友银行的大股东，而这家银行又是三井能源风险管理公司的大股东，所以中航油的第一大交易对手，第二大交易对手其实都是高盛。

此时中航油新加坡公司因无力支付巨额保证金向总公司求助。2004 年 10 月 10 日中航油新加坡公司首次向总公司呈交报告，说明了交易情况及面对的 1.8 亿美元的账面损失和严重的现金流问题；当年 10 月 20 日，总公司提前配售 15% 的股票，将所得的 1.08 亿美元资金贷款给中航油新加坡公司。

然而远水终究解不了近渴，当年 10 月 26 日，在高盛的授意下，日本三井能源风险管理公司向中航油新加坡公司催缴保证金，无奈之下，陈久霖不得不在 55.43 美元/桶的历史最高位部分斩仓，而这让账面亏损变成了实际亏损，金额达到 1.32 亿美元。然而危机并没有解除，2004 年 11 月 8 日起，由于公司的衍生品合约不断遭到高盛、巴克莱资本、伦敦标准银行等国际投行的逼仓，截至 2004 年 11 月 25 日最后一批合约被平仓，公司实际亏损已达 3.81 亿美元，相对于其 1.45 亿美元的净资产已经资不抵债，陷入技术性破产的境地。2004 年 12 月 1 日，在亏损 5.5 亿美元后，中航油新加坡公司宣布向法院申请破产保护。

2005 年 3 月，新加坡普华永道会计公司提交的针对中航油石油期权亏损事件的第一期调查报告认为，中航油的巨额亏损由诸多因素造成。2006 年 3 月，中航油新加坡公司召开特别股东大会，通过了重组方案，同年新加坡初等法院对原总裁陈久霖做出判决，陈久霖必须服刑四年零三个月，同时遭罚款 33.5 万新元。轰动一时的"中航油事件"终于落下帷幕。

习题

1. 假设 IBM 股票价格为 80 美元/股，一年期看涨期权的价格为 7 美元，执行价格为 86 美元/股，无风险利率为 4%，请问执行价格为 86 美元/股的 1 年期看跌期权的价格是多少？

2. 试根据伊藤引理推导布莱克-斯科尔斯期权定价公式（推导至微分方程形式 $\frac{\partial f}{\partial t}+rS\frac{\partial f}{\partial S}+\frac{1}{2}\frac{\partial^2 f}{\partial S^2}\sigma^2 S^2 = rf$ 即可）

3. 已知一只股票的价格 S 的变动趋势如图 8-8 所示，$r_f = 5\%$。利用动态复制技术为这只股票的看跌期权 $P(t)$ 定价（执行价格为 120）。相关信息如图 8-8 所示。

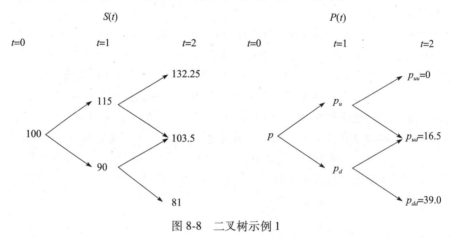

图 8-8 二叉树示例 1

4. 已知 $r_f = 10\%$，相关信息如图 8-9 所示。

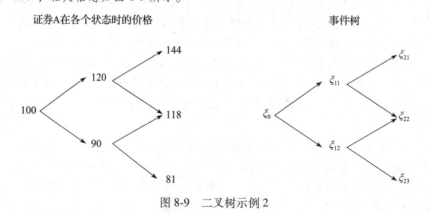

图 8-9 二叉树示例 2

若某看涨期权在 $\xi_{21}, \xi_{22}, \xi_{23}$ 时的价格分别为 6.40，1.60 和 0，完成以下两个要求。
(1) 利用动态复制技术求出 $c(\xi_0)$ 及 ξ_{21} 的状态价格。
(2) 利用风险中性定价求出 $c(\xi_0)$ 及 ξ_{21} 的状态价格。

附录8A 由二叉树推导布莱克-斯科尔斯期权定价公式

推导布莱克-斯科尔斯欧式期权定价公式有很多种方法，其中一种就是在二叉树模型中令步数趋于无穷大，假设我们利用 n 步二叉树对执行价格为 K，期限为 T 的欧式看涨期权定价。每步的时间长度为 T/n，如果在二叉树上股票价格有 j 次向上移动，$n-j$ 次向下移动，最后的股票价格等于 $S_0 u^j d^{n-j}$，其中 u 是价格上升的比例，d 是下跌的比例，S_0 是开始时的股票价格。欧式看涨期权的收益为

$$\max(S_0 u^j d^{n-j} - K, 0)$$

由二项分布的性质可知，j 次向上移动，$n-j$ 次向下移动的概率是

$$\frac{n!}{(n-j)!\,j!} p^j (1-p)^{n-j}$$

由全概率公式可知，看涨期权收益的期望值为

$$\sum_{j=0}^{n} \frac{n!}{(n-j)!\,j!} p^j (1-p)^{n-j} \max(S_0 u^j d^{n-j} - K, 0)$$

因为二叉树表示的是在风险中性世界中股票价格的变化，所以我们应该用无风险利率折现。

$$c = e^{-rT} \sum_{j=0}^{n} \frac{n!}{(n-j)!\,j!} p^j (1-p)^{n-j} \max(S_0 u^j d^{n-j} - K, 0) \tag{8A-1}$$

只有当股票价格高于执行价格的项才是非零的，即

$$S_0 u^j d^{n-j} > K$$

或

$$\ln(S_0/K) > -j\ln(u) - (n-j)\ln(d)$$

因为 $u = e^{\sigma\sqrt{T/n}}$，$d = e^{-\sigma\sqrt{T/n}}$，这个条件就等于

$$\ln(S_0/K) > n\sigma\sqrt{T/n} - 2j\sigma\sqrt{T/n}$$

或

$$j > \frac{n}{2} - \frac{\ln(S_0/K)}{2\sigma\sqrt{T/n}}$$

因此

$$c = e^{-rT} \sum_{j>\alpha}^{n} \frac{n!}{(n-j)!\,j!} p^j (1-p)^{n-j} \max(S_0 u^j d^{n-j} - K, 0)$$

其中

$$\alpha = \frac{n}{2} - \frac{\ln(S_0/K)}{2\sigma\sqrt{T/n}}$$

为了方便，我们定义

$$U_1 = \sum_{j>\alpha}^{n} \frac{n!}{(n-j)!\,j!} p^j (1-p)^{n-j} u^j d^{n-j} \tag{8A-2}$$

$$U_2 = \sum_{j>\alpha}^{n} \frac{n!}{(n-j)!\,j!} p^j (1-p)^{n-j} \tag{8A-3}$$

因此

$$c = e^{-rT}(S_0 U_1 - K U_2) \tag{8A-4}$$

首先我们考虑 U_2。我们知道，当 n 趋于无穷大，二项分布趋向于正态分布。也就是说，当次数为 n，成功的概率为 p 时，成功次数的概率分布近似等于平均值为 np，标准差为 $\sqrt{np(1-p)}$ 的正态分布。由正态分布的性质我们知道，当 n 很大时

$$U_2 = N\left(\frac{np-\alpha}{\sqrt{np(1-p)}}\right) \tag{8A-5}$$

N 为累积正态分布函数。将 α 代入，我们得到

$$U_2 = N\left(\frac{\ln(S_0/K)}{2\sigma\sqrt{T}\sqrt{p(1-p)}} + \frac{\sqrt{n}(p-1/2)}{\sqrt{p(1-p)}}\right) \tag{8A-6}$$

我们有

$$p = \frac{e^{rT/n} - e^{-\sigma\sqrt{T/n}}}{e^{\sigma\sqrt{T/n}} - e^{-\sigma\sqrt{T/n}}}$$

将指数函数按照级数展开后我们可以看到，当 n 趋向于无穷大时，$p(1-p)$ 趋向于 0.25，而 $\sqrt{n}(p-1/2)$ 则收敛于

$$\frac{(r-\sigma^2/2)\sqrt{T}}{2\sigma}$$

因此当 n 趋向于无穷大时，有

$$U_2 = N\left(\frac{\ln(S_0/K) + (r-\sigma^2/2)T}{\sigma\sqrt{T}}\right) \tag{8A-7}$$

我们接下来考虑 U_1。

$$U_1 = \sum_{j>\alpha}^{n} \frac{n!}{(n-j)!\,j!}(pu)^j(1-p)^{n-j}d^{n-j} \tag{8A-8}$$

定义

$$p^* = \frac{pu}{pu+(1-p)d} \tag{8A-9}$$

这时

$$1-p^* = \frac{(1-p)d}{pu+(1-p)d}$$

U_1 可以表示成

$$U_1 = [pu+(1-p)d]^n \sum_{j>\alpha} \frac{n!}{(n-j)!\,j!}(p^*)^j(1-p^*)^{n-j}$$

因为在风险中性世界中，收益的期望值为无风险利率 r，所以 $pu+(1-p)d = e^{rT/n}$，且

$$U_1 = e^{rT} \sum_{j>\alpha} \frac{n!}{(n-j)!\,j!}(p^*)^j(1-p^*)^{n-j}$$

这说明 U_1 涉及二项分布，在这里上移的概率是 p^*。通过由正态分布来近似分布，我们可以得到

$$U_1 = e^{rT} N\left(\frac{np^*-\alpha}{\sqrt{np^*(1-p^*)}}\right)$$

代入 α，将会有

$$U_1 = e^{rT} N\left(\frac{\ln(S_0/K)}{2\sigma\sqrt{T}\sqrt{p^*(1-p^*)}} + \frac{\sqrt{n}(p^*-1/2)}{\sqrt{p^*(1-p^*)}} \right)$$

将 u 和 d 代入

$$p^* = \frac{e^{rT/n} - e^{-\sigma\sqrt{T/n}}}{e^{\sigma\sqrt{T/n}} - e^{-\sigma\sqrt{T/n}}} \left(\frac{e^{\sigma\sqrt{T/n}}}{e^{rT/n}} \right)$$

将指数函数按照级数展开后我们可以看到，当 n 趋向于无穷大时，$p^*(1-p^*)$ 趋向于 $1/4$，而 $\sqrt{n}(p^*-1/2)$ 则收敛于

$$\frac{(r-\sigma^2/2)\sqrt{T}}{2\sigma}$$

因此当 n 趋向于无穷大时，有

$$U_1 = e^{rT} N\left(\frac{\ln(S_0/K) + (r+\sigma^2/2)T}{\sigma\sqrt{T}} \right) \tag{8A-10}$$

我们有

$$c = S_0 N(d_1) - Ke^{-rT} N(d_2)$$
$$p = -S_0 N(-d_1) + Ke^{-rT} N(-d_2)$$

其中：

$$d_1 = \frac{\ln\left(\dfrac{S_0}{K}\right) + \left(r + \dfrac{\sigma^2}{2}\right) T}{\sigma\sqrt{T}}$$

$$d_2 = \frac{\ln\left(\dfrac{S_0}{K}\right) + \left(r - \dfrac{\sigma^2}{2}\right) T}{\sigma\sqrt{T}} = d_1 - \sigma\sqrt{T}$$

附录 8B 伊藤引理的非严格推导

考虑一个连续可求导的 x 的函数 G。如果 x 很小的变化为 Δx，相应的 G 的变化为 ΔG，微积分里的一个著名论断是

$$\Delta G \approx \frac{dG}{dx} \Delta x \tag{8B-1}$$

换句话说，ΔG 大约等于 G 对 x 的导数乘以 Δx。误差项包括高阶项 Δx^2。如果需要更精确的表达式，我们可以运用 ΔG 的泰勒展开式。

$$\Delta G = \frac{dG}{dx}\Delta x + \frac{1}{2}\frac{d^2 G}{dx^2}\Delta x^2 + \frac{1}{6}\frac{d^3 G}{dx^3}\Delta x^3 + \cdots$$

如果连续可求导的函数 G 有两个变量 x 和 y，那么有

$$\Delta G \approx \frac{\partial G}{\partial x}\Delta x + \frac{\partial G}{\partial y}\Delta y \tag{8B-2}$$

相应的泰勒展开式为

$$\Delta G = \frac{\partial G}{\partial x}\Delta x + \frac{\partial G}{\partial y}\Delta y + \frac{1}{2}\frac{\partial^2 G}{\partial x^2}\Delta x^2 + \frac{\partial^2 G}{\partial x \partial y}\Delta x \Delta y + \frac{1}{2}\frac{\partial^2 G}{\partial x^2}\Delta x^2 + \cdots \tag{8B-3}$$

当 Δx 和 Δy 趋于 0 时，

$$dG = \frac{\partial G}{\partial x}\Delta x + \frac{\partial G}{\partial y}\Delta y \tag{8B-4}$$

我们将其推广到伊藤过程。假定变量满足伊藤过程。

$$dx = a(x,t)dt + b(x,t)dz \tag{8B-5}$$

G 是 x 和 t 的函数。我们可以得出

$$\Delta G = \frac{\partial G}{\partial x}\Delta x + \frac{\partial G}{\partial t}\Delta t + \frac{1}{2}\frac{\partial^2 G}{\partial x^2}\Delta x^2 + \frac{\partial^2 G}{\partial x \partial t}\Delta x \Delta t + \frac{1}{2}\frac{\partial^2 G}{\partial t^2}\Delta t^2 + \cdots \tag{8B-6}$$

将其离散化，得出

$$\Delta x = a(x,t)\Delta t + b(x,t)\varepsilon\sqrt{\Delta t}$$

省略函数的变量时，以上方程可以写为

$$\Delta x = a\Delta t + b\varepsilon\sqrt{\Delta t} \tag{8B-7}$$

这一方程显示了式（8B-6）与式（8B-3）之间所存在的一个重要差别。当对式（8B-3）取极限而将其转换为式（8B-4）时，由于 Δx^2 是二次项，我们可以对其进行忽略。由式（8B-7）出发，我们得出

$$\Delta x^2 = b^2\varepsilon^2\Delta t + \Delta t \text{ 的高阶项} \tag{8B-8}$$

式（8B-8）说明式（8B-6）中的 Δx^2 项包括 Δt 项，因此这一项是不能忽略的。

标准正态分布的方差为 1.0。这意味着

$$E(\varepsilon^2) - [E(\varepsilon)]^2 = 1$$

其中 E 表示期望值。由于 $E(\varepsilon) = 0$，所以 $E(\varepsilon^2) = 1$。因此 $\varepsilon^2\Delta t$ 的期望值为 Δt。由标准正态分布的性质可知 $\varepsilon^2\Delta t$ 的方差为 $2\Delta t^2$。我们知道随机变量在时间 Δt 内的方差与 Δt（而不是 Δt^2）成正比。因此，当 Δt 趋于 0 时，因为其方差太小，我们可以将 $\varepsilon^2\Delta t$ 视为非随机项，并等于其期望值，因此 Δx^2 在当 Δt 趋于 0 时为非随机项，并等于 $b^2 dt$。对于式（8B-6）取极限，并应用以上结果，我们得出

$$dG = \frac{\partial G}{\partial x}\Delta x + \frac{\partial G}{\partial t}\Delta t + \frac{1}{2}\frac{\partial^2 G}{\partial x^2}b^2 dt \tag{8B-9}$$

以上方程就是伊藤引理。将式（8B-5）中的 dx 代入式（8B-9），我们得出

$$dG = \left[\frac{\partial G}{\partial x}a + \frac{\partial G}{\partial t} + \frac{1}{2}\frac{\partial^2 G}{\partial x^2}b^2\right]dt + \frac{\partial G}{\partial x}b\,dz$$

参考文献

[1] BOYLE P P. Options: A monte carlo approach [J]. Journal of financial economics, 1977, 4 (3): 323-338.

[2] HULL J, WHITE A. How to value employee stock options [J]. Financial analysts journal, 2004, 60 (1): 114-119.

[3] BRENNAN M J, SCHWARTZ E S. The valuation of American put options [J]. The journal of finance, 1977, 32 (2): 449-462.

[4] GRABBE J O. The pricing of call and put options on foreign exchange [J]. Journal of international money and finance, 1983, 2 (3): 239-253.

[5] GESKE R, JOHNSON H E. The American put option valued analytically [J]. The journal of finance, 1984, 39 (5): 1511-1524.

[6] RUBINSTEIN M, LELAND H E. Replicating options with positions in stock and cash [J]. Financial analysts journal, 1981, 37 (4): 63-72.

[7] MACBETH J D, MERVEILLE L J. An empirical examination of the Black-Scholes call option pricing model [J]. The journal of finance, 1979, 34 (5): 1173-1186.

[8] MERTON R C. Theory of rational option pricing [J]. The Bell journal of economics and management science, 1973, 4 (2): 141-183.

[9] COURTADON G. The pricing of options on default-free bonds [J]. Journal of financial and quantitative analysis, 1982, 17 (1): 75-100.

[10] TRIGEORGIS L. The nature of option interactions and the valuation of investments with multiple real options [J]. Journal of financial and quantitative analysis, 1993, 28 (1): 1-20.

[11] COVAL J D, SHUMWAY T. Expected option returns [J]. The journal of finance, 2001, 56 (3): 983-1009.

[12] COX J C, ROSS S A, RUBINSTEIN M. Option pricing: a simplified approach [J]. Journal of financial economics, 1979, 7 (3): 229-263.

[13] RENDLEMAN R J. Two-state option pricing [J]. The journal of finance, 1979, 34 (5): 1093-1110.

[14] BOYLE P P. A lattice framework for option pricing with two state variables [J]. Journal of financial and quantitative analysis, 1988, 23 (1): 1-12.

[15] JABBOUR G M, KRAMIN M V, YOUNG S D. Two-state option pricing: binomial models revisited [J]. Journal of futures markets: futures, options, and other derivative products, 2001, 21 (11): 987-1001.

[16] BREALEY R A. An introduction to risk and return from common stocks [M]. MIT press books, 1986, 1.

[17] COOTNER P H. The random character of stock market prices [M]. Boston: MIT Press, 1967.

[18] ITO K. On stochastic differential equations [M]. New York: American Mathematical Society, 1951.

[19] COX D R, MILLER H D. The theory of stochastic processes [M]. Boca Raton: CRC press, 1977.

[20] FELLER W. An introduction to probability theory and its applications [M]. Hoboken: John Wiley & Sons, 1991.

[21] KARLIN S. A first course in stochastic processes [M]. Cambridge: Academic press, 2014.

[22] SHREVE S E. Stochastic calculus for finance II: continuous-time models [M]. New York: Springer, 2004.

[23] BLATTBERG R C, GONEDES N J. A comparison of the stable and student distributions as statistical models for stock prices [J]. The journal of business, 1974, 47 (2): 244-280.

[24] FAMA E F. The behavior of stock-market prices [J]. The journal of business, 1965, 38 (1): 34-105.
[25] KON S J. Models of stock returns—a comparison [J]. The journal of finance, 1984, 39 (1): 147-165.
[26] RICHARDSON M, SMITH T. A test for multivariate normality in stock returns [J]. Journal of business, 1993, 295-321.
[27] BLACK F. Fact and fantasy in the use of options [J]. Financial analysts journal, 1975, 31 (4): 36-41.
[28] BLACK F. How we came up with the option formula [J]. Journal of portfolio management, 1989, 15 (2): 4-8.
[29] BLACK F, SCHOLES M. The pricing of options and corporate liabilities [J]. Journal of political economy, 1973, 81 (3): 637-654.
[30] MERTON R C. Theory of rational option pricing [J]. The Bell journal of economics and management science, 1973, 4 (2): 141-183.
[31] COX J C, ROSS S A. The valuation of options for alternative stochastic processes [J]. Journal of financial economics, 1976, 3 (1): 145-166.
[32] SMITH C W. Option pricing: a review [J]. Journal of financial economics, 1976, 3 (1): 3-51.
[33] FRENCH K R. Stock returns and the weekend effect [J]. Journal of financial economics, 1980, 8 (1): 55-69.
[34] FRENCH K R, ROLL R. Stock return variances: the arrival of information and the reaction of traders [J]. Journal of financial economics, 1986, 17 (1): 5-26.
[35] ROLL R. Orange juice and weather [J]. The American economic review, 1984, 74 (5): 861-880.

套期保值

9.1 套期保值理论

套期保值是指通过建立相应的头寸状态，以暂时替代未来的现金头寸或抵消当前现金头寸所带来的风险。

大部分套期保值都涉及衍生工具，在一定条件下选择哪种衍生工具取决于：

- 需要套期保值的现金头寸的风险状况。
- 套期保值者希望通过套期保值抵消何种风险（例如，是所有风险还是只有价格下跌的风险）。
- 各种套期保值工具的成本。
- 不同套期保值工具对于要解决的问题的有效性。

事实上，在许多人心中，金融工程和风险管理是同义的，所有组织都面临各种各样的风险，作为风控经理必须及时地识别，加以量化，并采取套期保值措施。套期保值工具的成本能够抵消现金头寸有关的风险。残余的风险称为基差风险（basis risk），这是指由于套期保值的不完全而遗留下来的风险。

9.1.1 套头比及其应用

套头比是指对一单位现金头寸进行套期保值所需的套期保值工具单位数。

最优套头比的计算因不同套期保值工具而不同，在这里我们偏重于介绍期货套期保值的套头比计算。关于这个问题最早的想法是，每一单位的现货商品可以用一单位的期货合约来进行套期保值。这种"1∶1"的套头比曾被长时间应用，在期货合约为某些现货头寸做套期保值时效果还不错，但其他时候效果很糟糕。

20世纪60年代早期，Johnson（1960）和Stein（1961）采用债券组合的方法来研究套期保值。提出套期保值的目的在于使现货和期货头寸合在一起的利润变动的方差最小化。他们用回归分析方法来确定风险最小化的套头比,他们当时只能将方法应用于传统商品的套期保值,20世纪70年代金融期货产生以后,Ederington(1979)将此方法推广到金融头寸的套期保值。

Johnson、Stein、Ederington(JSE)的方法是把现货价格对期货价格用普通最小二乘法回归。另一种理论上更为优越的方法是将现货价格的变化对期货价格的变化进行回归,通常以一天为差分单位。这一回归过程可用式(9-1)来表述。

$$S = a + b \cdot F + U \tag{9-1}$$

或者 $\Delta S = a + b \cdot \Delta F + u$

此处 $\Delta S = S(t) - S(t-1)$,而 $\Delta F = F(t,T) - F(t-1,T)$

式中,a 代表了回归中的偏误或残差项。回归直线的斜率 b 即为最小套头比,而截距 a 则常被忽略(在差分回归的情况下,a 通常是接近于零的)。

JSE 的方法提高了套期保值的有效性。但是,回归技术对有关波动性要求了一些假设。

1. 套头比假设

(1)回归技术假定回归变量(S)和解释变量(F)的关系是稳定的。这意味着不论何时取样,基差的期望值都是不变的。但实际上现货价格与期货价格之间的关系并不稳定。

基差可以用持有成本(cost of carry)来解释,期货价格等于现货价格加上全部的持有成本,其中全部的持有成本包括持有现货的利息成本、仓储成本减去现货资产所提供的便利收益,于是,期货价格和现货价格的关系可以用式(9-2)表示。

$$F(t,T) = S(t) \cdot [1 + r(t,T) + W(t,T) - c(t,T)] \tag{9-2}$$

$r(t,T)$ 表示期间利率,$W(t,T)$ 和 $c(t,T)$ 表示期间仓储成本和便利收益,两者均用现货价格 $S(t)$ 的百分比表示。随着时间流逝,当前时刻渐渐趋近于到期日 T,持有成本 $[1+r(t,T)+W(t,T)-c(t,T)]$ 与零重合,从而基差必定消失。

(2)第二个假设是误差项不存在序列相关。但可以证明,至少对某些商品来说,误差项存在序列相关。这可以归因于基差随时间的变化而变化。

2. 套头比的计算

20世纪80年代,许多研究都提到了回归方法在估计套头比上的缺点,有一些指出了失败之处,另外一些则提出了可能的补救措施并介绍了其他的套头比估计方法。有一些技术具有针对性,对特定的价格风险类型有效,对另外的价格风险类型不适用。比如,一个基点的美元价值(DV01)模型只能应用于利率风险的套期保值。在这个模型中,套头比可以用现货头寸的基点美元价值 $DV01_c$,除以期货的基点美元价值套头比 $DV01_f$,再乘以用现货头寸收益率变化对期货收益率变化进行回归而得的 β_y 求得。结果由式(9-3)给出。

$$HR = \frac{DV01_c}{DV01_f} \times \beta_y \tag{9-3}$$

DV01 模型有很多优势。它要求定期重新计算有关的一个基点的美元价值,这是根据现货和期货的 DV01 时常变动,但又不总是同步这一事实所做的调整。收益率 β 也要定期重新估计,短期内收益率 β 不会改变太多。

3. 基准等价额

让我们看一下以上模型在债券交易商的简单应用。设想一个债券交易商,它寻找被低估和被高估的债券。该交易商购买被低估的债券，出售（卖空）被高估的债券。这种交易商又被叫作估值交易商或估算相对值交易商。卖空收到的款项作为购买的资金。不足的资金通过回购市场筹集。当债券的估值正确时，回购的资金头寸就得到清偿。交易商通常会有净风险，因为不同债券对利率的敏感程度不一样，即使多空两方头寸所估的美元价值完全相等，多头和空头还是不能完全抵消。因此该交易商完全有可能既正确地识别并购买了被低估的债券，又正确地找出并卖空了被高估的债券，但是因为收益曲线的一次移动而赔钱。交易商需要套期保值的风险是这种收益曲线意外移动所带来的风险。

为了说明这种机制，我们假设一种15年期、半年付息一次，票面利率为9.875%的XYZ债券，其市场收益率为9.875%，债券交易商认为它的收益率应当是9.60%。这就是说债券的价值现在被低估了。该交易商以面值购买了1 000万美元的此种债券。同时交易商注意到一种7年期、半年付息一次，票面利率为8.25%的ABC债券的市场收益率为8.25%。交易商认为此种债券的收益率应为8.48%，这就是说它是被高估了。交易商卖出了1 000万美元的此种债券。对于这两种债券来说，市场收益率都等于票面利率，因此目前它们均以平价出售，卖空ABC债券收入的款项刚好支付购买XYZ债券的成本。现在的问题是确定交易商的净风险。

我们从计算两种债券的DV01出发，并计算基准期货合约的DV01（这里我们采用长期国债期货），以及两种债券的收益率 β 值。结果为XYZ债券的DV01是0.077 369而ABC债券的DV01是0.052 366，假设期货合约的DV01是0.098 755。接着假设XYZ债券收益率 β 值为0.54，ABC债券的 β 值为0.59。两种债券的相关信息如表9-1所示。

表9-1 两种债券的相关信息

债券	头寸 （万美元）	市场价值 （万美元）	DV01	β_y	套头比	基准等价额 （万美元）
XYZ	+1 000	+1 000	0.077 369	0.54	0.423 06	423.06
ABC	−1 000	−1 000	0.052 366	0.59	0.312 85	312.85

我们看到XYZ债券的套头比为0.423 06，这意味着对1美元的XYZ债券进行套期保值，需要0.423 06美元的长期国债期货。另一种说法可以是0.423 06美元的长期国债期货和1美元的XYZ债券风险等价。用这一套头比去乘XYZ债券的头寸规模就得出了基准等价额，数额为423.06万美元。基准等价额可以理解为与1 000万美元的XYZ债券风险等价的长期国债头寸。类似解释也适用于ABC债券。

当所有的债券头寸都被转换成基准等价额，我们就可以对它们加和求得净风险。本例中，我们求得总的净风险相当于面值110.2万美元的长期国债的多头。即，我们用长期国债期货（面值10万美元）做套期保值，交易商大约需要11份期货合约。

9.1.2 套期保值理论新改进

套期保值有效性的最终检验标准是减小套期保值者的利润波动方差，而套期保值者利润波动方差的减小是期货价格与现货价格的相关程度和所采用的套头比的函数。如DV01方法在对利率风险进行套期保值方面的效果比"1∶1"套头比的模型和回归方法模型都有了改进，这种改进的原因在于DV01方法对现货头寸的DV01和期货工具的DV01之间变化的关系做出了调整，但这种特定技术不适合对其他价格风险的套期保值。

1. 直接套期保值与交叉套期保值

直接套期保值所用的期货合约，其标的资产在各方面（包括交割地点）都与需要套期保值的现货头寸完全一致。任何不一致的情况都属于交叉套期保值。比如只是对预备在与期货合约规定的相同市场上交割的冬小麦现货来说，冬小麦期货合约才构成直接套期保值，对于准备在另一地区市场中交割的冬小麦，该期货的套期保值仍然是一项交叉套期保值。但有些情况下，市场状况和现货头寸决定了套期保值只能是直接的，比如用同种货币的外汇期货对某种外汇头寸进行套期保值，外汇往往通过简单的账务登记结清，这一单位的货币同另一单位的货币没有任何区别，因此无论交割地点在哪里，日元期货的多头总是对日元现货空头进行直接套期保值。

2. HKM 方法

Herbst，Kare 和 Marshell（以下简称 HKM）建议将期货的收敛特性和用于解释基差的持有成本考虑在内。

（1）直接套期保值的收敛调整。

前面已指出，确定最优套头比的传统的 JSE 回归方法假定期货价格和现货价格之间存在稳定的关系。但在直接套期保值时，这种关系是不稳定的，随着到期日的接近，期货价格收敛于现货价格，这种行为可重写为式 (9-4) r，w，c 里的时间标号省略。

$$F(t,T) = S(t) \cdot [1+r+w-c] \tag{9-4}$$

如前所述，持有成本是 $[r+w-c]$，我们现在把持有成本转换为年利率，并按连续复利表示。将这个年利率记为 y。最后，将现在到到期日的时间长度表示为 τ，这里 τ 是一年的一个分数，例如，如果一个合约 45 天到期，那么 τ 就等于 45/365。

做了上述调整之后，期货价格和现货价格的关系可用以下的形式来表示。

$$F(t,T) = S(t) e^{y\tau} \tag{9-5}$$

$$S(t) = F(t,T) e^{-y\tau} \tag{9-6}$$

可以清楚地看出，套头比（这里用 h 表示），就是 $e^{-y\tau}$ 这一项。这样的套头比清楚地表明，最优的期货套期保值是距合约到期时间 τ 的函数，而不像 JSE 回归方法所说的与时间无关。

HKM 套头比是可预测的。

$$\ln\left(\frac{S(t)}{F(t,T)}\right) = -y\tau \tag{9-7}$$

可以用其回归形式加以估计

$$\ln\left(\frac{S(t)}{F(t,T)}\right) = z + d\tau + \nu \tag{9-8}$$

其中 z 是截距项（期望值为 0），d 是斜率，也是 $-y$ 的估计值，而 ν 是误差项。观测到 $S(t)$、$F(t,T)$ 及 τ 的值，可以很容易地估计出 d 的值，则最优套头比的最佳估计值即为 $e^{d\tau}$。

（2）HKM 方法的优点。

对于估计最优套头比，HKM 方法相比传统的 JSE 方法有许多优点。首先，HKM 方法明确地将期货合约到期期限的效应考虑在内，而这已被证明是套期保值理论中一个非常重要却被长期忽略的因素。其次，HKM 方法可以用最近观测的很少的几个样本点进行估计（JSE 方法要求更多的历史数据）。最后，HKM 方法允许套头比随时间变化，而 JSE 方法不行。

(3) HKM 方法的效果。

那么 HKM 估计套头比的效果是否比 JSE 方法更好呢？回答这个问题需要对效果进行定义。

一般情况下，我们用套期保值的有效性来定义效果。有效性是指和没有套期保值相比，套期保值在多大程度上减少了收益（利润）的变动方差。一旦采取套期保值，残余的利润方差就是遗留下来的基差的方差的线性函数。于是，上述检验就归结为一个问题：与采用 JSE 方法的套头比相比，采用 HKM 方法的套头比时，套期保值的基差变动方差是否更小。对于在国际货币市场中交易期货合约的 6 种货币，Herbst，Kare 和 Marshall 就采用这一比较基差方差的办法来比较两种套头比的有效性。这些货币包括英镑、加元、法郎、德国马克、日元及瑞士法郎。

Herbst，Kare 和 Marshall 将样本数据划分成互不重叠而又相连的两个部分，用第一组样本数据来估计 JSE 方法和 HKM 方法的套头比，然后，他们用这些比率在第二组样本数据中记录 JSE 基差和 HKM 基差。最后，他们分别计算了两组基差的方差，并用标准统计检验进行比较。对于 6 种货币中的 5 种，均可在 1% 的显著性水平上抛弃方差无差异假设而接受 HKM 套头比的方差较低的假设。对于加元，两者效果相同，这个结果又可以用加元的持有成本接近于 0 的事实来解释。不难看出，这种情况下，HKM 套头比和 JSE 套头比将产生同样的结果。对任何持有成本不为 0 的情况，HKM 套头比应该而且确实做得更好。

3. 交叉套期保值的推广

前面所讲的套期保值理论的改进方法在直接套期保值中显然适用，但是否能用于交叉套期保值还是一个问题。这个问题很重要，因为生活中大多数套期保值都是交叉套期保值。幸运的是，这一推广非常直截了当。

为了简化记号，我们将 $S(t)$ 和 $F(t,T)$ 中的时间下标省略，并加上一个商品下标。下标 1 表示期货合约的标的物品，下标 2 表示现货头寸商品，这样 F_1 就代表商品 1 的期货合约，S_1 就表示商品 1 的现货价格，S_2 则是现货头寸商品的现货价格。现在，假定出于某种原因，商品 2 不能直接套期保值，拥有商品 2 现货头寸的套期保值必须用商品 1 的期货合约来做套期保值。我们的目标是确定这一交叉套期保值的套头比，则有

$$S_1 = F_1 e^{-\gamma t} \tag{9-9}$$

现在，假定商品 1 的现货价格和商品 2 的现货价格存在线性相关关系，我们可以用回归式的形式定义它们之间的函数关系，写作

$$S_2 = a + b S_1 + u \tag{9-10}$$

数值 b 很容易用 S_1 和 S_2 之间的回归估计出来。将 S_1 代入 S_2，我们得到公式

$$S_2 = a + b F_1 e^{-\gamma t} + u = a + (b e^{-\gamma t}) F_1 + u \tag{9-11}$$

现在我们看到 $(b e^{-\gamma t})$ 就是套头比。如果以 γ 表示的持有成本接近于零，那么 $e^{-\gamma t}$ 这一项就接近于 1，从而套头比简化为 b。因此，HKM 方法在确定套头比时可以被视为 JSE 方法的一个特例。

4. 复合套期保值

套期保值理论通常认为，生产者对自己所有的产出都进行套期保值，而且只用单一的套期保值工具。生产者对所有的产出进行套期保值的假设，等同于认为生产者非常厌恶风险。生产者会要求最大的保护，而不计套期保值的成本。或者换句话说，此理论假设套期保值没有成本。

实际上，许多生产者有选择地进行套期保值。在有选择的套期保值中，生产者只保护一部分产出。实际进行套期保值的比率取决于可用作套期保值的手段的有效性，套期保值的成本（这体现了生产者对未来现货价格的预计）以及生产者对风险的厌恶程度。

我们将只用一种单一的套期保值工具，例如只用期货合约的套期保值称为简单套期保值。而采用多种套期保值工具，例如采用多种期货合约的套期保值，称为复合套期保值。简单套期保值可以看作是符合套期保值的特例。复合套期保值是把证券组合多样化的风险减少与套期保值固有的风险减少结合起来。复合套期保值的数学求解过程比较复杂，但易用计算机求解。

假定最优套头比是 f，基差就可以定义为 $S-f \times F$。这个基差的变动方差自然就是基差风险。

套期保值的有效性定义为 1 减去基差方差（即基差风险，记为 σ_B^2）与现货价格方差的比率。最后求得的结果叫决定系数（coefficient of determination），用 ρ^2 表示。它是对套期保值所减少的价格风险的百分比的精确度量，其值必定在 0~1。

$$\rho^2 = 1 - \frac{\sigma_B^2}{\sigma_F^2} \tag{9-12}$$

现假定有 n 种不同的期货，我们用 F_i 表示第 i 种"调整后的"期货，调整后的意思即 $F_i = f_i F_i$，其中 f_i 代表第 i 种期货的套头比，从而第 i 种基差可定义为 $B_i = S - F_i$，最后，设第 i 种与第 j 种基差的协方差为 $\sigma_{i,j}$，

$$\sigma_\tau^2 = \sum_i^n \sum_j^n W_i W_j \sigma_{i,j} \tag{9-13}$$

5. 套期保值的成本

学者们长期以来试图确定是否存在着套期保值成本。套期保值应当有其成本的概念最早是由凯恩斯（1930）提出的。凯恩斯断言，在期货进行套期保值的情况下，商品生产者做套期保值的空头超过商品使用者做套期保值的多头时，就会产生投机行为。按照这种观点，投机者的角色就是去承担生产者所不能或不愿承担的风险。但他又分析道，除非他们能得到相关补偿，否则投机者不愿意去承担生产者的风险。这样就得出了一个结论，即套期保值者必须对投机者承担风险的行为提供补偿。另一种看法认为，投机者并不把自己视为被动的风险承受者，相反，他们是积极的预测者。从这种观点看来，投机者获利是由于他们成功地预见到了未来的价格变化，并把头寸调整到了能获得收益的合适水平。

早期的证据表明，期货价格是对未来现货价格的准确预测。如果是这样，期货价格就不会包含为了构成套期保值成本所必须有的那种风险补偿。然而，如果存在套期保值成本的话，期货价格应当包含由套期保值者（持有净空头）支付给投机者（持有净多头）的风险补偿。最近运用改进的实证研究技术得到的证据表明，期货价格确实包含了风险补偿，其结果是财富从大型套期保值者向大型投机者转移。同时研究证据也表明大型投机者也从成功的预测中获利，看起来这一利润是以众多的小型投机者的损失为代价的。

重要的是应当认识到关于投机性利润来源的被动承受风险的理论和主动预测的理论并不是不相容的。我们完全有理由相信，多空任何一方的过度套期保值行为将会使得期货价格相对于预期的未来现货价格上涨或下跌。投机者随即察觉了这一价格的偏误，并采取适当的头寸来利用此类价格偏误。在这一过程中，投机者承担了必要的风险。以每单位被套期保值的现货商品的基差所表示的空头套期保值者的套期保值成本，就是所预期的在套期保值结清时已调整的期货价格和当前已调整期货价格之间的差。套期保值成本如式（9-14）所示。

$$\text{套期保值成本} = f(E[F(L,T)] - F(t,T)) \tag{9-14}$$

对式中的相关元素解释如下：$E[F(L,T)]$ 表示现在对套期保值结清时期货价格的预期，该期货合约到时间 T 失效；$F(t,T)$ 表示的是当前的期货价格，期货合约当然也是到时间 T 失效；f 则代表套头比。

确认套期保值可能有成本发生的要点在于区分有效的（effective）套期保值和有效率的（efficient）套期保值。套期保值的有效性是指其降低风险的程度。如前所述，我们可以借助决定系数衡量套期保值的有效性，但是，大部分有效的套期保值并不一定是最有效率的套期保值。一项套期保值比另一项有效，但前者可能比后者更差，如果一项套期保值的成本比较高的话，那它可能还不如一个有效性稍差但成本低廉的套期保值。例如，假定一种套期保值的有效性为 89%，另一种为 87%，再假定前者的成本为每单位被套期保值头寸 0.08 美元，而后者为 0.03 美元，那么可能还是有效性差的套期保值更好一些。一个有效率的套期保值是指在既定的成本之下能最大限度地减少风险的套期保值。显然，最有效率的套期保值经常是复合套期保值。

9.2 套期保值的模块化应用

9.2.1 套期保值的目标

套期保值的目标可以分为双向套期保值和单向套期保值。双向套期保值是尽量消除所有价格风险，包括风险的有利部分和不利部分。单向套期保值是指消除风险的不利部分，保留风险的有利部分。

为了实现双向套期保值目标，避险主体可运用远期、期货、互换等衍生产品。为了实现单向套期保值目标，避险主体则可利用期权以及跟期权相关的衍生产品。由于避险者可以几乎不付出任何代价就可取得远期、期货和互换的多头或空头，因此双向套期保值的成本较低。单向套期保值取得看涨期权和看跌期权的多头需支付期权费，因此单向套期保值的成本较高。

选择哪种套期保值目标取决于避险主体的风险厌恶程度。对于一个极度厌恶风险的人来说，风险有利部分带给他的正效用远远小于等量的风险不利部分带给他的负效用，因此往往倾向于选择双向套期保值。而对一个厌恶风险程度较低的人来说，风险有利部分带给他的正效用只略小于等量的风险不利部分带给他的负效用，因此往往倾向于选择单向套期保值。

选择哪种套期保值目标还取决于避险主体对未来价格走向的预期。如果避险主体预期价格上升（或下降）的概率大大高于下降（或上升）的概率，则避险主体倾向于选择期权进行单向套期保值。而如果避险主体预期价格上升或下降的概率是一样的，则避险主体倾向于选择双向套期保值。

9.2.2 套期保值的效率

套期保值的盈亏是指实施与未实施套期保值两种情况下实际结果的差异。若实施套期保值的结果优于未实施套期保值的结果，则称套期保值是盈利的，反之则是亏损的。

套期保值的效率是指套期保值的目标与套期保值的实际结果之间的差异。若实际结果与目标相等，则称套期保值效率为 100%；若实际结果比目标更好，则套期保值效率大于 100%；若实际结果不如目标,则套期保值效率小于 100%。

为了进一步说明两个概念的区别,我们举一个简单的例子。例如,一家德国汽车制造商接到美国进口商价值 100 万美元的订单,三个月后装船,装船后一个月付款。出于稳健经营的考虑,该制造商决定卖出 4 个月期的远期美元合约进行避险,假设 4 个月期的远期美元汇率为 1 美元 = 1.6 德国马克,则该制造商在 4 个月后收到德国马克的预期值(即套期保值目标)为 160 万德国马克。

假设 4 个月后美元的即期汇率为 1 美元 = 1.5 德国马克,那么套期保值的实际结果仍为 160 万德国马克,而在没有套期保值情况下,该制造商只能得到 150 万德国马克,在这种情况下,套期保值将产生 10 万德国马克的"盈利"。

假设 4 个月后美元的即期汇率为 1 美元 = 1.7 德国马克,那么套期保值的实际结果还是 160 万德国马克,而未套期保值情况下,该制造商将得到 170 万德国马克。在这种情况下,套期保值将产生 10 万德国马克的"亏损"。

在上述两种情况下,套期保值的实际结果与目标都是一样的(即 160 万德国马克)因此,套期保值效率等于 100%,称为完全套期保值。

9.2.3 基于远期利率协议的套期保值

1. 多头套期保值

远期利率协议的多头套期保值是通过签订远期利率协议,并使自己处于多头地位(简称买入远期利率协议)以避免未来利率上升给自己造成损失,其结果是将未来的利率水平固定在某一水平上。它适用于打算在未来筹资的公司,或是打算在未来某一时间出售现已持有的未到期长期债券的持有者。

例如,某公司计划在 3 个月后借入一笔为期 6 个月的 1 000 万美元的浮动利率债务。根据该公司的信用状况,该公司能以 6 个月期的 LIBOR 借入资金,目前 6 个月期的 LIBOR 为 6%,但该公司担心 3 个月后 LIBOR 将上升。为此,它可以买入一份名义本金为 1 000 万美元的"3X9"远期利率协议。假设现在银行挂出的"3X9"的报价为 6.25%,那么该公司就可以把借款利率锁定在 6.25% 的水平上。

为了证明这一点,我们假定 3 个月后 6 个月期 LIBOR 升至 7%。则该公司在实际借款时只能以 7% 的利率借款,结果一笔 1 000 万美元、为期 6 个月的借款将使该公司在 9 个月后多支付 37 500 美元的利息。但同时,由于该公司已经买入远期利率协议,银行在 3 个月后的结算日应支付一笔结算金给该公司,该结算金应为

$$\frac{(7\%-6.25\%) \times 1\,000 \times 0.5}{1+7\% \times 0.5} = 36\,231.88(美元)$$

该公司在 3 个月后得到 36 231.88 美元的结算金后,可按当时的即期利率 7% 贷出 6 个月。9 个月后,该公司将收回 37 500 美元的本息,刚好抵消掉多支付的 37 500 美元的利息,从而使公司实际借款利率固定在 6.25% 的水平上。

相反,若 3 个月后 6 个月期 LIBOR 降至 5.5%,则该公司在实际借款时将少支付 37 500 美元的利息,但它需在 3 个月后支付银行一笔数额为 36 231.88 美元的结算金,该结算金在 9 个月后的终值为 37 500 美元,因此其实际借款利率仍为 6.25%

2. 空头套期保值

远期利率协议的空头套期保值刚好相反，它是通过卖出远期利率协议来避免利率下降的风险，适用于打算在未来投资的投资者。

例如，假设某公司财务部经理预计公司 1 个月后将收到 1 000 万美元的款项，且在 4 个月之内暂时不用这些款项，因此可用于短期投资。他担心 1 个月后利率下跌使投资收益率降低，他可以卖出一份本金为 1 000 万美元的"1×4"远期利率协议。假设当时银行对"1×4"远期利率协议的报价为 8%，他就可以将 1 个月后 3 个月期的投资收益率锁定在 8%。

9.2.4　基于直接远期外汇合约的套期保值

1. 多头套期保值

多头套期保值就是通过买入直接远期外汇合约来避免汇率上升的风险，它适用于未来某日期将支出外汇的机构和个人。支出外汇的行为包括进口商品、出国旅游、到期偿还外债，计划进行外汇投资等。

例如，某年 6 月 15 日，一家美国进口商与一家英国进口商签订了一份价值 100 万英镑的进口合同，合同约定 9 月 15 日付款，当时英镑的即期汇率为 1 英镑=1.560 0 美元，3 个月期的远期英镑汇率为 1 英镑=1.580 0 美元。为了避免英镑汇率上升的风险，美国进口商买进 3 个月期的远期英镑。这样，在 9 月 15 日付款时，他就把英镑汇率固定在 1 英镑=1.580 0 美元左右。

2. 空头套期保值

空头套期保值就是通过卖出直接远期外汇合约来避免外汇汇率下降的风险，它适用于未来某个日期将收到外汇的机构和个人。收到外汇的行为包括出口商品、提供劳务、兑现现有的对外投资收益、到期收回贷款等。

例如，日本某机构对美国国债的投资将于 12 月 20 日到期，到期将收回 1 000 万美元。当时（同年 6 月 20 日）美元即期汇率为 1 美元=120 日元，12 月 20 日到期的远期汇率为 1 美元=118 日元。该机构担心到时美元贬值，就卖出 12 月 20 日到期的 1 000 万美元的远期合约，从而把汇率固定在 1 美元=118 日元上。

3. 交叉套期保值

当两种货币之间（如日元和加元之间）没有合适的远期合约时，套期保值者可利用第三种货币（如美元）来进行交叉套期保值。如一家加拿大公司要对一笔 3 个月后收到的日元款项进行保值，它可买进日元远期合约（即用美元买日元），同时卖出加元远期合约（即用加元买美元），来进行交叉套期保值。

9.2.5　基于远期外汇综合协议的套期保值

远期外汇综合协议实际上就是远期的远期外汇合约，因此，运用远期外汇综合协议进行套期保值时，保值的对象不是未来某一时点的即期汇率，而是未来某一时点一定期限的远期汇率。例如,"3个月×9个月"远期外汇综合协议保值的对象是3个月后6个月期的远期汇率。

运用远期外汇综合协议进行套期保值也可分为多头、空头和交叉套期保值,其原理与前面的相同,故不再重复,在此仅举一例加以说明。

例如,美国一家外贸公司与银行签订了一份贷款协议,协议规定1个月后银行贷款1 000万英镑给该公司,贷款期限为6个月。为了避免英镑汇率波动给公司造成损失,该公司可卖出1个月期的远期英镑,同时买进"1个月×7个月"远期英镑进行套期保值。

9.2.6 基于期货的套期保值

在前面的例子中,套期保值理论效果都很好,但在实际运用中,套期保值的效果将受到以下3个因素影响:①需要避险的资产与避险工具的标的资产不完全一致;②套期保值者可能并不能确切地知道未来拟出售或购买资产的时间;③需要避险的期限与避险工具的期限不一致。

在这些情况下,我们就必须考虑基差风险、合约的选择、套期比率的确定、滚动的套期保值、久期等问题。

实际上,远期和期货的套期保值原理是相同的,因此以下的分析也适用于远期。

1. 基差风险

在考虑套期保值的情况下,基差的相关表达式为

$$基差 = 拟套期保值资产的现货价格 - 所使用合约的期货价格$$

如果拟套期保值的资产与期货的标的资产一致,则在期货合约到期日应为零,而在到期日之前基差可能为正值或负值。如果拟套期保值的资产与期货的标的资产不一致,则不能保证期货到期日基差等于零。

当套期保值期限已到,而基差不为零时,套期保值就存在基差风险。

为进一步说明套期保值的基差风险,我们令 t_1 表示进行套期保值的时刻,t_2 表示套期保值期限结束时刻,S_1 表示 t_1 时刻拟套期保值资产的现货价格,S_1^* 表示 t_1 时刻期货标的资产的现货价格,F_1 表示 t_1 时刻期货价格,S_2、S_2^* 和 F_2 分别表示 t_2 时刻拟套期保值资产的现货价格、标的资产的现货价格及其期货价格,b_1、b_2 分别表示 t_1 和 t_2 时刻的基差。根据基差的定义,我们有:

$$b_1 = S_1 - F_1 \tag{9-15}$$

$$b_2 = S_2 - F_2 \tag{9-16}$$

对于空头套期保值来说,套期保值者在 t_1 时刻知道将于 t_2 时刻出售资产,于是在 t_1 时刻持有期货空头,并于 t_2 时刻平仓,同时出售资产。因此该套期保值者出售资产获得的有效价格(S_e)为

$$S_e = S_2 + F_1 - F_2 = F_2 + b_2 = F_1 + (S_2^* - F_2) + (S_2 - S_2^*) \tag{9-17}$$

式中的 $S_2^* - F_2$ 和 $S_2 - S_2^*$ 代表了基差的两个组成部分。第一部分就是狭义的基差,而第二部分表示两项资产不一致而产生的基差。

由于 F_1 已知,而 b_2 未知,因此,套期保值后出售资产获得的有效价格存在基差风险。若 $b_1 < b_2$ 则对空头套期保值者有利;若 $b_1 > b_2$,则对空头套期保值者不利。

同样,对于多头套期保值者来说,他在 t_1 时刻持有期货多头,并于 t_2 时刻平仓,同时买入资产。这说明,若 $b_1 > b_2$,对多头套期保值者有利。

可见,在有些情况下,通过期货套期保值并不能完全消除价格风险,因为通过套期保值后收取或支付的有效价格中均含有基差风险。但相对原有的价格风险而言,基差风险小得多。

2. 合约的选择

为了降低基差风险,我们要选择合适的期货合约,它包括两个方面:一是选择合适的标的资产;二是选择合约的交割月份。

选择标的资产的标准是标的资产价格与保值资产价格的相关性。相关性越高,基差风险就越小。因此选择标的资产时,最好选择套期保值资产本身,若套期保值资产没有期货合约,则选择与套期保值资产价格相关性最好的资产的期货合约。

在选择合约的交割月份时,要考虑是否打算实物交割。对于大多数金融期货而言,实物交割的成本并不高,在这种情况下,通常应尽量选择与套期保值到期日相一致的交割月份,因为这时 $S_2^* - F_2$ 将等于零,从而使基差风险最小。

但是,如果实物交割很不方便的话,那我们就应选择随后交割月份的期货合约。这是因为交割月份的期货价格常常很不稳定,因此在交割月份平仓常常要冒较大的基差风险。

若套期保值者不能确切地知道套期保值的到期日,他也应选择稍后交割月份的期货合约。

例如,1月20日,美国某公司预计将在8月初得到1亿日元。IMM日元期货的交割月为3月份、6月份、9月份和12月份,每一合约规模为1 250万日元。为避免日元贬值,该公司在1月20日卖出8份9月份到期的日元期货,期货价格为1日元=0.830 0美分。

8月初,公司收到1亿日元后平仓了期货空头。假定此时日元现货和期货价格分别为1日元=0.780 0美分和0.785 0美分,即平仓时基差为-0.005 0美分,则该公司在8月份卖出日元收到的有效价格等于此时的现货价格加上期货的盈利,也等于期初的期货价格加上最后的基差:

$$S_e = 0.780\ 0 + 0.045 = 0.830\ 0 - 0.005\ 0 = 0.825\ 0$$

公司收到的美元总额为82.5万美元。

3. 套期比率的确定

套期比率是指期货合约的头寸规模与套期保值资产规模之间的比率。当套期保值资产价格与标的资产的期货价格相关系数等于1时,为了使套期保值后的风险最小,套期比率应等于1;而当相关系数不等于1时,套期比率就不应等于1。

为了推导出套期比率(h)与相关系数(ρ)之间的关系,我们令 ΔS 和 ΔF 代表套期保值期内资产现货价格 S 的变化和期货价格 F 的变化,σ_S 代表 ΔS 的标准差,σ_F 代表 ΔF 的标准差,σ_p 代表套期保值组合的标准差。

对于空头套期保值组合来说,在套期保值期内组合价值的变化 ΔV 为

$$\Delta V = \Delta S - h\Delta F \tag{9-18}$$

对于多头套期保值组合来说,ΔV 为

$$\Delta V = h\Delta F - \Delta S \tag{9-19}$$

在以上两种情况下,套期保值组合价格变化的方差都等于:

$$\sigma_p^2 = \sigma_S^2 + h^2\sigma_F^2 - 2h\rho\sigma_S\sigma_F \tag{9-20}$$

最佳的套期比率必须使 σ_p^2 最小化。因此,σ_p^2 对 h 的一阶偏导数必须等于零,而二阶偏导数必须大于零。

从式（9-21）可得：

$$\frac{\partial \sigma_p^2}{\partial h} = 2h\sigma_F^2 - 2\rho\sigma_S\sigma_F \tag{9-21}$$

$$\frac{\partial^2(\sigma_p^2)}{\partial h^2} = 2\sigma_F^2 > 0 \tag{9-22}$$

令 $\frac{\partial \sigma_p^2}{\partial h} = 0$，我们就可得出最佳套期比率：

$$2h\sigma_F^2 - 2\rho\sigma_S\sigma_F = 0 \tag{9-23}$$

$$h = \rho\frac{\sigma_S}{\sigma_F} \tag{9-24}$$

式（9-24）表明，最佳的套期比率等于 ΔS 和 ΔF 之间的相关系数乘以 ΔS 的标准差与 ΔF 的标准差的比率。

当我们用股指期货为股票组合套期保值时，最佳的套期比率为

$$h = \beta$$

其中，β 为该股票组合与股指的 β 系数。

$$F = S_1 e^{(r-q)(T-t)} \tag{9-25}$$

其中，S_1 代表股指，$e^{(r-q)(T-t)}$ 为已知数，因此股票组合与股指的 β 系数可近似地用股票组合与股指期货的 β 系数来代替。这样，根据 β 系数的定义，我们有：

$$\beta = \frac{\sigma_{SF}}{\sigma_F^2} \tag{9-26}$$

其中，σ_{SF} 代表股票组合与股指期货的协方差。根据 ρ 的定义，$\rho = \frac{\sigma_{SF}}{\sigma_S\sigma_F}$，我们有：

$$h = \rho\frac{\sigma_S}{\sigma_F} = \frac{\sigma_{SF}}{\sigma_S\sigma_F} \cdot \frac{\sigma_S}{\sigma_F} = \frac{\sigma_{SF}}{\sigma_F^2} = \beta \tag{9-27}$$

例如，某公司打算运用6个月期的标准普尔500股指期货为其价值500万美元的股票组合套期保值，该组合的 β 值为1.8，当时的期货价格为400。由于一份该期货合约的价值为400×500=200 000美元，因此该公司应卖出的期货合约数量为

$$1.8 \times \frac{5\,000\,000}{200\,000} = 45$$

4. 滚动的套期保值

由于期货合约的有效期通常不超过1年，而套期保值的期限有时又长于1年，在这种情况下，就必须采取滚动的套期保值策略，即建立一个期货头寸，待这个期货合约到期前将其平仓，再建立另一个到期日较晚的期货头寸直至套期保值期限届满。如果我们通过几次平仓才实现最终的套期保值目的，则我们将面临基差风险。

例如，2003年11月，美国某公司借入2年期、到期本息为1 000万英镑的债务，为避免英镑升值的风险，该公司决定用英镑期货滚动保值。由于IMM每份英镑期货合约的价值为62 500英镑，因此该公司买进160份2004年9月到期的英镑期货，假定此时英镑期货价格为1英镑=1.650 0美元。到2004年8月，该公司卖出160份2004年9月到期的英镑期货，同时买进160份2005年6月到期的英镑期货。假定此时平仓价和买进价分别为1.655 0美元和1.657 0美元。

到 2005 年 5 月，该公司平仓 6 月期货，并买进 160 份 2005 年 12 月到期的英镑期货。假定当时平仓价和买进价分别为 1.660 0 美元和 1.663 0 美元。到 2005 年 11 月，该公司卖掉 160 份 12 月到期的英镑期货，同时在现货市场上买入 1 000 万英镑用于还本付息。假定此时平仓价和现货价分别为 1.665 0 美元和 1.665 5 美元。那么，该公司买进英镑的有效价格为

1.665 5+(1.650 0−1.655 0)+(1.657 0−1.660 0)+(1.663 0−1.665 0)= 1.655 5(美元)

5. 久期

我们知道，当市场利率变动时，债券价格的变动幅度取决于该债券的久期，而利率期货价格的变动幅度也取决于利率期货标的债券的久期，因此我们就可根据套期保值债券与标的债券的久期来计算套期比率。

令 S 和 D_S 分别表示需进行套期保值资产的价格和久期，F 表示利率期货的价格，D_F 表示期货合约标的债券的久期。根据久期的定义，当收益率曲线只发生平行移动，且收益率(y)是连续复利时，有：

$$\Delta S \approx -SD_S\Delta_y \tag{9-28}$$

通过合理的近似，我们还可得到：

$$\Delta F = -FD_F\Delta_y \tag{9-29}$$

因此，为了对冲收益率变动对套期保值债券价值的影响，所需要的期货合约数 N 为

$$N = \frac{SD_S}{FD_F} \tag{9-30}$$

这就是基于久期的套期比率。

例如，2003 年 11 月 20 日，某基金经理持有 2 000 万美元的美国政府债券，他担心市场利率在未来 6 个月内将剧烈波动，因此希望卖空 2004 年 6 月到期的长期国债期货合约，该合约目前市价为 "94—06"，即 94.187 5 美元，该合约规模为 10 万美元面值的长期国债，因此每份合约价值 94 187.50 美元。假设在未来 6 个月内，需套期保值的债券的平均久期为 8 年，又假设长期国债期货合约交割最合算的债券是 30 年期、年票面利率为 13% 的国债。未来 6 个月该债券平均久期为 10.3 年。请问他应卖空多少份长期国债期货？

他应卖空的期货合约数为

$$N = \frac{20\ 000\ 000}{94\ 187.5} \times \frac{8.00}{10.30} = 164.93 \approx 165$$

应该注意的是，基于久期的套期保值是不完美的，存在着较多的局限性，它没有考虑债券价格与收益率关系曲线的凸度问题，而且它是建立在收益率曲线平移的假设上，因此在实际运用时要多加注意。

9.2.7 基于期权的套期保值

1. 布莱克-斯科尔斯期权定价公式

首先，期权未来的预期价格的表示如下所示。

$$\hat{E}[\max(S_T-X,0)] \tag{9-31}$$

其中，$\hat{E}$ 表示风险中性条件下的期望值。根据风险中性定价原理，欧式看涨期权的价格 c

等于将此期望值按无风险利率进行贴现后的现值,即

$$c = e^{-r(T-t)} \hat{E}[\max(S_T-X, 0)] \tag{9-32}$$

在风险中性的条件下,我们可以用 r 取代式中所表示的 $\ln S_T$ 概率分布中的 μ,即:

$$\ln S_T \sim \phi\left[\ln S + \left(r-\frac{\sigma^2}{2}\right)(T-t), \sigma\sqrt{T-t}\right] \tag{9-33}$$

积分结果为

$$c = SN(d_1) - e^{-r(T-t)} XN(d_2) \tag{9-34}$$

$$d_1 = \frac{\ln\left(\frac{S}{X}\right) + \left(r+\frac{\sigma^2}{2}\right)(T-t)}{\sigma\sqrt{T-t}} \tag{9-35}$$

$$d_2 = \frac{\ln\left(\frac{S}{X}\right) + \left(r-\frac{\sigma^2}{2}\right)(T-t)}{\sigma\sqrt{T-t}} = d_1 - \sigma\sqrt{T-t} \tag{9-36}$$

$N(x)$ 为标准正态分布变量的累计概率分布函数,根据标准正态分布函数特性,我们有

$$N(-x) = 1 - N(x) \tag{9-37}$$

$N(d_2)$ 是在风险中性世界中 S_T 大于 X 的概率,或者说是欧式看涨期权被执行的概率,$e^{-r(T-t)} XN(d_2)$ 是 X 的风险中性期望值的现值。$\Delta = N(d_1)$ 是复制交易策略中的股票数量,$SN(d_1)$ 就是股票的市值,$-e^{-r(T-t)} XN(d_2)$ 是复制交易中负债的价值。

套期保值的基本原理是建立对冲组合,当产生风险的一些因素发生变化时,对冲组合的净价值应保持不变。

例如,我们的组合由三项资产 A_1,A_2,A_3 组成,组合的价值 V 为

$$V = n_1 A_1 + n_2 A_2 + n_3 A_3 \tag{9-38}$$

n 为资产 A 的份数,设计对冲组合就是要适当地选取 n_1,n_2,n_3,当影响资产价格的因素 x 发生变化时,使组合的资产价值 V 尽可能不变,因此 n_1,n_2,n_3 的选取使得

$$\frac{\partial V}{\partial x} = n_1 \frac{\partial A_1}{\partial x} + n_2 \frac{\partial A_2}{\partial x} + n_3 \frac{\partial A_3}{\partial x} \tag{9-39}$$

2. 德尔塔对冲

德尔塔对冲是构造对冲组合,在作为标的资产的股票的价格发生变化时,使得对冲组合的价值保持不变。德尔塔对冲的对冲组合称为德尔塔中性。

如果组合内的资产是同一标的股票的不同衍生品,标的股票的价格变化就成为影响各项资产,进而影响整个组合价值的因素。希腊字母德尔塔(Δ)表示衍生资产的价格对标的股票价格变化的敏感度,用偏导数来表示。例如,$\Delta_A = \frac{\partial A}{\partial S}$,$\Delta_v = \frac{\partial V}{\partial S}$。

对于远期合约来说,因为 $f(t) = S(t) - Xe^{r(T-t)}$,所以有

$$\Delta_f = \frac{\partial f}{\partial S} = 1 \tag{9-40}$$

1份远期合约的相反头寸与1份标的现货头寸组合到一起构成对冲组合。因此,可以采用远期合约对标的现货做严格的和完全的套期保值。

对于期货来说,因为期货采取逐日盯市的交易规则,所以有 $F(t) = (F_D - F_{D-1}) - (F_D - F_t) =$

$F_t - F_{D-1} = S(t)e^{r_f(T-t)} - F_{D-1}$，为了对冲 1 份期货头寸，则需要 $e^{r_f(T-t)}$ 份标的现货的相反头寸，所以期货的套期保值必须动态进行头寸的调整。

3. 伽马对冲

仅在标的股票的价格发生微小变动时，德尔塔对冲才有效，因为只考虑了 1 阶导数。如果标的股票可能发生较大的变化，对冲组合需要考虑 2 阶导数。

伽马（Γ）对冲度量的是衍生资产的凸性，即 2 阶导数。对于不付股息的欧式期权来说，有

$$\Gamma_c = \frac{\partial \Delta_c}{\partial S} = \frac{\partial^2 c}{\partial S^2} = \frac{N'(d_1)}{S_\sigma \sqrt{T-t}} \tag{9-41}$$

$$\Gamma_c = \Gamma_p > 0$$

显然，当 $S \to 0$ 和 $S \to \infty$ 都有 $\Gamma \to 0$。在期权临近两平状态时（即 S 接近执行价格 X 时），其 Γ 值最大。在接近到期期限时，处于两平状态的期权的 Γ 值会非常大，此时期权头寸的价值对股票价格的变化极其敏感。

标准正态分布累积函数的导数的计算公式是

$$N'(x) = \frac{1}{\sqrt{2\pi}} e^{-x^2/2} \tag{9-42}$$

当标的资产具有其他特性（如标的股票支付的股息，标的资产可以是股票指数、外汇、期货等）时，不难算出 Γ 值。例如支付连续股息 η 的欧式期权。

$$\Gamma = \frac{N'(d_1) e^{-\eta(T-t)}}{S\sigma \sqrt{T-t}} \tag{9-43}$$

远期合约和期货的伽马值都为 0。

一个对冲组合是伽马对冲的，这是指这个组合的 Γ 值为 0。即有

$$\Gamma_v = \frac{\partial^2 V}{\partial S^2} = \frac{\partial \Delta_v}{\partial S} = n_1 \frac{\partial \Delta_{A_1}}{\partial S} + n_2 \frac{\partial \Delta_{A_2}}{\partial S} + n_3 \frac{\partial \Delta_{A_3}}{\partial S} = n_1 \Gamma_1 + n_2 \Gamma_2 + n_3 \Gamma_3 = 0 \tag{9-44}$$

这样的对冲组合称为伽马中性的组合。

4. 西塔对冲、维伽对冲和柔对冲

西塔度量资产价值对时间流逝的敏感度。对于期权来说，有

$$\Theta_c = \frac{\partial c}{\partial t} = -\frac{SN'(d_1)\sigma}{2\sqrt{T-t}} - r_f X e^{-r_f(T-t)} N(d_2) < 0 \tag{9-45}$$

$$\Theta_c = \frac{\partial p}{\partial t} = -\frac{SN'(d_1)\sigma}{2\sqrt{T-t}} + r_f X e^{-r_f(T-t)} N(d_2) < 0 \tag{9-46}$$

远期合约的西塔值为 $\Theta_f = r_f X e^{-r_f(T-t)}$，期货的西塔值为 $\Theta_F = -r_f S(t) e^{r_f(T-t)} + S'(t) e^{r_f(T-t)}$。

维伽有时也称为兰布达，用希腊字母 Λ 表示，度量衍生资产的价值对标的股票价格波动率的敏感度。对期权来说有

$$\Lambda_c = \frac{\partial c}{\partial \sigma} = S\sqrt{T-t} N(d_1) > 0 \tag{9-47}$$

$$\Lambda_p = \frac{\partial p}{\partial \sigma} = \Lambda_c \tag{9-48}$$

在标的股票的价格接近执行价格的现值 $Xe^{-r_f(T-t)}$ 时，期权的维伽值最大；当标的股票的价格远离执行价格时，期权的维伽值接近于零。

和伽马情况类似，当标的股票支付连续股息率 η 时，期权的维伽值为

$$\Lambda_c = S\sqrt{T-t}\,N(d_1)\,e^{-\eta(T-t)} = \Lambda_p \tag{9-49}$$

显然，远期和期货的维伽值都是零。

柔（rho）度量的是衍生资产的价格对利率变化的敏感度。对于期权来说，有

$$\mathrm{rho}_c = \frac{\partial c}{\partial r_f} = X(T-t)\,e^{-r_f(T-t)}\,N(d_2) > 0 \tag{9-50}$$

$$\mathrm{rho}_p = \frac{\partial p}{\partial r_f} = -X(T-t)\,e^{-r_f(T-t)}\,N(-d_2) > 0 \tag{9-51}$$

远期合约的 rho 值为 $\mathrm{rho}_f = (T-t)Xe^{-r_f(T-t)}$，期货的 rho 值为 $\mathrm{rho}_F = (T-t)Se^{r_f(T-t)}$。

根据相同原理，可以建立西塔对冲、维伽对冲和柔对冲的对冲组合，对时间、标的资产的波动率和利率的变化做套期保值。

这样，对于同一标的资产的衍生资产及其组合来说，受各种因素的影响导致的价值变化可表示为

$$\delta V = \Delta_v \delta S + \frac{1}{2}\Gamma_v(\delta S)^2 + \Theta_v \delta t + \Lambda_v \delta\sigma + \mathrm{rho}_v \delta r_f \tag{9-52}$$

如果我们设计对冲组合，使其对所有这些希腊字母所代表的特征都成为中性的，那么就对所有这些因素的变化实现了套期保值。

⊙ 案例 9-1

原油宝事件

1. 事件概述

美国 WTI[○] 原油期货 2005 合约在倒数第二个交易日价格暴跌，当日以 -37.63 美元/桶的价格结算。中行原油宝即为当日多头主力之一，极端行情导致该理财产品穿仓，投资者损失惨重。根据芝加哥商业交易所（CME）的报价，纽约商品交易所（NYMEX）的美国 WTI 原油期货 2020 年 5 月合约（产品代码 CLK20，记为 WTI2005）在 2020 年 4 月 20 日收盘价为 -13.10 美元/桶，结算价为 -37.63 美元/桶。WTI 原油期货作为世界上最活跃的、流动性最好的期货合约，是全球重要的石油定价标杆之一。虽然 WTI2005 合约在 2020 年 4 月 21 日上涨恢复至正的价格，但"负油价"的出现仍对市场带来了深远的影响。受负油价的影响，中国银行于北京时间 4 月 21 日发布公告称，原油宝美国原油合约暂停交易；并在 2020 年 4 月 22 日又发布公告称原油宝美国原油 5 月合约将参考 CME 官方结算价进行结算。受此影响，原油宝美国原油产品的多头持仓客户穿仓且损失巨大（穿仓一般是指衍生品的保证金账户亏空且产生欠款）。据相关新闻报道，中国银行原油宝客户有 6 万余名，估计此次穿仓事件造成的总体损失规模不低于 90 亿元。那些原本想在 WTI 原油期货市场 3 月 9 日原油价格暴跌后并低位运行的情况下抄底的投资者，持有了原油宝美国原油产品的多头头寸，但可能并不清楚原油宝的产品属性和

───────

○ WTI 是西得克萨斯中间基原油。

产品风险。这导致大量投资者在穿仓事件发生后纷纷投诉并寻求法律诉讼。原油宝产品的设计者和运营商中国银行在此次客户穿仓风险事件中应承担什么责任成为讨论的焦点。

2. 事件背景

2020年1月30日,世界卫生组织宣布新冠疫情构成国际关注的突发公共卫生事件(PHEIC)。随后新冠疫情引发金融市场动荡,2020年2月24日疫情全球蔓延,全球股市暴跌,国际金融市场经历"黑色"一周。国际原油市场也受到影响,2月24日WTI原油主力4月合约收盘价51.34美元/桶,WTI2005合约收盘价报51.49美元/桶,结算价为51.58美元/桶;2月28日,当周结束WTI原油主力4月合约收盘价为45.26美元/桶,WTI2005合约收盘价报45.49美元/桶,结算价为44.94美元/桶。由此可见,受疫情全球蔓延影响,WTI原油主力合约收盘价在2月底下跌11.8%。

原油市场大幅动荡的导火索是2020年3月6日石油输出国组织及盟友(OPEC+)谈判破裂,3月7日沙特阿拉伯宣布降价并增产,掀起全球最大产油国间的原油价格战,令国际油价跌幅扩大。3月9日,原油期货市场开盘后暴跌,WTI原油主力4月合约收盘价为30.24美元/桶,5月合约收盘价为30.6美元/桶,日间最低价下跌超过30%,油价刷新1991年海湾战争以来最大单日跌幅。3月9日全球股市遭遇"黑色星期一",美股遭遇史上第二次熔断,此后3月12日、3月16日美股再发生两次熔断,这三日道琼斯工业平均指数的跌幅分别达到7.79%、9.99%、12.93%。在国际金融市场恐慌情绪蔓延的情况下,原油供求失衡导致库存高位运行令原油价格进一步承压。3月18日,美国能源信息署(EIA)公布美国原油库存数据,截至3月13日,美国原油库存增至2019年7月份以来新高,美国墨西哥湾沿岸原油库存创2019年6月份以来新高。受此影响,WTI原油期货主力5月合约下跌15.88%,收盘价报22.89美元/桶,结算价为20.83美元/桶。3月18日美股遭遇史上第五次熔断。此后,原油价格维持低位运行。

在这次"负油价"产生的背景中,原油期货市场交易制度的变化也值得重点关注。面对原油价格大幅下跌,全球最大的期货和期权交易所CME在2020年4月8日发布公告表示,若能源价格持续下跌并接近零,CME清算将推出相关测试计划以保证市场运行。公告指出,若WTI原油期货任何月份的合约结算价格下降至8~11美元/桶,CME清算所可能将现有的定价模型替换为巴舍利耶模型,并将对软件重新编程以便处理能源相关金融工具的负价格;若WTI原油期货任何月份的合约结算价格下降至低于8美元/桶,CME清算所会将所有WTI原油期权合约以及所有相关的原油期权合约的定价模型在下一个交易日换为巴舍利耶模型。4月15日,CME继续发布公告表示,最近的市场事件增加了某些NYMEX能源期货合约可能以负或零交易价格交易结算的可能性,并且这些期货合约的期权可能以负或零的执行价格列出;如果发生这种情况,CME的所有交易和清算系统将继续正常运行。

在2020年4月15日前后国际原油市场基本面信息出现了较大变化。第一,新冠疫情的暴发重创了全球经济,全球原油需求严重下滑,经济和需求的相关预测不容乐观。第二,原油供大于求,库存骤增,令原油价格承压。虽然4月12日OPEC+达成史上最大规模减产协议,但减产协议执行缓慢,原油供应过剩现状难以扭转。根据标普全球普氏(S&P Global Platts)估计,全球原油、石油产品和液化天然气的潜在储存能力为14亿桶,2020年4月底储量就将达到13亿桶,原油库存快速增长将很快考验全球原油存储能力。

在原油市场供求基本面持续承压以及CME将负油价纳入期货合约交割清算范畴之后,4月

20 日原油期货出现史上首次的负价格。负油价出现后，4 月 21 日 CME 发布公告称将期权定价和估值模型转换为巴舍利耶模型，以适应标的期货的负价格，并且允许指定列表中的期权合约有负的执行价格。在 WTI2005 合约最后交易日 4 月 21 日，合约从开盘的-14 美元/桶上涨至收盘价的 9.06 美元/桶，结算价报 10.01 美元/桶，当日成交量 1.844 万手。尽管负油价只在 WTI2005 合约短暂出现，但负油价现象仍对市场有深远影响。

3. "原油宝"穿仓事件发生始末

原油宝是中国银行于 2018 年 1 月开办的个人账户原油业务，是中国银行面向个人客户发行的挂钩境内外原油期货合约的交易产品。按照报价参考对象不同，包括美国原油产品和英国原油产品；其中美国原油对应的基准标的为"WTI 原油期货合约"，英国原油对应的基准标的为"布伦特原油期货合约"，并均以美元和人民币计价。中国银行作为做市商提供报价并进行风险管理。中国银行在综合考虑全球相关原油市场价格走势、国内人民币汇率走势、市场流动性等因素的基础上向客户提供交易报价，并可根据市场情况对交易报价进行调整。个人客户在中国银行开立相应综合保证金账户，签订协议，并存入足额保证金后，实现做多与做空双向选择的原油交易工具。原油宝产品为不具备杠杆效应的交易类产品，按期次发布合约。同时，原油宝的交易起点数量为 1 桶，交易最小递增单位为 0.1 桶。原油宝的交易时间为周一至周五 8:00 至次日凌晨 2:00；伦敦冬令时（伦敦 10 月最后一个周日至次年 3 月最后一个周日）结束时间为次日凌晨 3:00；若为原油宝合约最后交易日，则交易时间为当日 8:00 至当日 22:00。而 2020 年 4 月 20 日是原油宝美国原油 5 月合约的最后交易日。

在北京时间 2020 年 4 月 21 日凌晨 WTI 原油期货出现负油价后，当日中国银行在官网发布公告，称受 WTI 原油期货负结算价影响，美国原油合约暂停交易一天，并且声明"我行正积极联络 CME，确认结算价格的有效性和相关结算安排"。4 月 22 日，中国银行发布两则公告：一则公告声明了原油宝 2020 年 4 月 20 日合约结算价格；另一则公告声明了原油宝结算价和交易规则，指出"经我行审慎确认，美国时间 2020 年 4 月 20 日，WTI 原油 5 月期货合约 CME 官方结算价-37.63 美元/桶为有效价格。根据客户与我行签署的《中国银行股份有限公司金融市场个人产品协议》，我行原油宝产品的美国原油合约将参考 CME 官方结算价进行结算或移仓。同时，鉴于当前的市场风险和交割风险，我行自 4 月 22 日起暂停客户原油宝（包括美油、英油）新开仓交易，持仓客户的平仓交易不受影响"。4 月 22 日晚间中国银行还发布了一则原油宝业务情况说明公告。中国银行为原油宝清算导致多头客户穿仓亏损的风险事件引发了该产品投资者的相关投诉事件。针对原油宝的风险事件，2020 年 4 月 24 日，中国银行在官网发布公告进行了回应，公告中提及"针对'原油宝'产品挂钩 WTI 5 月合约负结算价格事宜，中国银行持续与市场相关机构沟通，就 4 月 20 日市场异常表现进行交涉。中国银行将继续全力以赴维护客户利益，未来进展情况将适时与客户保持沟通"，并且声明中国银行将"全面审视产品设计、风险管控环节和流程，在法律框架下承担应有责任，与客户同舟共济，尽最大努力维护客户合法利益"。从 4 月 21 日凌晨负油价出现至 4 月 24 日期间，中国银行还有两次系统升级而暂停交易的公告声明。

4. "原油宝"事件原因分析

（1）产品属性分析。

根据中国银行的产品描述，原油宝是通过直接连接境外期货合约价格而设计出来的、面向个人投资者发行的、在商业银行柜台市场上交易的记账式交易产品,它是一种结构性衍生品。这种结构化设计里包含一些常见的金融工程技术。例如,为了面向个人客户,将原油宝合约的交易起点设定为1桶,虽然中国银行在2020年4月6日后将单笔开平仓最小交易量上调至10手,但相对于所连接的WTI原油期货1 000桶的合约单位来讲还是非常小的。投资者投资原油宝产品,可进行双边(多头/空头)的开仓和平仓交易,或者协议约定移仓交易等。中国银行作为OTC市场的做市商,除了提供原油宝产品合约的报价之外,为了维持原油宝产品市场流动性,通常是与客户直接进行对手方交易;做市商还需要提供对客户账户保证金的风险管理,以及为客户进行账户清算等服务。这就决定了原油宝产品市场上中国银行与客户的关系。当然,商业银行还受到监管机构的监管。中国银行作为做市商,通过与所有客户进行对手方交易,可以天然地轧平自身在原油宝产品合约上的多头和空头头寸,对于剩余的净多头或净空头头寸,做市商需要对自身风险敞口进行风险管理。风险管理策略中最简单的是进入原油宝产品所连接的原油期货市场进行风险对冲。例如利用WTI原油期货合约的多头(或空头)头寸,来对冲中国银行在原油宝美国原油产品上的净空头(或净多头)头寸。需要指明的是,中国银行的风险对冲策略和损益仅仅影响中国银行自身,本质上与原油宝产品市场上的客户损益并不直接关联。中国银行若采纳上述最简单的风险对冲策略,进入国际衍生品市场如纽约商品交易所交易WTI原油期货合约,那么将面对金融衍生品市场的众多投资者及其经纪公司,参与市场的零和博弈。由于衍生品市场用于发现远期价格,所以发布信息的机构对市场有重要影响;当然,衍生品市场的管理和监管部门也会对市场造成影响。

值得注意的是,通过结构化设计出来的原油宝产品,可令产品客户了解所连接市场的风险和收益情况;但是原油宝产品不是投资基金产品,更不是商业银行向客户提供的投资境外期货市场的经纪业务。这不仅源于中国银行所披露的产品信息,还源于我国的监管要求。监管上我国并不允许个人投资者投资境外衍生品市场,商业银行也无经纪业务资质。因此,商业银行运营的原油宝产品市场和商业银行参与的国际期货市场本质上是完全无关的两个市场,各自市场上投资者的收益与风险由各自市场上所交易的产品合约的价格及其波动决定;两个市场的唯一联系是原油宝产品合约的报价与关联原油期货合约的价格有关联。产品设计分析有助于理解原油宝产品投资者的损益与风险,也有助于理解商业银行参与国际衍生品市场的风险和损益。

(2)产品设计分析。

产品设计特别是衍生品设计中非常重要的部分就是合约设计、最后交易日和合约交割方式等方面的设计。根据中国银行2020年4月22日的公告,原油宝是"美国原油品种挂钩CME的WTI原油期货首行合约"。所谓"首行合约",推测是指WTI原油期货近月合约。原油宝每次发行一个期次的产品合约,采取"交易品种+交易货币+年份两位数字+月份两位数字"组合的方式命名。所关联期货合约到期后,中国银行发行下一期次的原油宝产品合约。根据描述推测,原油宝产品每次存在一个合约,前一个合约到期后,下一个合约开始发行。原油宝交易类似衍生品交易,原油宝客户可以双边开仓和平仓交易。若原油宝客户在某份合约结束时不平仓,那么中国银行将"按照协议约定,合约到期时会在合约到期处理日,依照客户事先指定的方式,进行移仓或到期轧差处理"。关于最后交易日,中国银行公告里描述"4月20日为原油宝美国原油5月合约当月的最后交易日,交易截止时间为北京时间22点"。可见,原油宝产品合约的最后交易日选择了所关联期货合约的最后交易日的前一天。并且规定在原油宝合约的最后交易日,交易截止于北京时间22点。考虑时差,原油宝合约收盘时对应着美国期货市场4月20日上午10:00的开盘交易时段。经推测,这种设计是为了给因客户未平仓而造成的中国银行净头寸所对应的风险管理策略的相关操作,例如迁仓等预留时间。

期货市场上两份合约的迁仓一般需要考虑由两份合约价格期限结构所带来的价差、两份合约的流动性以及交易冲击成本等共同决定的迁仓损益,同时期货交易需要考虑合约交割问题。一般商品期货迁仓会避免采用当月合约,更不会拖到临近最后交易日再迁仓,这是因为商品期货采用实物交割,投机者会在市场仍有流动性时迁仓并杜绝进入实物交割程序。类似地,原油宝这类结构性衍生品在设计时也需要考虑合约展期和迁仓面临的产品合约报价、流动性、迁仓损益、合约交割方式等问题。通过对披露资料的分析,可知原油宝产品是现金交割,我们可以发现原油宝在产品合约设计、产品结算价形成等方面均存在问题。若原油宝产品的合约设计是一期结束之后才开始发行下一期,两期合约之间无时间重叠部分,那么迁仓时会存在价格风险。一方面,存在迁仓涉及的不同步交易的两份产品合约的价格如何确定的问题;另一方面,如果两个价格之间有时间窗口,在该窗口内若所关联的市场发生价格变化,那么迁仓将面临更大的市场风险敞口。前一份合约的迁仓/平仓的结算价是不应该晚于最后交易时刻的;而后一份合约发行后利用哪个价格作为迁仓结算价格,需要在产品设计之初约定或者与客户协议约定。

原油宝客户穿仓风险事件的发生就源于中国银行在2020年4月22日的公告中声明原油宝美国原油2005合约将参考WTI原油期货5月合约在美国时间4月20日形成的结算价-37.63美元/桶进行结算或移仓。WTI原油期货的结算价是利用交易所场内交易时间14:28—14:30(美国东部时间)的最后3分钟来确定每日结算价。这个时刻已经是原油宝美国原油2005合约到期后的4个多小时了。这也是原油宝客户穿仓事件中原油宝客户与中国银行争论的焦点。2020年5月5日,中国银行公告称其愿意承担负价亏损并按4月20日22:00的价格赔偿20%保证金。可见,中国银行最终采纳了最后交易日最后交易时刻的价格作为原油宝产品合约结算价的方案。原油宝产品在合约设计、结算价设计、迁仓设计方面的漏洞和问题值得被归纳总结。

(3) 合规问题。

从原油宝的产品介绍和风险事件发生后中国银行的一系列公告信息来看,中国银行疑似将原油宝宣传成了经纪或代理国际原油市场投资的产品,尤其在最初报原油宝美国原油2005合约4月20日合约结算价时采用了WTI原油期货5月合约的当日结算价,都给人以原油宝美国原油2005合约的多头头寸对应持有WTI原油期货5月合约的多头头寸的错觉。但如果原油宝的产品属性是直接对应持有国际期货合约,那么原油宝产品则涉嫌违规。

根据相关监管文件,目前我国并不允许个人投资者投资境外衍生品市场。早期,国家相关部门包括中国证券监督管理委员会(以下简称证监会)、国务院国有资产监督管理委员会和国家外汇管理局曾经批准过一批合理合法参与境外期货的大中型企业,包括一些国有企业和从事外贸的一些企业。

(4) 金融机构利用衍生品风险对冲策略问题。

中国银行为了管理自己的风险敞口,可以利用美国WTI原油期货来对冲自身在原油宝净头寸上的风险。一般风险对冲策略构建要考虑衍生品选择、产品合约选择、合约数量测算等因素。中国银行4月24日晚间发布的公告声称:在4月20日原油宝美国原油产品当期结算日,约46%中国银行客户主动平仓离场,约54%中国银行客户移仓或到期轧差处理(既有做多客户,也有做空客户)。根据相关分析以及一些新闻报道资料推测,中国银行对原油宝美国原油2005合约净头寸的对冲策略为持有与之直接关联的WTI原油期货5月合约,并在北京时间4月20日22点后配合原油宝美国原油合约的移仓再将WTI2005合约未平仓头寸的迁仓换月至

WTI2006 合约。中国银行的此种风险对冲策略，虽然看似选择了价格最接近的衍生品合约，并希望在对冲策略中调整两份合约价格使其偏差最小，但是这种风险对冲策略严重忽视了期货交易的流动性风险、期货合约迁仓交易的冲击成本和迁仓损益以及期货交易多空博弈而导致的交易风险、合约交割风险等问题。

习题

1. 榨油厂要在3个月后购买191吨的大豆作为原料，为了套期保值，该厂需要购入_____手大豆期货。
   A. 190　　　　　　　　　　　　B. 19
   C. 19.1　　　　　　　　　　　　D. 191

2. 乙面粉加工厂（乙方）是甲小麦贸易商（甲方）的客户，需要购进一批小麦，但考虑价格会下跌，不愿意在当时就确定价格，而要求成交价后议。甲方提出基差交易，并提出确定价格的原则是比10月期货价格低3元/千克，双方商定给乙方20天选择具体的期货价格。乙方接收条件，交易成立。试问如果两周后，小麦期货价格大跌，乙方执行合同，双方交易的结果是_____。
   A. 甲小麦贸易商不能实现套期保值目标
   B. 甲小麦贸易商可以实现套期保值的目标
   C. 乙面粉加工厂不受价格变动的影响
   D. 乙面粉加工厂获得了价格下跌带来的好处

3. 通过在期货市场建立空头头寸，预期对冲其目前持有的或者未来卖出的商品或资产的价格下跌风险的操作，被称为_____。
   A. 正向套利　　　　　　　　　　B. 空头套期保值
   C. 多头套期保值　　　　　　　　D. 反向套利

4. 3月1日，某经销商以1 200元/吨的价格买入1 000吨小麦。为了避免小麦价格的下跌造成存货贬值，决定在郑州商品交易所进行小麦期货套期保值交易。该经销商以1 240元/吨的价格卖出100手5月份小麦期货合约，5月1日，小麦价格下跌，他在现货市场上以1 110元/吨的价格将1 000吨小麦出售，同时在期货市场上以1 130元/吨的价格将500手5月份小麦期货合约平仓，其最终损益情况为_____。
   A. 净盈利20　　　　　　　　　　B. 净亏损20
   C. 净亏损40　　　　　　　　　　D. 净盈利40

参考文献

[1] JOHNSON L L. The theory of hedging and speculation in commodity futures [J]. The review of economic studies, 1960, 27 (3): 139-151.

[2] GOSS B A, YAMEY B S, STEIN J L. The simultaneous determination of spot and futures prices [M]. The economics of futures trading, 1976: 124-130.

[3] EDERINGTON L H. The hedging performance of the new futures markets [J]. The journal of finance, 1979, 34 (1): 157-170.

［4］ MYERS R J, THOMPSON S R. Generalized optimal hedge ratio estimation［J］. American journal of agricultural economics, 1989, 71（4）: 858-868.

［5］ HITCHINS D K. Systems engineering: a 21st century systems methodology［M］. Hoboken: John Wiley & Sons, 2008.

［6］ PENNINGS J M, MEULENBERG M T. Hedging efficiency: a futures exchange management approach［J］. Journal of futures markets: futures, options, and other derivative products, 1997, 17（5）: 599-615.

［7］ WORKING H. Futures trading and hedging［J］. The American economic review, 1953, 43（3）: 314-343.

［8］ SANDERS D R, IRWIN S H, MERRIN R P. The adequacy of speculation in agricultural futures markets: too much of a good thing?［J］. Applied economic perspectives and policy, 2010, 32（1）: 77-94.

［9］ EUN C S, RESNICK B G. Exchange rate uncertainty, forward contracts, and international portfolio selection［J］. The journal of finance, 1988, 43（1）: 197-215.

［10］ BROWN G W. Managing foreign exchange risk with derivatives［J］. Journal of financial economics, 2001, 60（2-3）: 401-448.

［11］ ANDERSON R W, DANTHINE J P. Cross hedging［J］. Journal of political economy, 1981, 89（6）: 1182-1196.

［12］ HAUSHALTER G D. Financing policy, basis risk, and corporate hedging: evidence from oil and gas producers［J］. The journal of finance, 2000, 55（1）: 107-152.

［13］ FIGLEWSKI S. Hedging performance and basis risk in stock index futures［J］. The journal of finance, 1984, 39（3）: 657-669.

［14］ KRONER K F, SULTAN J. Time-varying distributions and dynamic hedging with foreign currency futures［J］. Journal of financial and quantitative analysis, 1993, 28（4）: 535-551.

［15］ HULL J, WHITE A. Optimal delta hedging for options［J］. Journal of banking & finance, 2017, 82: 180-190.

［16］ WINDCLIFF H, FORSYTH P A, VETZAL K R. Pricing methods and hedging strategies for volatility derivatives［J］. Journal of banking & finance, 2006, 30（2）: 409-431.

［17］ DEMARZO P M, DUFFIE D. Corporate incentives for hedging and hedge accounting［J］. The review of financial studies, 1995, 8（3）: 743-771.

［18］ STULZ R M. Optimal hedging policies［J］. Journal of financial and quantitative analysis, 1984, 19（2）: 127-140.

［19］ NANCE D R, SMITH C W, SMITHSON C W. On the determinants of corporate hedging［J］. The journal of finance, 1993, 48（1）: 267-284.

［20］ CAMPBELL J Y, MEDEIROS K S, VICEIRA L M. Global currency hedging［J］. The journal of finance, 2010, 65（1）: 87-121.

［21］ ALLAYANNIS G, IHRIG J, WESTON J P. Exchange-rate hedging: financial versus operational strategies［J］. American economic review, 2001, 91（2）: 391-395.

［22］ BAKSHI G, CAO C, CHEN Z. Pricing and hedging long-term options［J］. Journal of econometrics, 2000, 94（1-2）: 277-318.

［23］ FÖLLMER H, LEUKERT P. Quantile hedging［J］. Finance and stochastics, 1999, 3: 251-273.

［24］ 吴冲锋, 钱宏伟, 吴文锋. 期货套期保值理论与实证研究（Ⅰ）［J］. 系统工程理论方法应用, 1998（4）.

［25］ 付胜华, 檀向球. 股指期货套期保值研究及其实证分析［J］. 金融研究, 2009（4）.

[26] 张倩, 冯芸. 套期保值还是投机——基于中国上市公司的实证分析 [J]. 中国工业经济, 2014 (12).

[27] 花俊洲, 吴冲锋, 刘海龙, 等. 期铜套期保值有效性实证研究 [J]. 系统工程理论方法应用, 2003 (3).

[28] 王玉刚, 迟国泰, 杨万武. 基于 Copula 的最小方差套期保值比率 [J]. 系统工程理论与实践, 2009 (8).

[29] 史晋川, 陈向明, 汪炜. 基于协整关系的中国铜期货合约套期保值策略 [J]. 财贸经济, 2006 (11).

[30] 迟国泰, 余方平, 刘轶芳. 基于 VaR 的期货最优套期保值模型及应用研究 [J]. 系统工程学报, 2008 (4).

[31] 郑振龙, 陈蓉. 金融工程 [M]. 4 版. 北京: 高等教育出版社, 2016.